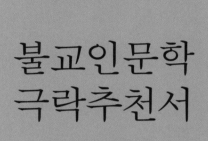

불교인문학
극락추천서

불교인문학 극락추천서

초판 1쇄 발행 2015년 4월 3일
　　3쇄 발행 2016년 10월 9일

지은이 원빈
펴낸이 박주연

기획·편집 한산
디자인 환희로운무여

펴낸곳 도서출판 이층버스
출판등록 제2013-45호(2014년 3월 3일)
주소 서울 관악구 양녕로 31, 301동 404호
이메일 2floorbus@naver.com

ISBN 979-11-952924-3-1(03100)
ⓒ2015 원빈

🚌 **도서출판 이층버스**
나를 찾아 떠나는 행복 여행, 이층버스와 함께 해요.
세상을 따뜻하게 만드는 책을 만들겠습니다.

불교인문학
극락추천서

원빈 지음

🚌 도서출판 이층버스

서문

"스님은 지극히 이성적인 사람이라고 생각했는데 극락왕생에 대한 책을 기획했다니 의외에요."

극락세계에 대한 믿음은 덮어 놓고 맹신하는 주제가 아니다. 극락을 향해 박혀 있는 말뚝인 맹신은 항상 의심의 바람에 흔들리기 때문이다. 하지만 이해를 통한 확신으로 이어지면 의심의 바람 자체를 약하게 만들 수 있고, 극락을 향해 더 깊고 안정적인 말뚝을 박을 수도 있다. 또한 확신은 스스로 기쁜 마음으로 극락염불 수행으로 나아가는 동기가 되니 오직 행복뿐인 극락세계에 왕생하기 위해서는 이해를 통한 확신이 필수적으로 필요하다.

행복문화연구소에서 세친보살의 〈왕생게〉를 자료로 극락세계에 대해서 공부를 한 적이 있다. 스터디 모임에는 어린 중학생부터 노보살님까지, 남녀노소, 종교와 상관없이 참여했다. 스터디 후 참여자들이 모두 극락세계의 매력에 흠뻑 빠진 모습을 보며 감동을 받았다. 그러던 차에 불교 방송을 비롯해 불교 대학에서 극락세계에 대한 강의를 의뢰 받았다. 교재 선정을 위해 극락 관련 자료를 찾게 되었다. 선정의 기준은 '불교를 잘 모르는 어린 학생이나 일반인 누구나 보기 쉽고, 극락에 흥미를 가질만한가'였다. 많은 사람들이 사랑했던 가르침이기에 그 자료는 방대했지만 안타깝게도 현대인이 열람하기에는 언어, 문화, 형식 등이 적절하지 못한 문제점을 발견했다. 우리의 언어, 지금의 문화 그리고 적절한 형식으로 새롭게 장엄된 교재가 필요하다는 생각이 이 책을 기획하게 한 시발점이 되었다.

단테의 〈신곡〉을 읽으면서 이 서사시가 전 세계적인 명작으로 손꼽힌다는 점에 적잖이 놀랐다. 불교에는 지옥과 극락에 관한 훨씬 자세하고 광대한 논픽션 자료가 넘쳐나는데 알맞은 문화와 적합한 형식으로 소개되지 못하고 있음이 안타까웠다. 마음수행을 통해 얻어지는 선정력이라는 성능 좋은 현미경으로 관찰하고 기록한 이 기록들은 인류의 소중한 유산이다. 또한 부처님과 여러 고승들의 혜안을 통해 자체 검열을 2,000년 이상 견뎌온 높은 신뢰성을 가진 보물이다. 그 보물 중의 하나인 〈왕생게〉를 통해 극락세계의 장엄을 극락추천사라는 이름으로 독자들과 함께 공부하려고 한다.

정토를 대표하는 세 권의 경전은 〈아미타경〉, 〈무량수경〉, 〈관무량수경〉으로 셋을 합쳐 〈정토삼부경〉이라 이름 한다. 짧고 핵심적인 형식을 좋아하는 성향 때문일까? 〈정토삼부경〉 역시 길게 느껴졌다. 그러던 차에 〈무량수경〉의 장엄을 분석하여 짧은 게송으로 소개하는 세친보살의 〈왕생게〉를 발견했다. 5언 4구의 24게송으로 이루어진 〈왕생게〉는 '〈무량수경〉의 진실한 공덕상을 모두 놓치지 않고 담아서 원생게를 설하겠다.'는 〈왕생게〉 속 세친보살의 말처럼 극락세계와 극락에 태어나는 존재들의 모습을 짧은 분량 속에 충실하게 담고 있다. 여기에 더해 〈관무량수경〉의 16관법과 철오스님의 10종 신심을 참고하여 책의 흐름과 목차를 구성했다. 책을 읽다보면 자연스럽게 10종의 신심을 순차적으로 일으킬 수 있을 것이다.

 이론적인 본문의 형식이 딱딱하게 느껴질 수 있기에 핵심 내용을 쉽게 파악할 수 있는 스토리텔링 형식의 '무심이의 이야기'를 준비했는데, 이야기의 전체적인 줄거리를 간단히 이야기해 보겠다. 주인공 무심(無心)이는 불법에 관심이 없는 비행청소년이다. 그런 무심이가 임사체험을 한 후 호법천신 원심(願心)이를 만나게 된다. 원심이의 안내에 따라 극락세계를 소개받는 것이다. 이를 통해 신심이 난 무심이는 극락세계를 체험해보고 싶어 하는데, 이때 원심이는 100일간의 극락수행법을 제시하고 이렇게 무심이의 수행이 시작된다. 100일이 지난 후 수행의 공덕과 원심이의 도움으로 극락을 간접 경험하게 된 무심이는 극락왕생한 아버지와 아미타불을 친견하고 마침내 직접 극락을 체험하는 상태에 이르게 된다. 무심이는 모든 면에서 삼계보다 월등히 아름답고 행복한 극락에 계속 머무르고 싶지만 결국 다시 현실로 돌아오게 된다. 무심이는 극락이 그리워 다시 돌아가고 싶지만 원심이가 보이지 않는다. 갑자기 사라진 원심이를 대신하여 새로운 스승을 찾아 수행하게 된다. 무심이는 지금 있는 이곳이 극락정토임을 깨닫고 행복한 삶을 살다가 평화롭게 극락왕생하게 된다. 무심이의 이야기를 통해 극락세계를 쉽고, 재미있게 배울 수 있도록 구성했다.

〈불교인문학 극락추천서〉의 목적은 뚜렷하다. 독자들이 극락에 대한 확신을 가질 수 있도록 설득하는 것인데 '안 믿으면 지옥 간다.'는 윽박지름의 방식을 취하지는 않겠다. 대신 최고의 행복을 누릴 수 있는 극락세계를 소개하고 그곳의 아름다운 모습과 뛰어난 즐거움, 극락의 원리를 이해할 수 있는 정보를 제시하여 자연스럽게 극락에 대한 건강한 확신이 일어나도록 끊임없이 유도할 것이다.

극락에 대한 정보를 접하면 극락이 좋아지고, 극락왕생하고 싶은 마음〔願心〕이 당연히 일어날 수밖에 없다. 하지만 너무 어렵거나 이질적인 문화의 정보는 역효과를 불러올 수 있기에 난해한 교리의 설명은 피하고 핵심만을 간단하게 언급하는 정도로 난이도를 조절했다. 또한 인문 지식에 도움이 될 만한 도서나 영화, 사회현상과 대중문화 등의 인문 자료를 예화로 들어 청년들의 관심사에 걸맞은 방식으로 극락을 소개했다. 이렇게 극락을 경험하며 자연스럽게 그 아름다움에 취하고 수승함에 반해 어느새 '나무아미타불'이 입에서 떨어지지 않는 자신을 발견하게 될 것이다. 24시간 365일 언제 어디서나 중생의 어리석음을 밝은 지혜로 비추어주시는 아미타부처님의 자비로운 광명이 간절한 '나무아미타불' 극락염불과 상응되어 우리 모두에게 극락 같은 삶, 평화로운 죽음, 극락왕생을 선물할 것이다.

원빈 합장

목차

1부
불교인문학

1장
불교는 행복이다

절에 왜 다니세요?

얼마 전 할머니 한 분이 찾아와 질문을 했다.

"스님, 불교란 무엇인가요?"

불자라면 누구나 충분히 궁금해할 수 있는 질문이다. 하지만 누구나 자신있고 당당하게 그리고 간단히 답할 수 있는 질문은 아닌 것 같다.

할머니가 절에 오는 길에 택시를 타고 목적지인 절을 말하니 택시기사가 대뜸 이렇게 물었다고 한다.

"절에는 왜 다니세요? 자식들 잘 되라고 다니시죠? 불교가 뭔데 자식들 잘 되라고 다니세요?"

절에 40년 넘게 다녔지만 기사의 몇 가지 질문조차 자신있게 대답할 말이 없었다니 이것 참 안타까운 일이다.

불교란 무엇일까? 부처님이 입멸한 후 2500여 년이 넘는 세월동안 수많은 고승대덕과 불자들에 의해서 반복되어온 질문이다. 그 대답은 무궁무진하게 뻗어나가 수많은 답을 만들어냈다. 불교가 가지

고 있는 교리적 유연함이 이러한 현상을 불러왔지만 불교입문자에게
는 다양한 대답이 도리어 고민거리로 다가올 수 있다.

할머니에게 질문을 해보았다.

"보살님은 절에 다니시니까 어떠세요?"

"기도할 수 있어 편안하고, 마음이 편안해지니 주위도 행복해집니
다. 그래서 좋습니다."

보살님이 내 마음을 알고 있었던 것일까? 이런 대답을 들은 나의
대답 또한 간단했다.

"보살님, 앞으로 누구든지 불교가 뭐냐고 물어보면 행복해지는 공
부라고 대답하시면 되요. 행복해지니깐 계속 절에 다니고 부처님 공
부하는 거잖아요. 행복이요! 아시겠죠?"

연세가 많으셔서 쉽고 간단하게 대답을 했지만 이 책을 읽는 독자
들에게는 좀 더 자세하게 이야기해보겠다.

불교는 종교, 철학, 수행이다

김동화 교수는 〈불교학개론〉에서 삼보(三寶)를 기준으로 불교를
정의하고 있다. 삼보 중 불보(佛寶)를 기준으로 본다면 불교는 부처
님을 신앙하는 '종교'이고, 법보(法寶)를 기준으로 본다면 불교는 부
처님의 가르침에 대한 '철학'이며, 승보(僧寶)를 기준으로 본다면 불
교는 부처님의 가르침을 실천하는 '수행'이다. 즉 종교, 철학, 수행

모두 불교의 정의가 된다.

셋으로 나눈 종교, 철학, 수행을 하나로 관통시킬 방법을 찾아보자. 먼저 종교적인 측면에서 부처님을 신앙한다고 했는데, 왜 신앙하는〔信〕 것일까? '행복'해지고 싶어서다. 철학적인 측면에서는 부처님의 가르침을 배워서 이해한다고 했는데, 왜 배우는〔解〕 것일까? 당연히 '행복'해지고 싶어서다. 수행적인 측면에서는 부처님의 가르침을 실천한다고 했는데, 왜 실천하는〔行〕 것일까? 역시 '행복'해지고 싶어서이다. 그렇다면 불교의 세 가지 측면인 종교도 철학도 수행도 '행복'해지고 싶다는 공통된 목적으로 믿고 배우고 실천하는 것이니 불교의 목적은 '행복'을 얻는〔證〕 것이라 할 수 있다.

그렇다면 불교에서 말하는 행복이란 무엇일까? 간단하게 정의하자면 이고득락(離苦得樂)으로 고통이 사라져 행복이 드러난 상태를 말한다. 하늘을 올려다보면 맑은 날도 있고, 흐린 날도 있다. 하지만 폭풍우가 휘몰아쳐 캄캄하게 어두워진 날이라 해도 먹구름 위에는 푸른 하늘이 항상 존재한다. 푸른 하늘을 찾는 방법은 아주 간단하다. 구름을 치워버리면 그만이다. 마찬가지로 불교에서 말하는 이고득락은 새로운 행복을 찾아내거나 만드는 것이 아니라 고통에서 벗어나면 그 상태 그대로가 이미 존재하던 행복인 것이다.

한 부자가 죽마고우였던 친구와 헤어졌다. 헤어진지 20년 만에 만났더니 친구가 아주 가난하게 살고 있었다. 친구가 안쓰러웠던 부자는 몰래 친구의 주머니에 백지수표 한 장을 넣어두었다. 친구의 자존심이 상하지 않게 하려는 배려였던 것이다. 가난에서 벗어나 행복하게 살아갈 친구를 생각하며 부자는 뿌듯했다.

10년의 세월이 흘러 두 친구는 다시 만났다. 그런데 이게 웬일인가! 가난한 친구는 여전히, 아니 더 가난하게 살아가고 있었던 것이다. '내가 준 돈을 어디에 쓴 걸까? 도박으로 다 날렸나?' 등의 망상 속에서 친구와 대화를 나누던 부자는 깜짝 놀라고 말았다. 이 친구가 무려 10년 동안 주머니를 뒤져보지 않았던 것이다.

언제든 손만 넣으면 찾을 수 있는 백지수표를 가지고도 가난하게 살아가는 저 친구의 모습이 바로 우리의 모습 아닐까? 새로운 행복을 찾을 이유가 전혀 없다. 행복은 특별하게 정의되는 상태가 아니기 때문이다. 그냥 우리를 괴롭히는 고통에서 벗어나기만 하면 드러나는, 본래 우리가 가지고 태어난 자연스러운 상태가 행복인 것이다. 행복은 원래 우리에게 선천적으로 구족되어 있는 '내 것'이라는 이야기다. 이미 나에게 있는 것! 이고득락! 불교의 독특한 행복관이다.

불교 분류		불교 목적
불보	종교(信)	이고득락 (證)
법보	철학(解)	
승보	수행(行)	

생로병사(生老病死)는 숨쉬고 살아가는 모든 존재가 겪는 삶의 순환과정이다. 생·로·병·사는 모두 고통이라는 공통점이 있다. 상식적으로 생각할 때 늙어갈 때와 병에 걸렸을 때, 그리고 죽을 때는 슬픔과 울음소리가 가득하니 노, 병, 사가 고통이라는 것을 이해할 수 있다. 그런데 기쁨이 가득한 태어남은 도대체 왜 고통일까?

불교적 관점에서 고통이라고 말하는 것은 세상에서 말하는 고통의 정의와 맥락이 다르다. 만약 세상에서 정의 내린 고통의 의미를 기준으로 불교의 고통을 이해하려고 시도한다면 실패하기 쉽다. 태어남이 왜 고통인지 이해가 안되는 것처럼 말이다. 그렇다면 불교에서 말하는 고통은 도대체 무엇일까? 불교에서는 고통의 종류를 2고, 3고, 4고, 8고로 나눠서 설명한다. '이고 삼고 사고 팔고!' 기억하기 참 쉽지 않은가?

2고는 내면으로부터의 고통과 외부로부터의 고통이다. 우리가 일반적으로 고통스럽다고 말하는 사건들을 살펴보면 외부적 인연으로 인해 겪는 고통도 있지만 누가봐도 혼자서 북치고 장구치는 내면적인 고통도 있다. 이 둘을 구분하는 것이 바로 2고이다.

3고는 고고(苦苦), 괴고(壞苦), 행고(行苦)로 나뉜다.

고고는 누가봐도 상식적으로 이것은 고통이라고 인정할만한 것들을 고를 두 번 붙여 이름했다. 예를 들어 넘어져서 다리가 부러졌다고 해보자. 누가 이 상황을 고통이 아니라고 말할 수 있겠는가? 세상에서 말하는 일반적인 고통을 불교에서는 고고로 분류한다.

괴고는 정말 불교의 독특한 고통관으로 역설과 반전의 모습을 가지고 있다. 수능을 마친 한 학생이 운전면허 시험을 봐서 붙었다. 면허증을 받는 순간 차를 가지고 싶은 욕망이 생겼다. 돈을 벌기 위해 아르바이트를 하지만 중고차 하나 살 돈을 마련하는 것도 쉽지 않았다. 이를 불쌍히 생각한 학생의 누나가 자신이 모아 놓은 돈으로 빨간색 소형차 한 대 선물했다. 기분이 날아갈 것 같은 동생은 빨간색 소형차에 세상을 다 얻은 것 같았다. 심지어 이 차는 선루프도 있는데 얼마나 앙증맞고 귀여운지 모르겠다.

한참 행복을 만끽하던 학생은 친구에게 자랑을 하기로 했다.

"오랜만이야 친구, 내가 차를 샀는데 우리 드라이브 같이 할까?"

당연히 부러워하며 대답할 것이라는 기대와는 다르게 의외의 당당한 답변이 들려왔다.

"어? 잘됐네! 나도 며칠 전에 차 한 대 뽑았는데 같이 드라이브하자. 콜!"

자신감 있는 그 한마디에 왠지 마음이 불안해지기 시작했다. '왜 슬픈 예감은 틀린 적이 없나.' 약속한 날 이 학생은 절망했다. 무려 파노라마 선루프가 달린 중형세단을 몰고 온 친구를 바라보며 자신의 차를 숨기고 싶었다. 민망하고 창피했던 드라이브 이후 학생의 마음에 극적인 변화가 생겼다. 어제까지만 해도 소형차는 학생에게 지극한 행복을 주는 원천이었지만 지금은 보기만 해도 배가 아프고 창피한 고통의 원천이 되어 버린 것이다. 도대체 왜 이런 일이 벌어진걸까?

　세상에서 말하는 행복을 불교에서는 괴고라고 선언한다. 돈, 명예, 사랑 등의 조건에 의지해서 얻어지는 행복은 그 조건이 무너질 때 결국 고통으로 변화하기 때문이다. 사랑하는 사람과 헤어질 때, 쌓았던 명예가 무너질 때, 얻었던 돈을 잃게 될 때 등 세상에서 말하는 행복은 무너질 때의 잠재적 고통을 품고 있기에 괴고인 것이다.

칭찬과 명성과 명예는
공덕이나 수명을 늘려주지 않을 뿐만 아니라
체력이나 건강에도 도움이 되지 않고
신체적인 안락도 가져다주지 않는다네.

음주와 도박 같은 일시적인 쾌락이
우리들을 진실로 행복하게 만들지 않나니
우리가 인생의 의미를 진정으로 안다면
그런 것들을 무가치하게 여겨야 할 것이라네.

명예를 위해 사람들은 재물을 주고
때로는 목숨까지도 희생하지만
그러나 우리가 죽을 때에 명예가 무슨 소용이 있으며
그것이 누구에게 기쁨을 주겠는가.

자기가 쌓은 모래성이 무너질 때

아이들이 지칠 때까지 계속 우는 것처럼

사람들은 칭찬과 명성을 잃으면

몹시 괴로워한다네. 〈입보살행론〉

행고는 좀 더 철학적인 의미를 품고 있다. 먼저 모든 존재는 변화한다는 사실을 기본적으로 인정해야 한다. 모든 것은 변화하지만 존재는 변하고 싶지 않아 한다. 생존을 위해 안정적인 것을 추구하는 본성이 있기 때문이다. 문제는 이 끝없는 변화가 안정을 추구하는 본성을 거스른다는 것이다.

시속 100km로 흐르는 변화의 강물에서 변화를 거부하는 피라미가 있다. 세차게 흐르는 강물에 두드려 맞으면서 아무리 애를 쓰고 버티려 해도 결국은 점점 밀려갈 텐데 얼마나 쓰리고 아플까? 모든 것이 변하는 세상에서 안정을 추구하는 것만으로도 존재는 쓰라린 고통의 원천을 마음에 품고 있는 것이다. 그래서 변화하는 것 자체가 바로 고통이라고 말하는 것이 행고다.

4고는 생로병사의 고통이고, 이 생로병사와 함께 애별리고, 구부득고, 원증회고, 오음성고 4가지를 더해서 8고라고 한다.

애별리고(愛別離苦)는 사랑하는 존재와 어쩔 수 없이 헤어져야 하는 고통이다. 상대의 사랑이 식었거나, 사별하거나, 전쟁 등의 어쩔 수 없는 상황으로 인해 사랑하는 애인, 가족과 헤어지는 고통을 말한다.

구부득고(求不得苦)는 원하는 것을 가지지 못할 때 생기는 고통으로 면허증을 딴 학생이 차를 가지고 싶지만 가지지 못할 때 느끼는 고통도 구부득고에 해당된다고 할 수 있다. 자본주의 사회에서는 여러 매체가 사람들의 욕망을 끝없이 자극한다. 이로 인해 대부분의 사람들이 구부득고에 24시간 노출되어 있다.

원증회고(怨憎懷苦)는 원수 같은 사람을 피하고 싶지만 어쩔 수 없이 만나게 되는 상황 속에서 발생하는 고통이다. 원수 같은 상사, 짜증나는 선생님, 나를 싫어하는 친구, 그리고 더 좋은 차를 가지고 있는 티코 가진 학생의 친구! 피하고 싶지만 피할 수 없는 사람이나 상황을 우리는 삶에서 많이 겪게 되고 이로 인해 괴로워한다.

오음성고(五陰盛苦)는 존재의 구성요소인 오온으로 이루어져 있다는 것 자체가 고통이라는 뜻이다. 〈중아함경〉 분별성제품에서 '현자들이여, 오음성고를 설하는 이유는 무엇인가. 이른바 색수상행식 그 자체는 이미 괴로움이라는 것이다. 이런 까닭에 오음성고를 설하는 것이다.'라고 말한다. 조건에 의지해 생성된 존재는 자연스럽게 행고를 가지게 되고 이 변화에 따라 끊임없이 괴고와 고고가 이어지지 않겠는가? 이렇게 2고, 3고, 4고, 8고가 오음으로 이루어졌다는 사실을 근본으로 일어나기에 오음성고는 고통의 종합이라고 볼 수 있다.

태어남인 생(生)이 왜 고통인지 여전히 모르겠는가? 태어남은 죽음을 향한 여정의 시작이고 노, 병의 가능성을 품고 있다. 또한 애별리고, 구부득고, 원증회고, 오음성고의 모든 일을 겪어내는 삶이 될 것이다. 2고, 3고, 4고, 8고를 모두 겪어내야 할 태어남이 고통인 것은 당연하다. 갓난 아기가 태어날 때 가족들은 환희롭게 웃는 것과 대조적으로 아기가 본능적으로 우는 이유를 알 것도 같다. 이러한 현실의 고통을 직시하고 불교를 믿고 배우고 수행할 때 우리는 이고득락의 기회를 가지게 될 것이다.

중생은 고통에서 벗어나기를 바라면서도
오히려 고통의 원인들을 향해 달려가고
행복을 바라면서도 무지하기 때문에
행복의 원인들을 원수처럼 물리치나이다.

사람들은 모두 행복을 바라지만
대부분의 시간을 고통 속에서 보내고 있나니
자신의 욕망을 채우려고 남들과 싸우고 해치며
온갖 악행을 저지르기 때문이라네. 〈입보살행론〉

행복의 종류 _이생, 내생, 궁극의 행복

인도불교의 시작인 석가모니부처님과 인도불교의 끝자락에 위치한 아티샤(Atiśa)스님은 이고득락의 행복을 셋으로 나눴다. 약간의 차이가 있지만 그 틀이 일맥상통하니 처음과 끝을 살펴봄으로써 인도불교 1,500년 역사를 관통하는 보편적인 행복론을 엿볼 수 있다. 또한 아티샤스님의 행복론은 티베트로 전해져 티벳불교의 근본을 이루었고 현대 서양불교의 한축으로 발전했으니 2500여 년을 관통하는 보편성이 있다고 해도 과언은 아닐 것이다.

먼저 부처님의 원음에 가까운 초기경전에 나타난 행복을 살펴보자. 첫째는 이생의 행복으로 이번 생을 살면서 누리는 행복이다. 둘째는 내생의 행복으로 사후세계 및 윤회 속의 다음 생에서 누리는 행복이다. 셋째는 궁극의 행복으로 윤회 속에서 좀 더 나은 곳으로 나아가기 보다는 고통스러운 윤회의 속박에서 완전히 벗어나는 행복이다.

이생의 행복은 세상에서 일반적으로 사용되는 행복이라는 개념과 가장 비슷하다. 이생의 행복은 결국 욕망이 만족될 때 느껴지는 상태인 쾌락과 밀접한 관계가 있다. 5욕락(五慾樂)이란 인간이 추구하는 욕망의 대상인 재욕, 색욕, 식욕, 명예욕, 수면욕이 만족될 때 느껴지는 즐거움이다. 인간의 가장 기본적인 권리는 의식주를 해결하는 것인데 돈이 있어야 가능하다. 이것이 어느 정도 해결되어 배부르고 등이 따뜻하면 이성이 생각나는데, 이 색욕을 해결하기 위해서도 데이트 비용이 필요하다. 열심히 노력해서 돈을 벌면 이젠 사람들이 명예가 없다고 무시하는데, 이 명예를 추구함에도 역시 돈이 든다. 결국 인간의 5가지 욕망의 중심에는 돈이 있다고 볼 수 있다.

현대인에게 행복이 무엇인가를 물어보면 대부분 5욕락을 추구하는 테두리 안에서 나온다. 행복의 조건에 대한 한 설문조사에서 50% 이상이 경제적 여유를 선택한데 반해 자아실현은 9%만 선택했다는 사실은 물질에 매혹된 현대인의 단상을 보여준다.

5욕락의 쾌락은 유효기간이 짧다는 것과 대상에 의지해야만 한다는 단점이 있다. 누구나 경험을 통해서 알고 있듯이 돈, 명예, 사랑을 얻었을 때 잠깐의 만족 뒤에 찾아오는 허망함과 더 큰 욕망을 갈구해야 하는 상황은 참 고통스럽다. 또한 돈, 명예, 사랑의 대상이 내 마음대로 되지 않을 때 우리는 그나마 짧은 쾌락조차 느끼지 못하고 고통받는다.

내생의 행복은 갈망에 휩싸여 고통으로 나아가는 세상에 대다수의 종교가 주는 공통된 메시지다. 살아가는 동안 쌓은 선행을 통해 사후에 행복한 세상에 태어나게 된다는 가르침으로 악행을 그만두고 선행을 권장한다는 측면에서 유익하다. 또한 이러한 지악수선(止惡修善)의 행동이 내생의 행복뿐 아니라 이생의 행복에도 자연스럽게 기여하니 훌륭한 가르침이다. 하지만 쾌락처럼 짧지는 않지만 내생에 누리는 행복 또한 그 종류에 따라 유효기간이 정해져 있어 결국은 무상하게 변화한다는 단점이 있다.

예를 들면 이생에 선업의 씨앗이 내생에 천상에 태어나는 행복의 꽃으로 피어난다고 가정해보자. 천상세계는 오직 즐거움이 가득한 곳으로 긴 수명과 수많은 쾌락이 보장되어 있는 곳이다. 하지만 아무리 긴 수명도 결국은 다하게 되어 있다. 만약 다음으로 피어날 꽃이 악업의 씨앗이라면 지옥, 아귀, 축생인 고통스러운 삼악도에 태어남을 피할 수 없는 것이다. 한번 삼악도에 태어나면 악업의 씨앗만 끊임없이 늘어나고 선업의 씨앗을 심을 수 있는 기회는 희박하니, 다시 인간의 몸을 받을 기회를 얻기란 하늘의 별따기보다도 더욱 어렵게 된다. 이렇게 고통을 내재하고 있는 윤회 속의 행복은 살

얼음판 위를 걷는 듯 불안하기만 하다.

　궁극의 행복은 끝없이 반복되어온 윤회의 고통에서 벗어나는 것을 목표로 한다. 소위 해탈(解脫)이라고 말하는 상태는 윤회에 묶여 있는 쇠사슬을 풀어버리고〔解〕 벗어나는 것〔脫〕이다. 해탈하고자 하는 궁극의 행복의 가장 큰 장점은 고통의 근원이 뿌리째 뽑혀버려 영원한 행복의 세계인 니르바나(Nirvana)를 체득하게 되는 것이다. 하지만 이생의 행복과 내생의 행복에 비해 많은 시간을 투자해 수행해야 한다.

　얻기 쉽지만 그만큼 빨리 변하는 이생의 행복과 내생의 행복, 얻기 어렵지만 얻고 나면 완전한 행복을 보장하는 궁극의 행복 중에서 지혜로운 사람이라면 궁극의 행복을 선택하고 싶지 않을까? 부처님이 생사의 고통에서 벗어나기 위해 출가했고, 수행을 통해 불사(不死)의 문을 열어 영원한 행복을 얻었다는 점을 불자라면 당연히 본받아야 한다.

　아티샤스님은 인도불교를 포괄하는 교리체계로 〈보리도등론(菩提道燈論)〉을 제시한다. 〈보리도등론〉에서는 불교의 수행을 삼사도(三士道)인 하사도(下士道), 중사도(中士道), 상사도(上士道)로 구분하는데 부처님의 세 가지 행복과 통하는 부분이 있다.

　일단 〈보리도등론〉의 삼사도 수행에서 이생의 행복은 따로 말하지 않고 내생의 행복을 추구하는 동안 자연스럽게 얻어지는 부수적인 행복으로 본 것 같다. 내생의 행복은 삼사도 중 하사도 수행에 해당된다. 주목해야 할 부분은 궁극의 행복이 아라한과를 목표로 하는 중사도, 불과를 목표로 하는 상사도 두 가지 수행으로 구분되었다는 점이다. 부처님 재새 시에 출가자의 최고 목표는 번뇌가 완전히 소멸해 열반의 경지에 도달하는 아라한과였다. 하지만 이후 교리의 발전과 더불어 아라한과를 넘어선 불과가 최종 목표가 되었다.

그렇기에 엄밀히 말하자면 초기경전에서 제시하는 궁극의 행복은 중사도에 해당되지만 이후 발달된 교리체계에서는 궁극의 행복에 상사도 수행의 목적인 일체지자의 추구가 포함된 개념으로 발전된다. 이에 따라 중사도 수행에서는 번뇌장(煩惱障 ; 아집(我執)으로 인해 생겨나는 번뇌로 열반의 증득을 장애하는 번뇌)을 제거하고 상사도 수행에서는 소지장(所知障 ; 법집(法執)으로 인해 생겨나는 번뇌로 보리(菩提)의 발현을 장애하는 번뇌)을 제거하는 등의 번뇌론 역시 발전하게 된다. 부처님의 세 가지 행복과 아티샤스님의 삼사도 수행의 관계를 정리하면 다음과 같다.

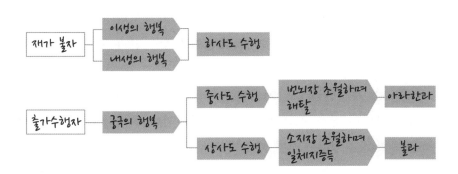

무심이 이야기 1

"도둑놈의 아들이!"

"뭐?"

오늘도 무심이는 친구와 싸웠다. 이번 달만 다섯 명째 친구를 병원으로 보내 버렸으니 선생님도 더 이상 무심이를 감싸 안을 수 없게 되었다. 오늘부터 정학!

무심이는 비행 청소년이다. 초등학교생 때까지는 이렇지 않았던 무심이가 최근 거센 질풍노도의 시기를 겪고 있는 데에는 사연이 있다. 훌륭하다고 믿었던 아버지가 절도죄로 감옥에 들어가자 어머니는 무심하게도 무심이를 버리고 도망을 갔다. 감옥살이를 마치고 집으로 돌아온 아버지는 망가진 자신의 인생과 부인의 배신에 술로 세월을 보내다가 역시 무심하게도 위암으로 1년 전 돌아가셨다. 이렇게 무심이는 혼자가 되었다.

무심이는 자신만의 보금자리인 3평짜리 좁은 원룸에서 살아간다. 유일한 친척인 삼촌 스님이 무심이를 멀리서나마 보살펴 주신다. 정학을 받았다고 말씀드리면 아마 엄청나게 긴 설법과 함께 참회의 시간이 주어질 것이다. 고리타분한 부처님 말씀은 이제 듣기도 싫어졌다. 그냥 어머니가 돌아왔으면 좋겠고, 아버지가 살아났으면 좋겠다는 게 무심이의 바람이다. 아무리 기도하고 부탁해도 그렇게 해주지 못하는 부처님이 밉기만 하다.

컴퓨터 모니터에서 걸그룹 에이핑크를 아무리 쳐다봐도 오늘은 우울한 마음이 달래지지 않는다. 삼촌 스님이 그립기도 하지만 더 이상 설법은 듣기도 싫어 전화도 하지 못한다.

'다 싫어. 담배나 피워야지.'

맛도 모르는 담배를 연달아 피우는 무심이. 어떻게 하면 고통에서 벗어나 행복해질 수 있을까?

2장
인문학은 경험의 족보다

5000년 경험의 기록인 인문학

불과 10년 전만 해도 대학에서 철학을 전공한다고 말하면 '아무짝에도 쓸모없는 철학을 공부해서 굶어 죽으려고 한다.'는 소리를 듣기 십상이었다. 하지만 요즘은 공중파 방송에서도 인문 강연 프로그램을 만들어 방송할 정도로 많은 사람들에게 인문학의 중요성은 강조되고 있다.

5000년 역사가 진행되는 동안 인간은 이고득락하기 위해 수많은 고민을 거듭했고 시행착오의 경험을 쌓아왔다. 그 결과물 중 하나가 바로 인문학이기에 행복을 추구하는 우리가 인문학을 배우지 않는다면 5000년의 경험치를 먹지 않고 버리는 만행을 하는 것과 같다. 많은 사람들이 선배들이 남겨 놓은 족보인 인문학을 배워야 한다는 필요성을 느낀다. 그런데 인문학 정의를 아는 사람이 많지 않아 사전적 정의를 살펴보려고 한다.

인문학(人文學, humanities)

인간의 사상 및 문화를 대상으로 하는 학문영역. 자연을 다루는 자연과학(自然科學)에 대립되는 영역으로, 자연과학이 객관적으로 존재하는 자연현상을 다루는 데 반하여 인문학은 인간의 가치탐구와 표현활동을 대상으로 한다. 광범위한 학문영역이 인문학에 포함되는데, 미국 국회법에 의해서 규정된 것을 따르면 언어(language), 언어학(linguistics), 문학, 역사, 법률, 철학, 고고학, 예술사, 비평, 예술의 이론과 실천, 그리고 인간을 내용으로 하는 학문이 이에 포함된다. 그러나 그 기준을 설정하기는 매우 어렵기 때문에 이에 대한 의견의 일치가 이루어지지 않고 있다. 〈교육학용어사전〉, 서울대학교 교육연구소.

인문학의 정의는 범위를 어떻게 설정하느냐에 따라 고무줄처럼 달라질 수 있다. 인간에 대해서 다룬 모든 분야의 학문이 인문학에 포함된다고 넓혀서 생각할 수도 있지만 특정 분야의 학문으로 좁혀서 생각할 수도 있는 것이다.

사실 현대 한국사회에서 정의되는 인문학은 서구 문명의 영향력을 강력하게 받고 있다. 서구 근대화를 모방한 일본의 강점기 시절의 영향과 한국전쟁 이후 미국의 영향으로 우리나라는 서구 문명이 강제로 주입되었다. 이러한 상황에서 인문학의 정의가 광의와 협의로 나뉘어지는 기준 역시 서구문명의 틀에 의해서 좌우될 것이기에 서양의 세계관을 살펴보는 것은 필수적이다.

서양적 세계관의 한계

고대, 중세, 근대, 현대에 이르기까지 서양 역사에서 '신(GOD)'의 존재는 절대적 영향력을 행사하고 있다. 그렇기에 서양적 세계관을 논할 때 신의 존재는 결코 빠질 수 없다. 신이라는 존재는 중세의 시작과 더불어 세상에 전면적으로 등장하게 된다. 고대 그리스 철학에 강력한 영향력을 행사한 이는 플라톤(Platon)이다. 그는 〈국가론〉에서 우리의 눈에 보이는 물질들은 복사물에 불과하고 이것들의 원형이자 본질인 이데아(Idea)가 존재한다고 믿었다. 진(眞), 선(善), 미(美)가 특징인 이데아는 제한된 감각이 아닌 오직 이성을 통해서만 찾을 수 있다고 생각했다.

중세가 시작되고 사람들에게 창조의 힘을 가진 신이 인간과 자연을 창조했다는 점을 설명하려고 했을 때, 이데아론은 훌륭한 철학적 모델이 되었다. 즉, 이데아의 이름만 신으로 바꾼다면 만물의 근본은 신이 되는 것이고, 신의 그림자에 불과한 만물은 그의 창조물이라는 논리가 성립되는 것이다.

이렇게 그리스 철학의 이데아와 기독교의 유일신이 지배한 서양의 세계관은 분리를 기본으로 한다. 이데아와 신은 인간의 내면이 아닌 바깥에 존재한다는 것이다. 이 중 신이 인간을 창조하고 자연을 창조했다는 바탕에서 논해지는 서양의 세계관은 분리된 삼각형의 모습으로 다음과 같다.

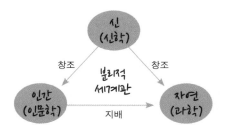

서양적 세계관에서 신과 인간 그리고 자연은 완전히 분리된 존재인데 고대, 중세, 근대를 거쳐 현대에 돌입하며 셋의 역학관계가 변화하고 있다. 중세에는 신이 창조력을 바탕으로 절대적인 권력을 자랑했다. 하지만 근대에 들어서 인간은 이성의 힘을 바탕으로 신에게 자연을 지배할 권리를 부여 받았다고 믿었다. 또한 현대에는 인간의 막강한 이성의 힘을 바탕으로 스스로 초인으로 변신해 신의 자리를 넘보는 형태로 변화했지만 그 와중에도 신과 인간과 자연, 셋이 완전히 분리되었다는 착각은 변하지 않고 있다.

분리를 기반으로 본다면 신과 인간과 자연은 엄연히 다른 존재다. 그렇기에 인간에 대한 인문학에, 신에 대한 학문인 신학을 포함시킬 수 없고, 자연에 대한 학문인 과학을 포함시킬 수 없다. 더 나아가 인문학과 종교, 인문학과 과학, 과학과 종교가 서로 대립되는 다툼의 현상마저 나타날 수 있다.

이러한 분리의 서양적 세계관에서는 인문학에 대한 광의의 정의가 이루어지기 어렵다. 즉, 인간을 제외한 모든 학문 영역, 특히 신에 대한 학문인 종교와 자연에 대한 학문인 과학을 인문학이 포함하지 못하기에 이들을 뺀 좁은 영역의 정의가 나올 수밖에 없는 것이다.

불교적 세계관의 광대함

서양의 세계관을 불교적으로 새롭게 해석한다면 어떻게 될까? 세 가지 수정되어야 할 점이 있다.

첫째, 신과 인간과 자연의 분리는 환상일 뿐이고, 서로 화합되어 있는 연기적 관계라는 점이다. 둘째, 만물이 신이라고 하는 단 하나의 원인으로부터 창조되었다는 점은 일인다과(一因多果)의 오류를 범하고 있다. 씨앗 하나에서 배, 사과, 귤도 열릴 수 있다는 것인데 이러한 자연의 법칙은 존재하지 않기에 올바른 연기관으로 수정되어야 한다. 셋째, 창조력을 가진 신을 인정하지 않으니 연기의 중심에 마음이 대체되어야 할 것이다.

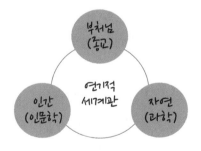

부처님과 인간 그리고 자연은 모두 마음으로부터 연기한 것이다. 이 셋이 서로 불일불이(不一不異)의 관계임을 강조하는 불교적 세계관에서는 불성이 인간의 마음에 존재하고, 인간은 자연의 일부이기에 종교와 과학을 인문학의 범위에 포함하게 된다. 즉, 인문학의 협의와 광의의 정의가 모두 용인되는 것이다. 그래서 불교인문학의 세계는 더없이 넓은 것이다.

앞서 불교를 정의 내릴 때 종교, 철학, 수행의 세 가지 측면이 있다고 했다. 신학에 해당되는 것이 불교의 종교적인 면이고, 인문학에 해당되는 것이 불교의 철학적인 면이라는 점은 쉽게 수긍할 수 있을 것이다. 그렇다면 남아 있는 과학은 수행과 접점이 있을까?

결론부터 말하자면 접점이 있다. 과학의 연구방법은 지극히 경험적이다. 수학적으로 예측되는 현상을 실험으로 반드시 증명해야 온전한 과학이 되는 것이다. 이와 마찬가지로 수행도 지극히 경험적이다. 교리철학으로 믿고 이해되는 논리를 자신의 삶을 통해 수행해보는 실험을 거쳐야 한다. 그리고 주관적인 경험으로 증명해야 하는 것이다.

이처럼 연구방법이 지극히 경험적이라는 것이 과학과 수행의 접점이다. 물론 과학은 객관적인 경험을 중시하는데 비해 수행은 주관적인 경험을 중시한다는 차이가 있으나 수행을 통해 증명한다는 점은 정확히 일치한다고 볼 수 있다.

불교의 메타종교적 특징을 논한 가와이 하야오와 나카자와 신이치의 대담집 〈불교가 좋다〉에서는 인문철학, 자연과학, 심리학, 타종교 등의 제반 학문과 접점을 가지고 화합할 수 있는 불교의 가능성에 대해서 '종교를 넘어선 종교'인 메타종교로 표현하고 있다. '분리되었다'라는 착각과 '다르다'라는 고집이 제국주의, 세계 전쟁 등 인류에게 거대한 고통을 선사했다. 이 고통의 치유제로 화합의 연기적 진리를 담고 있는 불교가 적합하다는 것이다.

미래의 종교는 우주적인 종교가 될 것이다.

그것은 인간적인 하나님을 초월하고,

교리나 신학을 넘어선 것이어야 한다.

그것은 자연의 세계와 정신적인 세계를 모두 포함하면서,

자연과 정신 모두의 경험에서 나오는

종교적인 감각에 기초를 둔 것이어야 한다.

불교가 이런 요구를 만족시키는 대답이다.

만일 현대과학의 요구에 부합하는 종교가 있다면,

그것은 곧 불교가 될 것이다. -알버트 아인슈타인-

3장
불교인문학은 최고의 행복학이다

행복해지는 것을 배우는 행복학

공부를 잘하는 학생이 있었다. 그는 어린시절 자신이 공부에 소질이 있다는 사실을 우연히 알게 되었다. 좋은 성적표를 가지고 가면 부모님이 활짝 웃으며 칭찬해준다는 사실 또한 좋았다. 칭찬을 계속 받고 싶었던 그는 학업이면 학업, 운동이면 운동, 동아리 활동이면 활동! 모두 잘 해내는 만능 소년이었다. 그렇게 그는 자연스럽게 하버드 대학교의 학생이 되었다.

사실 20대 초반의 학생이 하버드 대학교를 우수한 성적으로 다니고 있다면 그는 남부러울 것 없는 성공가도를 달리고 있다고 해야 한다. 성적이 우수하고, 운동을 잘하고, 인간관계도 좋지만 그는 겉보기와 다르게 감당할 수 없는 우울감에 시달리고 있었다. 아무리 좋은 성적을 받아도, 운동 대회에서 우승을 해도 기뻐하기는커녕 성취하는 그 순간 더 큰 목표를 향해 나아가라고 자신을 몰아 붙이기 바빴다. 지속되는 우울감에 자살 충동까지 일어났다.

하버드 대학교에서 선풍적인 인기를 끌고 있는 행복학 강의를 주제로 다룬 다큐멘터리에서 인터뷰하던 학생의 상황이다. 행복학 강의를 왜 듣느냐는 질문에 그는 이렇게 답한다.

"행복학 강의를 들으면 나 자신이 행복해지는 것을 확인할 수 있다. 수업을 들으면 지금의 내가 충분히 존귀하고 사랑받을만한 사람임을 느끼게 된다. 과제인 명상연습도 마음을 다스리는데 크게 도움이 되기에 지난번 학기에 수강을 했지만 이번 학기에도 청강으로 수업에 참석한다. 내 행복을 위해!"

하버드 대학교의 행복학 수업은 〈해피어〉의 저자인 탈벤 샤하르 교수가 진행하는 수업으로 아이비리그 3대 명강의로 꼽힌다. 학기당 전체 학생의 약 20%인 1400여 명이 수강하는 하버드 역사상 가장 인기 있는 강의다. 강의의 큰 틀은 첫 번째 이론적인 부분으로 긍정 심리학을 배우고, 두 번째 실천적인 부분으로 명상을 연습한다.

이를 통해 지금 바로 이 순간, 내가 있는 이곳에서 행복을 선택하는 연습을 하는 것이다. 나에게도 부처님과 똑같은 불성이 있다는 자신에 대한 대긍정의 믿음과 명상수행을 통해 중생을 깨달은 자로 바꿔주는 불교의 연금술이 현대인에게 알맞은 행복학 수업으로 탈바꿈한 것이다.

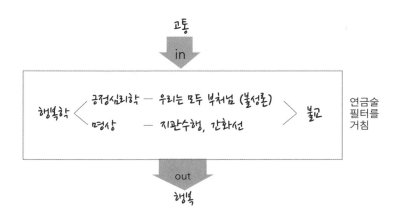

희대의 조각가인 미켈란젤로(Michelangelo Buonarroti)는 그를 대표하는 작품 다비드 상이 어떻게 만들어지게 되었는지에 대한 질문을 받았을 때 이렇게 대답했다고 한다.

"채석장의 커다란 대리석 덩어리 안에서 나는 다비드를 보았고, 다비드를 꺼내기 위해 불필요한 대리석을 제거하기만 하면 되었다."

행복해지고 싶다면 새로운 무언가를 찾는 헛수고가 아니라 지금 여기에 이미 존재하는 행복의 무한한 잠재력을 발견하고 그것을 가로막는 번뇌라는 장애물만 제거하면 되는 것이다.

불교인문학은 좁게 정의하면 종교, 철학, 수행에 관련된 문화와 사상이 될 것이고, 넓게 정의하면 인간을 초월하여 만물에 대해 축적된 모든 학문을 통털어 포섭하는 학문체계가 될 것이다. '물고기는 큰 물에서 놀아야 한다.'라는 속담이 있듯이 이왕 배우는 인문학이라면 더 넓은 세계관을 가진 불교인문학을 공부해야 한다.

지구에서 가장 큰 물은 바다 아니겠는가? 바다가 갖추고 있는 10가지 덕을 〈화엄경〉에서는 이렇게 말하고 있다.

* 바다가 갖추고 있는 10가지 덕
  ① 점점 순차적으로 깊어진다.
  ② 더러운 것을 받아들이지 않는다.
  ③ 모든 강물을 수용하지만 하나의 모습을 유지한다.
  ④ 하나의 맛으로 변화시킨다.
  ⑤ 무량한 보배를 간직하고 있다.
  ⑥ 그 깊이를 측량하지 못한다.
  ⑦ 넓기는 광대무량하다.
  ⑧ 큰 생명체도 살 수 있다.
  ⑨ 호수나 하천으로는 물의 양을 비교할 수 없다.
  ⑩ 아무리 홍수가 나도 절대로 범람치 않는다.

불교인문학의 세계관은 바다와 같기에 이와 같은 훌륭한 덕성을 갖추고 있다. 이러한 큰 바다와 같은 체계 속에서 공부할 때 만물에 대한 포용력을 가질 수 있게 되고, 이것이 화합을 이끌어낸다. 독한 이기심으로 치명적 문제들을 불러 일으키는 세계관이 아닌 세상을 살리는 연기적 세계관으로 무장할 때 평화로움이 뒤따를 것이다.

믿고 이해하고 실천해서 행복해지기

불교는 종교이자 철학이고 수행이며, 이 모든 것은 행복으로 향한다. 또한 존재에 대해 축적되어 이루어진 모든 학문들에 대한 체계가 되는 불교인문학 역시 행복으로 향한다. 따라서 불교인문학은 행복학이라고 말할 수도 있을 것이다. 이고득락하는 불교의 독특한 행복론이 불교인문학 속에 가득하다.

믿음〔信〕으로 시작하는 종교의 강과 이해〔解〕로 도달하는 철학의 강, 그리고 실천〔行〕으로 채워지는 수행의 강이 만나는 바다는 얼마나 넓고 깊을까? 이렇게 종교를 믿고 철학을 이해하며 수행을 행할 때 우리는 이고득락을 증득〔證〕할 수 있다. 모든 존재가 고통을 떠나 행복해지고 싶어하는 것은 당연하다. 하지만 현대 한국사회를 살아가는 우리들은 행복하지 못하다고 스스로 평가한다. 불행에 익숙하고 행복이 낯선, 하지만 누구보다도 행복을 찾고 싶어하는 독자들에게 말하고 싶다.

"우리 불교인문학을 믿고 이해하고 실천해서 행복의 길로 함께 가요. 꼭!"

여기서 잠깐!

불교인문학 중, 왜 극락일까?

행복하고 싶다면 최고의 행복학인 불교인문학을 배워야 한다는 점은 이해가 된다. 그런데 종교, 철학, 수행의 세 가지 측면 중 왜 종교적인 측면에 초점이 맞추어진 극락이라는 주제를 선택하게 되었을까? 불교인문학의 철학적인 면과 수행적인 면도 충분히 매력적이고 훌륭한 자료가 많은데 왜 하필이면 극락으로 시작하는 것일까?

이 책에서 극락이라고 하는 지극히 종교적인 주제를 선택한 이유는 행복학인 불교인문학의 시작점으로 가장 잘 어울린다는 개인적인 판단 때문이다. 불교의 행복을 이고득락이라 말했는데 표현을 조금만 바꿔보면 흥미롭게 변한다. 고에 삼계를 붙여 삼계고, 락에 극을 붙여 극락 즉 이삼계고 득극락(離三界苦 得極樂)이 된다. 삼계의 고통을 떠나 지극한 즐거움의 세계를 증득한다는 뜻으로, 이 표현이 참 흥미롭지 않은가?

여기에 더불어 극락에 대한 공부는 종교적인 믿음이 강한 것이 사실이지만 이 책에서 강조하는 믿음은 맹신이 아니다. 불교

의 합리적 교리철학을 이해함으로써 생기는 확신이고, 염불수행
을 삶에서 실천하며 느끼는 왕생에 대한 강력한 서원이다. 따라
서 종교적인 면이 중심이기는 하지만 철학, 수행의 측면 역시 중
요하게 다룰 수 있는 주제가 바로 극락인 것이다.

그래서 이 책에서는 인류 최고의 문화유산 중 하나인 불교인문
학을 종합적으로 경험할 수 있는 극락이라는 주제를 중심적으로
다룬다. 이를 바탕으로 종교의 믿음(신), 철학적 이해(해), 수행
의 실천(행)을 함께 배운다. 이러한 공덕이 쌓였을 때 '극락 같은
삶을 살게 되고 평화로운 죽음을 맞이하며 환희롭게 극락에 왕생
(증)'하는 경험을 하게 될 것이다. 이고득락을 위한 불교인문학
의 첫 번째 주제로써의 극락이야기, 이 정도면 단 하나의 목적인
행복에 잘 통한다고 할 수 있지 않을까?

2부

극락에 대한
믿음 일으킬 준비

1장

믿음 _자신을 믿고, 진리를 믿어라

정토에 왕생하려면 진심으로 믿어야 하나니,

천 명의 사람이 믿으면 천 명의 사람이 왕생하고,

만 명의 사람이 믿으면 만 명의 사람이 왕생한다. -연지대사-

부처님은 중생을 연민히 여기는 자비로운 마음으로 전법을 하기 위해 길 위에서 45년간의 삶을 살아가셨다. 전법의 방법론 또한 지극히 자비로운 방법이었다는 점을 생각할 때 부처님의 중생에 대한 자비심이 얼마나 컸을지 짐작이 간다.

부처님의 설법에는 뚜렷한 특징이 몇 가지 있다. 첫째는 대기설법으로 청중의 성향을 고려해서 설법을 한다. 둘째는 비유설법으로 청중이 쉽게 알아들을 수 있는 친근한 비유를 활용하여 설법을 한다. 셋째는 차제설법으로 청중의 수준에 따라 알맞은 설법을 한다. 넷째는 유행설법으로 청중의 삶의 현장에 직접 다가가 설법한다. 이 네 가지 설법의 특징은 모두 청중을 위한다는 것이 공통적이다. 철저하게 듣는 이를 고려하는 설법 방법으로 교육자라면 누구나 본받을만한 훌륭한 교육법이다.

불사의 문을 열기 위해 출가하여 치열한 수행을 통해 번뇌가 완전히 지멸된 열반의 세계로 나아간 부처님이 다시 중생에 대한 자비심으로 사바세계로 돌아온 것이다. 세상에 진리를 전하여 모든 이들이 다 함께 이고득락하도록 하려는 큰 자비심으로 돌아온 것이다.

수많은 이들을 행복으로 이끈 45년의 시간이 지나가고 부처님도 임종을 맞이할 순간이 다가왔다. 부처님의 그림자로 불릴 정도로 가장 가까이에서 부처님을 시봉했던 아난존자는 크게 상심하여 스승에게 묻는다.

"여래께서 열반하신다면 남은 수행자는 도대체 무엇을 믿고, 의지해서 수행해야 합니까?"

이때 부처님이 남긴 유명한 대답이 바로 '자신을 등불로 삼고 자기를 의지하라〔自燈明〕. 진리를 등불로 삼고 진리를 의지하라〔法燈明〕.'는 금구(金句)이다.

부처님은 신이 아니다. 하지만 불완전한 인간이 지고한 완성에 이르는 방법을 직접 체득하고 보여준 세상에서 가장 존귀한 분인 세존(世尊)이다. 부처님은 누구나 이 교법에 의지하여 수행한다면 자신과 똑같은 인간완성자인 부처님이 될 가능성이 있다고 확신했다. 이미 모든 잠재력을 가지고 있는 스스로의 마음에 의지하고(자등명), 그 마음을 잘 활용하여 교법의 수행에 힘쓴다면(법등명) 누구나 이고득락하는 것이 가능하다는 점을 강조한 것이다.

스스로의 마음과 교법을 등불로 삼아 믿고 의지하라고 말한 부처님의 열반 이후 700여 년이 지난 시점에 마명보살(馬鳴菩薩)의 〈대승기신론(大乘起信論)〉이 세상에 등장한다. 제목에서도 알 수 있듯이 대승에 대한 믿음을 불러 일으키는 것이 이 논서의 목적이다. 대승이란 바로 '중생의 마음'으로 정의하고, 진심(眞心)과 망심(妄心)이 혼재하는 중생의 마음 중 불성인 진여(眞如 ; 모든 현상의 있는 그대로의 참모습)의 부분을 훈습(熏習 ; 어떤 것에 계속하여 자극을 줄 때, 그것이 점차 그 영향을 받는 작용)하는 수행을 통해 성불하는 과정을 밝히고 있다.

마명보살은 '자등명하고 법등명하라.'는 믿음을 발전시켜 계승하였다. 〈대승기신론〉에서 말하는 신심에는 4종이 있는데 불, 법, 승 삼보에 대한 믿음과 자신의 마음인 중생심에 이미 진여의 성품이 갖추어져 있다는 믿음을 더했다. 마음의 청정한 면에 의지하는 자등명과 청정함의 완성에 이른 불보와 그 방법인 법보 그리고 청정함을 위해 나아가는 집단인 승보를 믿고 의지하는 법등명이 핵심 내용이다.

마명보살은 이러한 삼보와 자신에 대한 믿음을 바탕으로 나무아미타불 육자염불을 수행의 한 가지 방편으로 권한다. 아미타부처님의 본원력을 믿고 자신의 마음속 불성을 믿으며 염불하는 그 힘이 수행자를 극락으로 이끌 것이기 때문이다.

믿지 않는 사람은 천 명의 부처님이 온다 해도 구제할 수 없다. 〈종경록〉

아무리 훌륭한 이론도 받아들이지 않는 마음으로는 배울 수 없고, 아무리 효과적인 수행도 믿지 않는 마음으로는 실천할 수 없지 않겠는가? 치열한 정진을 알리는 시작도, 아름다운 결과를 꽃 피우는 씨앗도 바로 믿음이다. '믿음은 도를 이루는 근본이고, 공덕의 어머니이다.'라고 〈화엄경〉에서 강조하듯 안정된 믿음은 정말 중요하다.

철오선사의 10종 신심

불교인문학은 행복학이기에 그 목적이 이고득락이라고 앞서 이야기하며 불교의 종교적인 면이 강하게 드러나는 극락세계에 대한 주제를 책에서 다루기로 했다. 극락세계에 대해서 배우는 목적은 크게 두 가지인데 첫째, 임종 시에 평화롭게 극락에 왕생하는 것이고 둘째, 수행을 통해 삶을 극락세계로 바꾸는 세상의 불국정토화다.

세상에서 가장 위대하고 자비로운 아미타부처님의 본원력에 의지하여 약속된 수행인 나무아미타불 육자염불에 정진한다면 정토에 왕생하는 것은 물론이요, 현재의 삶이 극락으로 바뀔 수 있음은 자명한 일이다.

이렇게 극락을 위해 염불하는 수행자를 정토행자라고 부른다. 정토행자의 수행 역시 믿음이 근본이 될 것인데 과연 이들은 어떠한 방법으로 극락에 대한 신심을 일으켜야 할까? 지금부터 중국의 철오선사(徹悟禪師)가 말씀한 정토행자의 열 가지 믿음을 소개하겠다.

* 철오선사의 10종 신심

① 산 자는 반드시 죽음을 믿는다. 온 천하에 예로부터 지금까지 한 사람
　도 죽음을 피한 자는 없다.

② 사람의 목숨이 덧없음을 믿는다. 날숨이 비록 있다 하여도, 들숨은 보
　장할 수 없다. 숨 한 번 들어오지 않으면 바로 다음 세상이 된다.

③ 윤회의 길이 험난함을 믿는다. 한순간 생각 차이로 곧장 삼악도에 떨
　어진다. 사람 몸 얻는 이는 손톱 위의 흙처럼 적고, 사람 몸 잃는 이는
　대지의 흙처럼 많다.

④ 삼악도에서 고통받는 시간이 장구함을 믿는다. 삼악도는 한 번의 과보
　가 오천 겁이나 되니, 다시 머리 들고 나올 때가 그 언제일런가.

⑤ 부처님의 말씀은 절대로 헛되지 않음을 믿는다. 하늘의 해와 달을 떨
　어뜨릴 수 있고, 신비한 고산을 떠들썩하게 뒤엎을 수 있을지는 몰라
　도, 모든 부처님의 말씀은 결코 진실과 다름이 없다.

⑥ 진실로 극락정토가 존재함을 믿는다. 지금 사바세계가 존재하는 것처
　럼 정토도 명명백백히 실제로 존재한다.

⑦ 왕생을 원하면 곧바로 왕생함을 믿는다. 이미 발원하였거나 지금 발원
　하거나 앞으로 발원한다면, 이미 왕생했거나 지금 왕생하거나 앞으로
　왕생할 거라고 경전에 분명히 나와 있으니, 어찌 나를 속이겠는가.

⑧ 극락에 왕생하면 불퇴전 얻음을 믿는다. 경계가 수승하고 인연이 강력
　하여 후퇴하는 마음이 일어나지 않는다.

⑨ 극락에서 한 번의 생이 지나면 성불함을 믿는다. 수명이 한량없으니
　무슨 일인들 못하겠는가.

⑩ 법문의 근본은 오직 마음임을 믿는다. 오직 마음에는 이미 갖추어져

있음과 이루어 감의 두 가지 의미가 모두 있다. 〈염불수행대전〉

①과 ②는 죽음에 대해 생각하는 것이고, ③과 ④는 윤회계의 고통에 대해 생각하는 것으로 수행의 동기를 불러일으킨다. ⑤는 부처님의 가르침이 진실함을 믿음으로 받아들이는 것이다. 이를 바탕으로 ⑥은 극락의 존재함에 대해, ⑦은 극락에 왕생 가능함에 대해, ⑧과 ⑨는 극락에 왕생했을 때 누리게 되는 혜택에 대한 내용이다. 마지막으로 이 모든 고통과 행복의 근원은 마음에서 비롯된다는 유심연기와 유심정토에 대한 믿음을 ⑩에 둠으로써 스스로의 마음에 대한 믿음인 자등명과 부처님의 가르침에 대한 믿음인 법등명을 효과적으로 불러일으키는 생각의 길을 열어준다. 앞서 살펴본 믿음의 대상과 이 10종 신심을 함께 정리하면 다음과 같다.

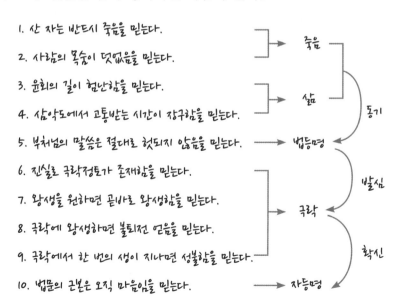

우리가 무엇인가를 믿는 믿음에 대한 유형은 크게 두 가지다. 첫째는 묻지도 따지지도 않고 덮어놓고 믿는 맹신이다. 둘째는 의심해보고 배우고 실천하여 확인한 사항을 믿는 확신이다. 가끔은 맹신이 유익할 때도 있지만 이것은 진정한 불교적 믿음이 아니다. 이해와 실천을 바탕으로 자연스럽게 얻어지는 믿음이 진정한 불교적 믿음이라고 할 수 있다.

극락에 대한 확신을 불러 일으키기 위해 지금부터는 죽음과 인간 삶의 소중한 여가와 기회 그리고 연기에 대해서 공부할 것이다. 이 세 가지 주제가 극락세계를 믿고 이해하는 기본을 제공해줄 것이다. 인도의 학승 아티샤스님의 〈명상요결〉에서 예비명상으로 제시되기도 하는 이 주제는 수행의 씨앗을 심을 마음밭에 거름을 주는 작업이다. 토질이 좋지 않으면 아무리 훌륭한 씨앗을 심어도 좋은 열매를 맺지 못한다. 지금부터 제시하는 내용을 곰곰이 잘 생각해보는 것은 극락에 왕생하고 싶은 동기를 불러일으켜 독자들이 극락을 믿고 이해하고 수행하는 나침반이 될 것이다.

2장
죽음 _죽음의 순간, 가장 가치 있는 것

무심이 이야기 2

'나 이러다가 죽는 거 아니야? 이렇게 혼자 방에서 쓸쓸히 죽는 거야? ㅠ_ㅠ'

무심이는 현실의 우울함을 달래기 위해 담배를 피우다가 기절한 후부터 심각한 고열에 시달리며 옴짝달싹 못하고 있다.

'몸이 점점 무거워져 움직일 수가 없어. 땅바닥에 짝 달라붙는 게 여름철 늘어진 찹쌀떡 같아. 입술과 목이 타는 듯이 바짝바짝 말라가. 몸은 으슬으슬 추워 얼어 죽을 것 같아. 눈은 점점 흐려져서 앞이 잘 보이지 않아. 꽃다운 나이에 이렇게 죽는 걸까?'

순간적으로 의식을 잃은 무심이는 잠시 후 편안하고 밝은 빛을 보게 된다. 눈부시지만 안심되는 그 빛을 편안히 느끼던 무심이는 문득 이런 생각이 든다.

'내가 죽은 건가?'

갑자기 빛이 사라지면서 무심이는 쿵! 하고 어딘가에 떨어졌다. 눈을 떠보니 앞에 검은 옷을 입은 사람이 흐릿하게 보였다. 만화책에서 봤던 장면이 겹쳐 보인다.

'혹시 저 시커먼 사람이 저승사자? 이렇게 죽긴 억울해. 아직 하고 싶은 일이 많아. 여자친구도 못 사귀어 보고, 게임도 마음대로 못 해보고 이렇게 죽는구나! 하늘도 무심하시지. 담배를 몰래 피우고 친구들 때린 거 다 잘못했어요. 16년 밖에 못 살 줄 알았으면 돌아가신 아버지, 도망간 엄마! 원망도 조금만 하고, 부처님, 삼촌 스님 흉도 조금만 보고 착하게 살 걸… 후.회.막.급.'

태어난 것은 모두 죽는다. 이것은 남녀노소 빈부귀천을 따지지 않고 모두 같다. 죽음이 두려워 하늘 위로 도망친다 해도, 바다 밑으로 숨는다 해도 결코 죽음을 피할 수 없다. 이야기의 주인공인 무심이도 사람이기에 당연히 죽음을 피할 수 없다. 지금까지 자신의 죽음을 생각해본 적도 없고, 죽음을 준비해본 적도 없다. 하지만 이 죽음이라는 매정한 손님은 예고 없이 무심이를 찾아왔다. 그렇게 무심이는 지금 죽어가고 있다. 이것이 우리 모두의 미래 모습이 아닐까?

죽음을 겪은 사람들 〈평화로운 죽음 기쁜 환생〉

죽음의 상태에서 돌아온 사람들의 이야기가 있다. 본격적인 연구가 이루어지기 전에는 항간에 나도는 '전설의 고향' 같이 받아들여지는 이야기였다. 하지만 최근 대중들에게 소개되는 다큐멘터리와 단행본, 논문 등을 통해 임사체험자들의 이야기가 과학적 신빙성을 가지기 시작했다. 임사체험자의 다양한 연구 중 〈평화로운 죽음 기쁜 환생〉 속의 델록(임사체험자)인 티베트인 링자 초키의 체험을 소개하려고 한다.

'나는 죽은 것인가?'

혼란스러운 마음으로 초키는 공중에서 자신이 누워있던 침대를 바라봤다. 침대에는 큰 뱀의 사체가 자신의 옷에 쌓여 있었다. 뱀에서는 썩은 냄새가 진동했기에 초키는 질색했다. 하지만 그 뱀의 사체가 바로 자신이었음을 초키는 알아차리지 못했다. 초키의 아이들이 뱀을 껴안고 입을 맞추며 슬피 울기 시작하자 초키가 바라보는 세상이 갑자기 변했다.

그녀는 수많은 천둥이 동시에 울리는 것 같은 커다란 소리를 듣기 시작했고, 빨간 피가 폭풍처럼 자신을 향해 몰아치는 것을 보았으며, 달걀 크기만 한 고름 덩어리들이 하늘에서 떨어지며 자신을 때렸다. 이것은 정말 참기 힘든 일이었다!

하지만 그녀의 아이들이 울음을 그치자마자 이 모든 환상이 사라졌다. 전체적인 분위기가 평화로워지면서 그녀의 고통과 두려움도 가라앉았다. 그녀의 마음은 다시 정상으로 돌아왔다.

임사체험자는 죽음의 순간 자신의 몸을 관찰자 시점에서 목격하게 되는 경우가 많다. 이때 뚜렷이 생전의 몸으로 인식되는 경우도 있지만 초키와 같이 자신이 가진 업의 특성에 따라 다르게 바라보는 경우도 있다. 이렇게 자신의 죽음을 객관적으로 목격하게 되는 임사체험자들은 죽음의 과정을 거쳐 사후세계를 경험하기도 한다.

그들은 생전에 지은 업에 따라 긍정적 혹은 부정적인 경험을 한 후 다시 현실로 돌아오게 된다. 흥미로운 점은 그들의 임사체험 전과 후의 삶이 180도 뒤바뀌는 경우가 많다는 사실이다. 이들은 더 이상 죽음이라는 것을 두려워하지 않게 되기도 하고, 쾌락을 추구하는 삶의 목표가 궁극의 행복의 추구로 변화되기도 한다. 또 현재 삶의 순간들을 즐기고 선업을 쌓기 위해 노력하는 모습을 보인다. 임사체험이 과연 무슨 역할을 했길래 그들의 삶을 바꾸어 놓은 것일까?

죽음에 대한 두려움

한 존재의 삶 속에서 가장 중요한 두 가지 순간을 꼽으라면 언제일까? 바로 태어나는 순간과 죽는 순간일 것이다. 태어나는 순간은 이미 지나갔으니 앞으로 다가올 죽음의 순간이 가장 중요하다고 할 수 있다. 그런데 왜 우리는 죽음이라는 단어만 들어도 죽을 것처럼 질색하는 것일까?

그것은 경험해보지 못한 것과 익숙하지 않은 것에 대한 두려움이 커서일 것이다. 무지가 낳은 두려움에 휩싸여 무턱대고 피하려 하고, 외면하려 하며 부정한다. 그리고 이것은 더 큰 무지와 두려움을 낳는 악순환의 반복을 만든다. 삶의 가장 중요한순간인 죽음을 준비 없이 맞이해도 괜찮을까?

나는 내가 곧 죽는다는 사실에 대해서는 안다. 하지만 내가 결코 피할 수 없는 그 죽음이란 것에 대해선 어느 무엇 하나 아는 것이 없다. -파스칼-

〈왕생론〉을 주제로 처음 법회를 진행했던 것이 벌써 5년 전이다. 20대의 젊은 스님이 극락세계에 대해서 말하는 조금은 특이한 법회를 진행하면서 함께 했던 대중들은 죽음에 대해서 지겹도록 듣고 생각했다. 처음에는 나 자신도 '가는 데는 순서가 없다고 하잖아요. 제가 여기서 가장 먼저 죽을 수도 있어요. 지금 숨 안 들이쉬면 그냥 죽는 거잖아요.'라고 말하면서도 찜찜함이 마음속에 있었다. 죽음이 두려웠던 것이다.

그때는 나 자신이 죽음을 두려워한다는 사실을 인정하기 싫었다. 삶과 죽음에 초탈한 모습을 보이는 것이 수행자의 모범적인 모습이라고 고집했기 때문이다. 하지만 계속되는 찜찜한 두려움 속에서 결국 나는 인정했다. 내가 죽음을 두려워한다는 것을 말이다.

그리곤 본격적으로 마음을 살펴봤다. 도대체 나는 죽음을 왜 두려워할까? 세상 사람들이 죽음을 두려워하는 이유는 크게 세 가지다. 첫째는 죽음을 모르기 때문에 두려워한다. 불확실한 어두움 속으로 들어가는 듯한 두려움을 가지고 있는 것이다. 둘째는 죽으면 삶의 소중한 모든 것을 잃어버린다는 점을 두려워한다. 재산과 명예, 가족, 사랑하는 사람, 개인적 사상과 지식 등의 모든 것을 잃어버려야 한다는 점이 아쉽다 못해 두려워지는 것이다. 셋째는 죽음의 과정 자체에서 느끼게 될 고통스러움을 두려워한다. 우리가 보고 배운 죽음들은 대개 그 끝이 고통으로 물들어 있다. 이러한 고정관념이 죽음의 순간에 엄청난 고통이 우리를 기다리고 있을 것이라는 막연한 두려움을 가지도록 한다.

당시 나는 세 번째 이유인 죽음에서 경험할 막연한 고통을 두려워했다. 이러한 두려움을 가지고 법회를 약 6개월간 진행하는 동안 총 5번의 죽음을 꿈속에서 경험하게 되었다. 꿈에서 죽음이 다가올 때 난 항상 두려웠다. 죽음을 피하고자 발버둥을 쳤다. 꿈이었지만 너무 무서웠다. 그런데 흥미로운 점이 하나 있었다. 꿈속에서의 죽음이 피할 수 없이 확실해지는 순간! 즉, 더 이상 내 발버둥이 의미 없어지는 순간! 두려움은 편안함으로 바뀌었고, 아미타부처님을 볼 수 있다는 기대감이 생겼다. 두려움에 비명을 지르던 내 입에서는 자연스럽게 나무아미타불 염불이 이어졌고, 떨리던 눈빛은 아미타부처님의 광명을 찾는 호기심으로 가득 찼다. 아쉽게도 항상 아미타부처님과 만나기 전에 꿈에서 깼는데, 만약 꿈속에서 아미타부처님을 만났다면 어땠을까?

요즘도 꿈속에서 죽음을 가끔 맞이한다. 그리고 여전히 두렵다. 법회 중간에 '제가 오늘 밤에 죽을 수도 있어요.'라는 말을 하다 보면 여전히 찝찝함이 남아 있다. 하지만 5년 전과 비교할 수 없을 만큼 편안해졌다. 세월이 흘렀기 때문일까? 아니다. 죽음과 삶, 불교와 극락왕생에 대해서 반복해서 생각하고 사유해왔던 모든 것이 내게 주는 이고득락의 선물일 것이다.

죽음에 대한 명상

불교는 죽음에 대해서 적극적으로 명상하도록 권한다. 죽음에 대한 명상은 크게 세 가지 생각으로 이루어진다.

첫째, 모든 태어난 존재는 반드시 죽는다는 것이다. 즉, 나는 반드시 죽을 것이라는 자각이다. 둘째, 죽음의 시기는 예측 불가능하다는 것이다. 다음 찰나 숨 한번 들이쉬고 내쉬는 그 순간을 포함한 모든 시기가 죽음을 맞이할 수도 있는 완벽한 타이밍이라는 것이다. 셋째, 피할 수 없는 죽음의 순간, 가장 가치 있는 삶은 무엇인가에 대한 질문이다. 삶의 유효기간이 끝나감을 알지 못하고 무익하고 오히려 유해한 일들에 소중한 삶을 소비할 가치가 있는지에 대한 물음이다.

이렇게 세 가지 죽음에 대한 명상은 삶의 무상함을 자각하게 만들고, 죽음이 언제든 올 수 있다는 사실을 통해 소중한 인간 삶의 기회를 가치 있는 일에 정진할 수 있도록 우리를 설득한다. 언제든지 죽을 수 있음을 인정하고 받아들일 때, 남은 삶을 그만큼 빛나고 가치있게 살려고 노력하지 않을까? 내면의 열정을 모두 활용해 완전연소

하는 치열한 삶을 살아가지 않을까?

죽음을 명상함으로써 도리어 더욱 빛나는 삶을 충실하게 살 수 있게 되는 것이다.

이 세상에 죽음만큼 확실한 것은 없다. 그런데 사람들은 겨우살이는 준비하면서도 죽음은 준비하지 않는다. -톨스토이-

당신에게 죽음은 두려움인가? 그렇다면 죽음을 준비해야 한다. 모르는 것에 대한 막연한 두려움에서 벗어나 죽음을 알아야 한다. 그러면 정말 중요한 삶의 비밀을 알게 될 것이다. 죽음을 준비한 이들에게는 죽음의 순간이 그저 삶의 연장일 뿐이고, 그 변화의 순간은 두렵거나 허무한 순간이 아니라 생에 둘도 없는 수행의 완벽한 기회라는 사실을 발견하게 될 것이다.

하지만 죽음에 대한 두려움을 가지고 있는 상태에서는 이 기회를 결코 잡을 수 없다. 그렇기에 우리는 죽음을 배우고 연습해야 한다. 이렇게 충분히 준비가 된 사람이 맞이하는 죽음은 더 나은 의식으로 나아가는 기회일 것이고, 담담하게 이번 인생을 정리하는 마무리일 것이며, 지극한 즐거움의 세계인 극락으로 이사 가는 환희로운 순간이 될 것이다. 또한 삶을 더욱 빛나게 만드는 원동력이 되어 아름답고 행복한 삶을 살기 위해 점점 더 노력하게 될 것이다. 죽음을 명상하는 이익을 정리하면 다음과 같다.

＊ 죽음명상의 5가지 이익

① 삶의 나침반이 선한 방향으로 바뀌어 행복으로 나아가게 된다.

② 삶의 유한성을 자각하여 낭비하는 힘과 시간이 적어진다.

③ 죽음의 순간에 대해 충분히 준비했기 때문에 평화롭고 안정된 마음으로 임종을 맞이한다.

④ 충분한 수행력을 갖춘 사람은 본성의 빛과 하나 되는 완벽한 기회를 살릴 수 있다.

⑤ 안정된 마음으로 지혜로운 선택을 할 수 있어 극락세계에 태어날 가능성이 높아진다.

형의 죽음 소동으로 깨달은 세친

극락은 수많은 경전과 논전 그리고 고승들의 어록의 주제로 다루어지는 내용이다. 극락을 다루는 대표 경전은 〈아미타경(阿彌陀經)〉, 〈무량수경(無量壽經)〉, 〈관무량수경(觀無量壽經)〉을 모은 〈정토삼부경(淨土三部經)〉을 꼽을 수 있다. 이중 〈무량수경〉에 의지해서 극락세계의 장엄을 핵심적으로 요약한 세친보살(世親菩薩)의 〈왕생게(往生偈)〉를 극락추천사라는 이름으로 본서의 중심에 다룰 것이다. 여기서는 세친의 삶 속에서 죽음과 연관이 있는 한 장면을 살펴보겠다.

세친에게는 무착이라는 형이 있었다. 무착은 대승불교 특히 유식불교의 신봉자였지만 세친은 상좌부불교를 신봉하고 대승을 비방하며 다니곤 했다. 이것을 안타깝게 여긴 무착은 한 가지 꾀를 내어 동생에게 자신이 죽어간다는 편지를 보냈다.

세친은 천재였다. 상좌부불교의 대표격인 설일체유부의 〈아비달마대비바사론〉을 경량부의 입장에서 비판적으로 정리한 〈구사론〉의 저자이기도 하고, 수많은 대소승 삼장에 대한 주석서를 남겨 '100부논사'로 불리기도 한다. 전 불교적인 주제를 다룬 그의 저작들은 불교 발전에 큰 발자취를 남겼다.

세친은 또한 뛰어난 논쟁가였다. 논리적 약점을 찾아내 논파하는 그의 능력은 당시 적수가 없을 정도였다. 이렇게 뛰어난 두뇌와 변재를 대승을 향해 겨냥하니 그 비판은 이루 말할 수 없었을 것이다. 세친의 입장에서는 아무리 형이 속한 대승의 학파라 하더라도 그의 혀끝이 닿지 못할 이유가 없었고, 무착의 입장에서는 대승을 비방한 악업으로 인해 과보를 받게 될 동생 세친을 그냥 두고 볼 수만 없었다. 그래서 동생의 악업을 막을 방편으로 하얀 거짓말을 하게 된 것이다. 아무리 대승을 비판하는 세친이라 하더라도 형이 죽을 것이라는 소식을 듣고 가만히 있을 수는 없었다. 무착을 찾아간 세친은 침상에 누워있는 형으로부터 한 가지 부탁을 받는다.

"죽음이 다가와 눈이 잘 보이지 않으니 부처님의 금구를 읽을 수가 없구나. 네가 대신 형에게 죽음의 선물로 부처님의 금구를 읽어주지 않겠니?"

세친은 아무리 자신이 비하하는 대승경전이라 하더라도 죽어가는 형의 부탁을 외면할 수 없었기에 경전을 읽어주기 시작했다. 세친이

처음으로 진지하게 읽어 내려가는 대승경전은 한 장 한 장 넘어갈수록 놀라움의 연속이었다. 그리고 그 놀라움은 스스로의 안목이 형편없었음에 대한 부끄러움으로 변해갔다. 이렇게 수승한 부처님의 금구를 비불설이라고 비방했던 자신이 한심하기 짝이 없었다. 그렇게 경건한 대승경전 독송이 끝났다.

세친은 대승이 비불설이라고 주장했던 자신의 세 치 혀가 원망스러웠다. 재앙의 근원이 된 혀를 칼로 끊어버리려 결심한 동생에게 형 무착은 다음과 같이 말한다.

"혀를 끊는다 해도 과거에 지은 악업이 사라지지 않는다. 지금부터 발심하여 대승을 찬탄하는데 그 혀를 쓴다면 오히려 선업의 근본이 되고, 부처님의 지혜 광명을 세상에 널리 밝히는데 이롭지 않겠느냐!"

이후 세친은 대승불교를 배우고 주석하는 삶을 사는데 무착의 유식사상을 조직화한 〈유식30송〉이라는 대표작을 남길 정도로 대승에 정통하게 된다. 또한 대승경전인 〈무량수경〉의 대의를 24게송으로 표현하는 〈왕생게〉라는 극락추천사를 남겨 정토신앙의 등불이 되어주고 있으니 독자들에게도 세친보살의 역할은 참으로 대단하다고 할 수 있다.

타인의 죽음을 통해 간접적으로 죽음을 경험할 때도 우리의 삶은 변화될 수 있다. 일상에서의 죽음명상이 우리의 삶을 더욱 찬란하게 바꾸는 것도 사실이지만 타인의 죽음은 보다 강렬하게 와 닿으며 우리를 설득한다.

"피할 수 없는 죽음이 다가오고 있으니 가치 있는 일을 수행하라."

친구의 죽음으로 인생이 바뀐 용수보살

인도 불교의 중흥조로 꼽히는 용수보살(龍樹菩薩)은 어린 시절부터 천재였다. 더불어 바라문 집안의 자녀로써 부유하고 유복한 환경에서 자랐기에 오만한 면이 있었던 것 같다. 그는 어렸을 적부터 친구들과 함께 신통력을 배웠는데 일종의 몸을 투명하게 만드는 기술이었다. 영화 〈해리포터〉에서 주인공 해리가 가지고 다니는 투명망토처럼 타인의 눈에 자신의 몸이 보이지 않도록 숨기는 신통방통한 재주였다. 혈기 넘치는 청년들이 이러한 재주를 가지고 위험한 장난을 시도하지 않을 리 없지 않겠는가?

용수와 친구들은 밤마다 몸을 투명하게 숨긴 채 궁전의 담을 넘기 시작했다. 매일 독수공방하고 있는 궁녀들을 범하기 위해서였다. 궁녀들의 입장에서는 외로움에 사무쳐 있을 때 자신을 위로할 청년들이 달가웠기에 한동안은 아무런 문제가 없었다. 용수와 친구들도 아름다운 궁녀들과 음욕을 채우는 동안의 희열과 함께 왕과 신하 그리고 무사들을 희롱한다는 점이 지극히 쾌락적이었다. 넘을 수 없는 담이 없고 취할 수 없는 여인이 없으니 마치 자신들이 브라흐만이라도 된 듯한 오만한 착각을 하였다.

그러던 어느 날 문제가 발생했다. 용수와 친구들이 담을 넘기 시작한 지 몇 달 후 궁녀 중에 배가 불러오는 이들이 생겼던 것이었다. 독수공방하는 궁녀들의 배가 불러오다니. 임신한 궁녀의 숫자는 늘어갔지만 범인은 잡히지 않으니 왕의 분노는 점점 커져갔다. 이때 나라의 현자로 불리는 한 신하가 지혜로운 꾀를 내었다. 이는 필시

요상스런 술수를 쓰는 자들의 소행이니 궁녀들의 방바닥에 밀가루를 뿌려 놓자는 계획이었다. 아무것도 모르는 용수와 친구들은 궁녀들의 방안으로 의기양양하게 침입했다.

밀가루가 뿌려진 바닥 위로 발자국이 나타났지만 사람의 모습은 보이지 않았다. 이 이상한 광경을 목격한 무사들은 발자국이 난 곳을 향하여 칼을 휘두르기 시작했다. 텅 빈 허공에서 피가 솟구치기 시작했고 용수는 친구들을 잡아먹은 죽음이 자신마저 집어삼킬까 큰 두려움을 느끼기 시작했다. 하지만 이런 위급한 순간에도 그의 뛰어난 기지가 발동한 것일까? 저기 보이는 왕의 주위에는 밀가루가 없다는 것을 확인하고 그는 왕의 뒤로 숨었다. 그리고는 친구들의 죽음을 지켜보며 숨죽여 마음으로 울었다. 너무나 슬펐지만 죽음에 대한 두려움이 더 컸기에 할 수 있는 일은 아무것도 없었다.

용수는 기적처럼 살아서 지옥 같은 궁전을 빠져나왔다. 궁전 담을 뛰어넘을 때는 친구들과 함께 의기양양한 모습이었지만 나올 때는 지옥의 두려움에 울부짖고 있는 용수 혼자뿐이었다. 그는 이 일을 계기로 크게 발심하였고, 출가하여 대소승의 모든 삼장을 통달한 후 〈중론송〉, 〈대지도론〉 등의 불교사에 한 획을 긋는 최고의 저서를 남겼다. 사지에서 가까스로 벗어나 자신의 인생 방향을 대전환한 그는 더 이상 욕정에 치우친 오만한 천재가 아닌 대자비로 중생을 구제하는 지혜의 화신이 된 것이었다.

니체가 '신은 죽었다!'라고 선언한 이후 서양의 현대철학은 신에게 의지하지 않는 인간이라는 존재에 대한 치열한 탐구가 진행되어 왔다. 현대철학의 거장인 하이데거는 〈존재와 시간〉에서 죽음을 특히 강조한다. 인간은 죽음에 직면할 때 삶이 두려움으로 가득 차는 것이 아니라 오히려 그 삶에 생기가 넘치기 시작한다는 것이다. 자각 없이 살아가는 반송장 같은 삶이 죽음을 인식함으로써 시간의 유한성을 알아차리게 되고 존재의 양심에 따라 삶을 열정적으로 살아가는 원동력이 된다는 것이다. 삶에 생기를 불어넣는 죽음이라니 이것 참 역설적이지 않는가?

여래십호를 마음에 새기다

불자들의 마음속에는 각자의 법당이 하나씩 있다. 좋아하고 의지하는 불보살님을 마음속에 모시고 항상 염불하는 장소가 바로 마음의 법당이다. 법당이 더러워지면 안 되니 번뇌의 먼지를 자주 청소하게 되 번뇌가 적어지고, 언제든 들여다보면 나를 바라보는 불보살님이 있기에 삶의 태도가 경건해진다.

마음속에 부처님을 모시는 일은 내면의 불성을 깨우고 번뇌를 제거하며 말과 행동을 조심하게 된다. 또한 사랑하는 마음속 부처님의 가피력으로 수행이 일취월장하게 되는 원동력이 된다.

용수보살은 마음속에 부처님을 모시는 염불을 권할 때 부처님의 열 가지 공덕을 마음에 새기는 십호염불(十號念佛)을 추천했다. 부처님의 공덕을 본받아 내 안의 열 가지 공덕을 깨우겠다는 다짐이요, 깨워가는 과정이며, 이미 깨어난 꽃을 확인하는 수행이다.

* 여래십호
  ① 여래(如來)는 번뇌의 불이 완전히 꺼진 열반의 세계에서 완전한 행복을 누릴 수도 있지만 중생을 이고득락으로 이끌고자 하는 큰 자비심으로 사바세계로 돌아오신 분이라는 뜻이다. 여래를 염불할 때 부처님의 대자비심을 배우고 내 안의 자비심을 일으켜야 한다.
  ② 응공(應供)은 공양 받아 마땅한 분이라는 뜻으로 더 이상 배우고 닦아야 할 바가 남아 있지 않은 무학의 성자인 아라한을 가리키는 말이다. 윤회의 속박에서 완전히 풀려난 아라한은 공양의 대상이 되기에 부족함이 없다. 응공을 염불할 때 아라한과 같이 윤회의 속박에서 벗어나겠다는 다짐을 한다.
  ③ 정변지(正遍知)는 위없는 올바른 깨달음을 얻은 존재를 뜻한다. 위없는 깨달음은 세간과 출세간에 대해 알고자 하는 모든 것을 알 수 있도록 하는 힘으로 일체지라고 할 수 있다. 정변지를 염불할 때 위없는 깨달음의 마음이 깨어나도록 한다.
  ④ 명행족(明行足)은 삼학(三學)을 완성하고, 삼명을 구족한 삼업으로 중생을 구제하시는 분이라는 뜻이다. 삼학은 불교 수행의 큰 틀인 계율, 선정, 지혜의 세 가지 익혀야 할 바다. 삼학을 완성하여 세 가지 신통력인 삼명을 얻는다. 과거를 밝게 아는 숙명통, 미래를 아는 천안통, 무명번뇌를 끊는 누진통이 그것이다. 이러한 삼학과 삼명을 바탕으로 중생을 구제하는 자비로운 신구의 삼업을 갖추면 이를 명행족이라고 부른다. 명행족을 염불할 때 반드시 이러한 밝음으로 중생의 삼업을

부처님의 삼업으로 변화시키겠다는 다짐을 한다.

⑤ 선서(善逝)는 열반의 세계로 바르게 갔다는 뜻이다. 모든 존재는 이고득락을 추구하기에 이들의 최종 목적지는 열반이 될 것이다. 열반에 이르러야 비로소 번뇌의 불이 완전히 꺼지기 때문이다. 그렇다면 부처님은 열반에 먼저 이른 선배가 되는 것이고 이 선배의 조언을 따를 때 우리 역시 선서가 될 수 있을 것이다. 이런 선서를 염불할 때 열반의 세계로 나아가겠다는 서원이 생긴다.

⑥ 세간해(世間解)는 부처님이 깨달음의 세계뿐 아니라 중생이 살아가는 세상의 이치에도 통달한 분이라는 뜻이다. 사실 역사상 위대한 성인들이 많았지만 석가모니부처님과 같이 세간의 학문과 깨달음을 동시에 갖춘 분은 없었다. 세간과 출세간의 지혜를 바탕으로 생전에 수많은 제자들을 교화하고 방대한 가르침을 남겼다. 이러한 종교 창시자는 유일하다는 점을 우리는 알 필요가 있다. 세간해를 염불할 때 세상의 이치를 아는 것도 중생구제를 위한 훌륭한 방편임을 기억한다.

⑦ 무상사(無上士)는 위없는 인격을 갖춘 완성자라는 뜻이다. 석가모니부처님의 삶은 완벽함 그 자체다. 세간의 최고 학문을 익힌 학자이자, 뛰어난 무술가, 완전한 선정을 마스터한 요기(yogi ; 요가 수행자), 극심한 고행 수행자, 위없는 깨달음을 갖춘 자, 가장 큰 세력을 갖춘 교단의 지도자, 45년간을 길 위에서 전법을 한 자 등 평범한 인간이 한 가지도 보이기 힘든 최고의 모습으로 삶을 살아가신 인간완성자의 모습이

다. 무상사를 염불할 때 부처님의 삶을 본받아 내면의 완성된 인격의 경지인 불성을 깨우도록 서원한다.

⑧ 조어장부(調御丈夫)는 세상에서 가장 길들이기 어려운 야생 말조차 효과적으로 길들이는 장부처럼 중생의 근기에 상관없이 그들의 마음을 효과적으로 교화하는 최고의 스승이라는 뜻이다. 부처님은 법을 설함에 있어 항상 중생을 고려하는 방법을 활용하여 그들의 고통스러운 마음을 행복하게 길들일 수 있었다. 조어장부를 염불할 때 항상 상대방을 고려하는 말을 하겠다고 다짐한다.

⑨ 천인사(天人師)는 천상의 신과 인간들의 스승이 될만한 분이라는 뜻이다. 천신들이 아무리 큰 능력을 가지고 있다 해도 그들은 여전히 윤회에 속박된 범부다. 인간의 능력은 천신들에 비해 미천하지만 유연한 의식과 무한한 잠재력을 가지고 있다. 천인사인 부처님은 우리에게 열반의 길로 나아가는 방법을 제시해주신 최고의 스승이다. 천인사를 염불할 때 세상 모든 중생의 스승이 될 수 있는 내면의 잠재력이 용솟음치게 된다.

⑩ 불세존(佛世尊)은 깨달은 부처님은 세상에서 가장 존귀한 분이라는 뜻이다. 부처님 재세 시에 부처님을 만났던 많은 이들이 부처님의 발에 자신의 이마를 대는 최고의 예를 표했다. 대국의 왕조차 그렇게 불세존을 존경했던 이유는 그가 세상에서 가장 존귀한 존재이기 때문이다. 불세존을 염불할 때 내면의 존귀함을 깨어나게 하는 수행의 다짐을 한다.

용수보살은 이렇게 여래십호를 마음에 새기며 마음 법당의 부처님을 점점 거대하게 만들었고 결국은 모든 존재가 다 부처님의 모습임을 알게 되었다. 용수보살과 같이 마음속 여래, 응공, 정변지, 명행족, 선서, 세간해, 무상사, 조어장부, 천인사, 불세존을 찾고 싶다면 염불하여 마음 법당의 부처님께 간절히 공양을 올려야 할 것이다.

신과 인간의 큰 스승이신 부처님. 여기 모인 신들은 지상의 신이건, 하늘의 신이건 신과 인간이 다 함께 섬기는 완전하신 분, 부처님 앞에 예배하라. 그리고 행복하라. 〈경집〉

죽음 직전은 수행의 완벽한 기회

삶과 죽음의 진정한 본성은 평화와 기쁨이며
평화와 기쁨의 진정한 세계는 극락정토이고
지복과 축복의 진정한 원천은 무한한 빛이며
당신과 나의 진정한 가슴은 축복의 빛이라네. -툴쿠 퇸둡 린포체-

존재를 구성하는 네 가지 요소가 있다. 지수화풍(地水火風) 4대가 바로 그것이다. 지는 땅의 요소로써 단단함의 성질을 가지고, 수는 물의 요소로써 유연함의 성질을 가지며, 화는 불의 요소로써 포용성의 성질을 가지고, 풍은 바람의 요소로써 운동성의 성질을 가지고 있다.

인간이 육체적인 죽음을 맞이하는 순간 이 4대가 흩어지게 된다. 흩어진 4대가 다시 회복되지 못하면 그 육체는 기능을 상실한 상태인 죽음을 맞이하게 되는 것이다. 심한 감기몸살이나 병을 앓는 순간에도 4대가 어느 정도 흩어지는 경험을 하기도 한다. 하지만 병이 회복되어 건강해지는 과정에서 흩어졌던 4대의 기능들이 제자리를 찾기에 육체의 삶은 이어지는 것이다.

인간은 엄밀히 말하자면 죽음이라는 순간을 경험하지 못한다. 이것은 마치 우리가 잠에 들어가는 순간을 알지 못하는 것과 같은 이치다. 잠에 들어가는 순간을 알기 위해서는 깨어있는 의식이 필요한데, 잠이라는 것은 의식의 활동이 정지되어 무의식화된 상태다. 정지된 의식이 어떻게 잠에 들어가는 순간을 인식하겠는가? 마찬가지로 활동이 정지된 의식이 죽음의 순간을 경험할 수는 없는 것이다.

그렇다면 죽음과 관련해서 인간이 경험할 수 있는 것은 무엇일까? 죽음의 과정이다. 티베트 불교 전통에서 말하는 죽음의 과정은 특별한 경우를 제외하고 평균적으로 지수화풍의 요소가 분해되는 경험을 하게 된다.

땅의 요소가 분해될 때 사람은 몸이 납덩이처럼 무거워지는 듯한 느낌을 받는다. 안정감 있게 몸을 지탱해주던 지의 요소가 점점 사라지고 있다는 증거다. 다음으로 물의 요소가 분해될 때 사람은 아무리 물이 공급되어도 입이 바싹 바싹 타들어가는 듯한 느낌을 받는다. 이후 불의 요소가 분해될 때 으슬으슬 추워지고 입술이 새파랗게 변하면서 체온이 낮아진다. 마지막으로 바람의 요소가 분해되면 호흡이 불안정해지고 이에 따라 감각기관의 명료함이 점점 사라진다. 점점 가빠지던 호흡이 완전히 끊기는 순간, 의학적으로는 육체가 죽음을 맞이한 상태가 된다. 하지만 티베트 불교는 육체의 호흡이 끊긴 상태가 여전히 죽음의 과정이라고 말한다. 일명 외호흡은 끊겼지만 내호흡이 남아 있는 상태라는 것이다.

한번은 이런 일이 있었다. 14대 달라이 라마 텐진가쵸와의 대담을 위해 인도를 방문했던 의사와 과학자들이 우연히 티베트 고승의 죽음을 목격하게 된 것이다. 직접적인 죽음의 순간을 목격한 것은 아니고 사후 5일 뒤에 이 고승을 보게 되었는데 이들은 큰 충격을 받게 된다. 명백히 의학적 죽음의 상태에 들어간 고승이 5일 간이나 가부좌한 상태를 유지하고 있었고 심장과 얼굴에 온기가 남아 있는 것이었다. 외호흡은 멈췄지만 내호흡이 끊기지 않은 상태로 궁극의 광명 속에서 명상하고 있는 상태라는 설명을 들은 그들은 상식을 뛰어넘는 현상에 할 말을 잊었다고 한다.

앞의 티베트 고승처럼 명상에 대한 성취가 있는 수행자는 내호흡이 끊기지 않은 상태를 오랫동안 유지한다고 한다. 이들은 내호흡이 끊어지기 전까지 본성의 빛을 경험하는 명상의 기회를 가지게 된다고 말하는데 삶의 어떤 순간보다 강렬한 깨달음을 가져오는 기회라고 한다.

하지만 대부분의 사람들은 외호흡이 끊어지면 곧 내호흡도 끊어진다. 이때 본성의 광명을 경험하게 되는데 대부분 그 순간에 깨어 있지 못하기에 짧은 순간에 지나쳐버린다고 한다. 이렇게 내호흡까지 끊어진 상태를 티베트 불교에서는 죽음이라고 말하고 죽음의 직전

본성의 광명을 경험하는 둘도 없는 수행의 기회가 찾아온다고 설명한다.

본성의 광명은 언제나 우리 내면에서 빛나고 있지만 삶을 살아가는 동안 번뇌의 장애로 인해 가려진 찬란한 빛을 경험하는 것은 무척 어려운 일이다. 수많은 시간을 수행에 투자하지만 진척이 느린 이유가 바로 이 빛을 가리는 번뇌의 장애 때문이다.

하지만 죽음의 순간을 상상해보라. 호흡이 끊기면 뇌에 산소가 공급되지 않기에 의식이 사라진다. 의식이 사라지면 번뇌의 활동 역시 중지된다. 번뇌의 장애물이 한순간 사라질 때, 본성의 광명을 순수하게 누릴 수 있는 둘도 없는 기회가 주어지는 것이다. 만약 이 순간에 깨어 있을 수 있다면 삶에서의 수행에 비교할 수 없을 만큼 큰 공덕이 된다고 하니 죽음의 직전이 바로 완벽한 수행의 기회인 것이다.

이고득락이라고 말할 때, 고가 사라지면 느낄 수 있는 락이란 무엇일까? 바로 이 본성의 찬란한 빛이다. 우리가 그토록 찾고 싶어 하는 행복이 바로 죽음의 순간에 있다는 것은 참 아이러니하다. 수십 년 동안의 명상 수행을 통해서도 이 찬란한 빛의 일부를 만날 수 있을지 확실치 않다. 그것은 수행의 근기에 따라 성취가 모두 다르기 때문이다.

하지만 죽음의 순간을 준비하기만 하면 누구에게나 평등하게 주어지는 수행의 완벽한 기회가 있다는 사실이 참으로 감사하다. 누구나 충분한 준비만 된다면 모든 부처님의 근원인 본성의 찬란한 빛 속으로 들어가 완전한 무아를 체득하게 될 것이다.

만약 삶을 살아가며 충분히 수행하지 못했기에 인간에게 주어지는 완벽한 기회인 본성의 광명에 깨어 있을 자신이 없다고 하더라도 낙담할 필요는 없다. 범부들을 위한 나무아미타불 육자염불이 있기 때문이다. 범부 중생 대부분은 첫 번째 찬란한 광명의 기회를 놓치지만 이후에 죽음을 맞이한 영가는 잠시 무의식의 상태에 들었다 깨어나면서 두 번째 광명을 맞이하는 기회가 있다고 한다.

　물론 본성의 광명에 비해 그 순수함은 덜하겠지만 이 광명 역시 굉장한 수행의 기회를 내포하고 있다. 두 번째 광명은 극락정토의 빛으로써 대단한 수행의 성취가 없다 하더라도 나무아미타불 염불 공덕의 힘으로 발견할 수 있고, 그 빛을 따라 극락에 왕생할 수 있게 된다.

　만약 임종 시에 아미타부처님에 대한 믿음을 가지고, 극락왕생을 바라며, 간절히 나무아미타불 염불을 열 번 한다면 이 두 번째 광명이 다가올 때 찬란한 빛의 안내에 따라 극락세계에 왕생하게 될 것이다. 왕생하는 순간, 존재는 아미타부처님의 48대원의 약속에 의해 다시는 지옥, 아귀, 축생의 고통을 겪지 않게 되고, 최고의 수행환경에서 반드시 부처님이 될 수 있다. 또한 인간의 세계와는 비교도 되지 않는 아름다운 장엄을 바라보며 훌륭한 능력을 갖춘 몸과 마음으로 지극한 즐거움을 누리는 극락의 기회, 훌륭하지 않은가?

　나무아미타불 여섯 자는 윤회를 반드시 벗어나게 하는 지름길이다.

　-서산대사-

왜 염불인가?

상중하 모든 근기의 중생이 두루 이익을 보고, 구계(九界)의 중생이 함께 받들어 행할 만하며, 착수하기 쉽고 성공률 높으며, 힘 적게 들이고 효과 빠르며, 만 가지 공덕을 원만히 성취하는 수행법이 바로 염불이다. -인광대사-

난행도와 이행도

죽음의 과정에서 나타나는 완벽한 기회에 대해서는 이미 언급했다. 본성의 찬란한 광명을 만나는 완벽한 기회 말이다. 많은 명상가들이 그 기회를 잡기 위해 삶 속에서 선정력을 준비한다. 하지만 번뇌에 물든 의식의 장애물로 인해 그 효과가 미비하다고 앞서 이야기했다.

불교의 목적인 이고득락은 본성의 밝은 광명이 드러날 수 있도록 번뇌를 제거하는 수행을 통해 성취된다. 번뇌로 인한 고통이 사라질 때 나타나는 환희로운 본성의 빛을 경험하게 되는 것이다. 결국 수행은 이 광명으로 들어가는 문과 같은 역할을 한다. 광명으로 들어가는 수행문은 쉬운 길과 어려운 길, 두 가지 길이 있다. 용수보살은 〈십주비바사론〉에서 수행의 쉬운 길과 어려운 길에 대해 이렇게 말한다.

"불법의 바다에 들어가는 데에는 수많은 문이 있다. 마치 세상의 길에 어려운 길이 있고 쉬운 길이 있는 것과 같다. 육지의 길에서 걸어가는 것은 힘들고, 바다의 길에서 배를 타는 것은 즐거운 것이니 보살의 길도 역시 이와 같다. 부지런히 행하여 정진하는 길이 있고, 혹은 믿음이라는 방편으로써 행하기 쉬운 길로 속히 불퇴전에 이르는 길이 있다. 만약 사람이 속히 불퇴전지에 도달하려면 응당 공경하는 마음으로 부처님 명호를 꽉 잡고 불러야 한다."

용수보살이 말하는 쉬운 길이란 아미타부처님에 대한 믿음을 바탕으로 극락왕생을 발원하며 수행하는 칭명염불(稱名念佛)의 길을 말한다. 죽음이라는 완벽한 수행의 기회를 살리는 두 가지 방법이 있었다. 첫째는 생전에 선정력을 준비해 본성의 밝은 빛을 포착하고 그곳에 머무는 방법이다. 둘째는 수행력이 부족하더라도 죽음의 순간 이후 되살아나는 의식과 함께 경험하는 정토의 빛을 포착하여 극락왕생하는 방법이다.

출가수행자가 아닌 재가불자의 경우에는 사실상 수행에 투자할 수 있는 시간이 많지 않다. 하지만 삶의 순간순간 나무아미타불 염불을 하며 극락왕생을 발원하는 수행은 언제 어디서나 쉽게 할 수 있다. 그리고 이 쉬운 수행이 죽음 이후 정토의 빛을 발견하도록 하고 극락왕생을 유도하니 얼마나 큰 혜택인가!

나무아미타불 염불은 불자라면 누구나 누릴 수 있는 최고의 권리이다. 믿음만 있다면 누구나 쉽게 연습할 수 있고, 간단한 수행으로 지옥의 고통조차 면할 수 있다. 스스로를 불자라고 말하면서 나무아미타불 열 번을 외치지 못해 지옥에 떨어진다면 얼마나 창피하고 슬픈 일인가! 인광대사는 염불수행과 다른 수행을 이렇게 비교했다.

"다른 법문으로 도를 배우는 것은 개미가 높은 산에 기어오르는 것과 같지만, 염불로 극락왕생하는 것은 순풍에 돛을 단 배가 물살을 따라 나아가는 것과 같다."

순풍에 돛단배를 타고 쉽게 부처님의 길을 갈 수 있는데 왜 굳이 개미와 같이 미약한 힘으로 높은 산을 힘겹게 오르려 하는가?

윤회의 속박으로부터 벗어나 해탈하는 것이 수행의 목적이다. 극락세계에 태어나는 모든 존재에게는 수행의 목적인 해탈이 보장되기 때문에 서산대사는 수행자들에게 이렇게 말했다.

"나무아미타불 여섯 자는 윤회를 반드시 벗어나게 하는 지름길이다."

왜 지름길을 두고 멀리 돌아가는가? 매정한 염라대왕은 우리가 수행을 완성할 때까지 기다려주지 않는다. 예고 없이 주어진 시간이 끝나 삶을 마감하게 된다. 아무리 간절한 수행의 발심과 치열한 정진이 이어진다 하더라도 내일 죽음이 다가온다면? 인간으로써 주어지는 수행의 기회는 사라지고 과거의 업에 이끌려 다음 생이 결정되고 만다.

삼악도에 떨어지게 되면 수행의 기회를 다시 만나기가 하늘의 별 따기보다 어려워지니 불자라면 누구나 '보험'과도 같은 극락왕생의 권리를 외면할 이유가 없다. 아미타부처님의 본원력에 의지하는 염불수행을 하면 뒷일을 걱정할 것 없이 안심하고 치열하게 정진할 수 있는 힘이 생긴다. 모든 이들에게 해탈의 지름길이고 수행을 보장하는 보험과도 같은 염불을 일심으로 수행하기를 거듭 권한다.

 마음으로는 부처님의 세계를 생각하여 잊지 말고, 입으로는 부처님의 명호
를 똑똑히 불러 산란하지 않아야 한다. 이와 같이 마음과 입이 서로 합치되는
것이 염불이다. -서산대사-

3장

삶_인간 삶의 소중한 여가와 기회

무심이 이야기 3

'부처님, 하느님, 마리아님, 알라신, 천지신명이시여! 저를 살려만 주시면 뭐든 다 하겠습니다. 션과 정혜영 부부처럼 기부하고 봉사하는 삶을 살겠습니다.'

무심이가 지나온 삶을 엄청 후회하고 있을 때 검은 그림자가 점점 더 다가오더니 발끝으로 침낭을 툭 건드린다.

"어이~ 정신 차려, 젊은이!"

"으아악! 저승사자다!"

무심이가 소리친다.

누가 들을까 민망해서 원심이가 얼굴을 붉히며 말한다.

"내가 보여? 그리고 저승사자라니?"

"그, 그럼 누구신데요?"

"안 잡아먹으니까 걱정 마! 나는 호법천신 원심이라고 해. 재작년에 수계 받은 적 있지? 삼귀의 오계를 받으면 나 같은 보디가드가 수계자를 지키게 돼. 특히 너희 삼촌은 수행자가 되었기 때문에 너네 집안 위아래 9족은 내 관할이 되었어. 한 명이라도 승천하지 못하고 지옥에 떨어지면 내 진급에 문제가 생기기 때문에 언제든지 이렇게 지키고 있는 거야."

무심이가 정신을 차리고 다시 보니 원심이는 단정한 청바지에 하얀 티셔츠를 입고 있었다. 왠지 호법천신이라는 말에 등뒤에 날개가 있을 것 같았지만 그런 건 없었다. 원래 호법천신은 눈에 보이지 않는데 무심이가 임사체험을 한 후부터는 원심이를 볼 수 있게 된 것이다.

"야! 그건 그렇고. 너 죽는 줄 알고 완전 놀랐잖아. 네가 죽으면 호법천신인 내 체면이 뭐가 되냐? 너네 삼촌 얼굴도 있고 말야. 휴~ 여하튼 죽지 않아서 다행이야."

원심이가 저승사자가 아니라는 소리에 무심이는 안심을 했고, 호법천신이라는 말에 든든한 빽이 생긴 것 같았다.

"고마워, 원심아. 난 무심이야. 앞으로 잘 부탁해!"

원심이가 버럭 소리를 지른다.

"어린 녀석이 웬 반말이야?"

"아, 동안이라 내 또래인 줄 알았어. 미안미안."

동안이라는 말에 기분이 좋아진 원심이는 헤아릴 수 없는 나이 차이에도 불구하고 무심이와 친구가 되기로 큰마음을 먹는다.

"그래, 그럼 지금부터 나랑 친구 하자. 무심앙."

주인공 무심이는 임사체험을 했던 모양이다. 그리고 임사체험 후 자신의 호법천신을 보게 되는데, 바로 원심이다. 앞으로 무심이는 죽음의 경험 이후 삶을 가치 있게 바꾸기 위해 노력할 것이고, 원심이는 그 안내자 역할을 하게 될 것이다.

존재의 의미

인문학의 주된 관심사 중 하나가 '존재란 무엇인가?'다. 유교적 세계관에서 인간은 양의 성질을 지닌 혼(魂)과 음의 성질을 지닌 백(魄)의 화합으로 이루어졌다고 본다. 이 화합이 깨지는 죽음의 순간 혼은 하늘로 백은 땅으로 흩어진다고 생각했다. 서양의 철학자 데카르트(René Descartes)는 인간을 육체와 정신으로 분리된 존재로 봤는데 혼은 정신에 해당되고 백은 육체에 해당된다고 볼 수 있다.

'존재란 무엇입니까?'라는 질문에 부처님은 '존재란 오온이다.'라고 답하는 경우가 참 많다. 인간 역시 존재의 범위에 포함되기에 오온으로 이루어져 있다. 오온은 색온, 수온, 상온, 행온, 식온으로 인간의 색온은 육체, 백이라고 볼 수 있고 나머지 수온, 상온, 행온, 식온은 정신, 혼이라고 볼 수 있다.

유교	혼(양)	백(음)
데카르트	정신	육체
불교	수,상,행,식	색

◆ 인간을 바라보는 관점 ◆

　오온으로 이루어진 만물은 자아의식의 여부에 따라 유정(有情)과 무정(無情)으로 구분할 수 있다. 바위나 땅, 연못 등은 무정으로, 인간과 동물 등은 유정으로 구분하는 것이다. 흥미로운 점은 식물을 무정으로 구분했다는 사실인데 최근 연구에 따라 식물이 어느 정도의 자아의식을 가지고 있다는 사실이 발견됐다. 그렇다면 식물도 유정물로 구분하는 것이 맞지 않을까?

　이에 대한 개인적인 추측은 옛 불교학자들이 식물은 자아의식을 가지고 있다는 것을 알고 있었지만 윤회의 원동력이 될 만큼 강력한 자아의식을 가지고 있지 않다고 판단했던 것 같다. 유정은 자아의식의 유무로 윤회에 속박되어 있는 범부와 윤회에서 벗어난 성인으로 구분된다. 만약 식물이 유정이라면 윤회를 벗어난 성인은 아니기에 윤회에 속박되어 있는 범부여야 한다. 하지만 그 자아의식이 미약하여 윤회에 속박된 범부의 카테고리에서 제외되었다고 본다.

　자아의식을 가지고 있는 존재는 강렬한 생존본능을 가지고 있다. 인간 역시 마찬가지인데 약육강식의 원시사회에서는 이 생존본능이 아주 유용했다. 인간이 가진 본능적 생존전략은 대표적으로 세 가지로 표현할 수 있다.

첫째는 나와 남을 구분하는 것이다. 토끼가 만약 사자를 남으로 구분하지 못한다면 살아남기 어렵지 않겠는가? 둘째는 안정을 추구하는 것이다. 매일 변화하는 환경보다는 안정된 환경이 생존에 유리하기 때문이다. 셋째는 죽음과 가까운 고통은 피하고 쾌락을 추구하는 것이다. 대표적인 쾌락인 성욕은 종족 번식을 통해 종을 유지시키는 방법이다.

세 가지 본능적 생존전략은 험난한 약육강식의 원시사회에서 인간의 생존을 돕는 훌륭한 친구였다. 하지만 현대사회에 들어서는 대부분의 사람들이 생존을 보장받고 있는 상황에서 이 세 가지 전략은 계륵 같은 존재가 되어버렸다. 버리고 싶어도 인간의 원시뇌에 깊이 뿌리내린 본능은 쉽게 변화하지 않는다. 하지만 버리지 못하면 끝없는 고통에 노출되게 된다. 왜냐하면 이 본능이 세상의 진리에 위배되기 때문이다.

부처님은 세상의 진리를 삼법인(三法印)으로 요약해서 표현하셨다. 모든 것은 끊임없이 변화한다는 제행무상(諸行無常), 모든 존재는 독립된 자아가 없다는 제법무아(諸法無我) 그리고 모든 것은 고통이라고 말하는 일체개고(一切皆苦)가 삼법인이다. 앞의 생존전략과 비교해보면 나와 남을 구분하는 전략은 제법무아의 진리에 위배되고, 안정을 추구하는 전략은 제행무상의 진리에 위배되며, 쾌락을 추구하는 전략은 일체개고의 진리에 위배된다.

진리에 위배되는 것이 왜 고통을 불러일으킬까? 모든 것이 변화한다는 사실을 인정하지 않으면 특정한 상태에 강렬하게 집착하게 된다. 하지만 세상은 끊임없이 변화하기에 집착하는 상태를 결코 유지할 수 없다. 젊음을 유지하고 싶지만 어쩔 수 없이 늙어갈 때 느끼는 고통처럼 세상의 변화는 안정하고 싶은 마음에 항상 어긋나고 거슬리는 고통을 만들어낸다.

모든 것은 독립된 자아가 없다는 것을 모르면 나와 남을 구분하고, 나와 내 것을 위해서는 끝없는 탐욕을 불러일으키며, 남에게는 분노하고 배척하는 마음이 생기게 된다. 친척이 집을 사도 배가 아픈 것이 인간의 본능이 불러오는 고통의 모습이다. 이렇게 무상하고 무아인 것을 모르는 존재는 쾌락을 추구하지만 모든 것이 자신을 거스르는 세상 속에서 어떻게 행복을 발견할 수 있을까? 부처님은 이러한 인간의 본능적 무지를 일깨워주기 위해 존재를 오온으로 구분해서 분석해보길 권하였다.

색은 무상하다. 무상한 것은 곧 괴로움이요, 괴로움은 곧 내〔我〕가 아니며, 내가 아니면 또한 내 것〔我所〕도 아니다. 이렇게 관찰하는 것을 진실한 바른 관찰이라 하느니라.

이와 같이 수상행식 또한 무상하다. 무상한 것은 곧 괴로움이요, 괴로움은 곧 내가 아니며, 내가 아니면 또한 내 것도 아니다. 이렇게 관찰하는 것을 진실한 바른 관찰이라 하느니라. 〈염리경〉

색수상행식의 다섯 무더기인 오온으로 이루어진 존재를 잘 관찰해 보면 끝없이 변화한다는 것 즉, 오온의 무상함을 알게 된다.

그렇다면 변화하는 것은 행복인가, 고통인가? 존재는 본능적으로 안정적인 것을 좋아하고 변화하는 것을 싫어한다. 안정적인 것을 추구하는 본능을 거스르는 무상함은 고통을 불러오기에 오온의 무상과 고를 알게 된다. 무상하고 고통인 이 오온에 나라고 할만한 것이 과연 있을까? 오온을 하나하나 분석해 봐도 나라고 할만한 것을 발견할 수 없다. 그렇기 때문에 오온은 무상하고 고이며, 무아라는 결론을 내릴 수 있는 것이다. 이 결론으로 존재를 다시 표현해보면 다음과 같다.

"존재는 오온무아다."

무아(無我)의 지혜를 완전히 체득한 존재는 더 이상 닦고 배울 것이 없다는 무학의 성자로 분류되며 아라한이라고 불리게 된다. 윤회에 속박되는 근본 원인인 아집을 풀고 벗어났기에 아라한은 해탈하여 대자유를 누리게 된다. 반대로 유아(有我)에 집착하는 존재는 윤회의 감옥으로부터 자유로울 수 없다.

윤회의 감옥을 6가지 카테고리로 구분한 것이 바로 지옥, 아귀, 축생, 아수라, 인간, 천상인 6도(六道)다. 6도를 윤회하는 중생은 각 카테고리마다 특징적인 감정 상태에 지배되는 경향이 있다. 툴쿠 퇸둡 린포체는 〈평화로운 죽음 기쁜 환생〉에서 6도에서 경험하는 고통과 감정 패턴과의 상관관계를 다음과 같이 표현하고 있다.

① 증오와 분노의 감정은 불타고 얼어붙는 고통을 일으키고, 지옥계에서 환생하게 한다.
② 탐욕과 인색한 감정은 굶주림과 갈증을 일으키고, 아귀계에서 환생하게 한다.
③ 무지와 혼란의 감정은 우둔함과 두려움 같은 고통을 일으키고, 축생계에

서 환생하게 한다.

④ 욕망과 집착의 감정은 생로병사의 고통을 일으키고, 인간계에 환생하게 한다.

⑤ 질투의 감정은 전쟁과 싸움을 일으키고, 아수라계에서 환생하게 한다.

⑥ 오만과 우쭐거리는 감정은 정신의 산만함과 죽음에 대한 두려움을 일으키고, 천상계에서 환생하게 한다.

6도를 선과 악의 기준으로도 구분할 수 있다. 악도(惡道)에는 지옥, 아귀, 축생이 해당되며 삼악도라고 부른다. 이곳은 말로 표현하기조차 힘든 극한의 고통이 가득한 곳이다. 선도(善道)에는 아수라, 인간, 천상이 해당되며 삼선도라고 부른다. 이곳에서도 역시 고통이 존재하지만 삼악도에 비한다면 그래도 누릴 수 있는 행복이 많다는 점에서 큰 차이가 있다.

6가지 세계로 생사를 끝없이 반복하는 것이 육도윤회인데 우리는 지금 이 윤회 속에 갇혀 있다. 이런 전제에서 죽음을 바라본다면 윤회 속에서의 죽음은 진정한 죽음이 아닌 단지 집을 이사하는 것과 같다. 계약 기간이 끝난 집에서 다른 집으로 이사하는 것이 바로 죽음이 되는 것이다. 이런 상황에서 중요한 점은 고통이 가득한 집을 피해 행복한 집을 선택하는 지혜이다.

돌고 도는 육도윤회

노스님을 모시고 공부할 때의 일이다. 어느 날 큰 법회가 있어 많은 사람들이 도량을 출입하며 법당에 참배를 하고 있었다. 노스님과 함께 사람들을 보고 있는데 한 보살님이 눈앞을 휙 지나 법당으로 들어갔다. 지극히 일상적인 장면에서 노스님은 내게 황당한 퀴즈를 내셨다.

"원빈스님, 저 보살님이 사람으로 보이나?"

노스님의 이러한 질문 방식은 경험상 나에게 가르침을 주시려는 것이기에 나는 고민에 빠졌다. 하지만 내 눈에는 그저 사람으로 보였으니 '네.'라는 대답밖에 할 수 없었다. 한참을 웃으시던 노스님은 내 눈에는 보이지 않는 진실을 말씀해주셨다.

"저 보살님은 몸의 아랫쪽은 인간인데 위쪽은 뱀이야."

사람으로만 보이는 내게 도통 이해할 수 없는 말씀이었다. 하지만 당시 대부분의 가르침을 이해할 수 없었기에 일단은 노스님의 말씀을 순순히 받아들였다. 그 보살님이 법당 참배를 마치고 밖으로 나와 다시 내 앞을 지나쳐가자, 아직 소화하지 못한 가르침 위에 노스님의 두 번째 퀴즈가 주어졌다.

"원빈스님, 저 보살님이 뱀으로 보이나?"

대답도 못하고 혼란에 빠져 있는 내게 노스님께서 바라보시는 진실을 다시 알려주셨다.

"법당 참배를 하고 나오더니 위아래 온전히 사람으로 변해서 나왔네."

존재는 6가지 카테고리를 끊임없이 윤회한다. 이것이 육도윤회라고 이미 언급했다. 그런데 이 윤회는 다시 두 가지 종류로 표현된다는 점이 아주 중요하다. 첫째는 카테고리에 해당되는 육신 자체를 바꾸는 생사윤회(生死輪廻)이고, 둘째는 순간순간 마음이 변화하는 찰나윤회(刹那輪廻)이다.

일반적으로 윤회라고 하면 태어남과 죽음에 대한 생사윤회를 떠올리겠지만 사실 이것보다 더 근본적인 윤회는 찰나윤회로 우리 마음 속에서 매 순간 이루어지고 있다. 번뇌의 뿌리인 자아의식이 사라져 찰나윤회가 멈추면 생사윤회 역시 멈추게 되기에 둘은 같다고 볼 수도 있지만 생사윤회의 변화는 눈으로 볼 수 있는데 비해, 마음의 변화인 찰나윤회는 눈으로 보지 못하는 차이가 분명히 있다.

생사윤회의 경우 여섯 가지 카테고리에 따라 평균적인 수명이라는 유효기간이 있기 때문에 그 시간이 끝나지 않는 한 육신을 교체시키지 못한다. 쉽게 말해서 내면이 지옥이라고 해서 인간의 몸이 지옥 중생의 몸으로 바뀌지 못하고, 뱀과 같은 마음이라고 해서 몸이 뱀처럼 변하지 않는다는 것이다. 하지만 지혜가 있는 마음 전문가의 눈에는 이 찰나윤회가 보일 것이다.

중생은 일념(一念) 속에 십법계(十法界)의 찰나윤회 가능성을 품고 있다. 십법계는 윤회에 속박된 범부의 여섯 가지 부류와 윤회의 속박에서 해탈한 성인의 네 가지 부류를 합쳐서 구성된다. 범부의 여섯 가지 부류는 지옥, 아귀, 축생, 아수라, 인간, 천상이고 성인의 네 가지 부류는 성문, 연각, 보살, 부처님이다. 중생은 찰나찰나 마음의 변화에 따라 지옥 중생부터 부처님까지 극적으로 변화할 가능성을 품고 있는 것이다. 10법계로 찰나윤회하는 마음의 특징은 다음과 같다.

① 모든 것을 걸림 없이 아는 일체지를 가지고 있는 마음은 부처님이다.
② 상구보리 하화중생 보리심을 실천하는 마음은 보살이다.
③ 연기법을 사유하여 세상의 실상을 관찰하는 마음은 연각이다.
④ 4성제, 8정도 등의 교리를 듣고 배우는 마음은 성문이다.
⑤ 10선법을 실천하고 색계선정과 무색계선정을 수행하는 마음은 천상이다.
⑥ 선과 악을 반반의 비율로 가지고 있는 마음은 인간이다.
⑦ 짜증 내고 분노하는 다툼의 마음은 아수라다.
⑧ 어리석고 두려움에 가득 찬 마음은 축생이다.
⑨ 타는듯한 갈망에 사로잡힌 마음은 아귀다.
⑩ 탐진치 삼독심으로 가득 찬 마음은 지옥이다.

죽음을 맞이할 때의 최후의 마음은 생사윤회를 결정하는 중요한 역할을 한다. 이 최후심이 10법계 중 어느 카테고리에 속해 있는지에 따라 내생에 큰 영향을 미치는 것이다. 이 중요한 최후심은 살아가는 동안 평균적으로 가장 많이 머물렀던 마음의 특징에 강력한 영향을 받으니, 지금 당신의 마음이 머무는 그곳이 바로 다음 생의 윤회 장소가 될 가능성이 높다는 것이다. 따라서 현재의 마음을 바꾸고 이렇게 마음을 바꾸는 습관이 쌓여나가면 이생과 내생이 바뀌게 되는 것이다.

앞에서 범부의 여섯 가지 카테고리를 집과 같다고 비유했었다. 곰곰이 생각해보면 우리가 살아가고 있는 진정한 집은 육신이 사는 집이 아니라 의식의 집임에 틀림없다. 육신이 어디로 이사를 하든 상관없이 우리는 주로 머무는 의식의 영역이 따로 있는 것이다. 그래서 의식이 변화하지 않는 이상 행복한 사람은 좋은 집에서 월세집으로 쫓겨나도 행복하고, 불행한 사람은 월세집에서 좋은 집으로 이사를 가도 불행한 마음이 변하지 않는 것이다.

〈의식혁명〉의 저자 데이비드 호킨스 박사는 의식의 영역은 과거 행위의 총체적인 결과물에 의해서 결정된다고 판단했다. 우리의 마음밭에 심어진 행위들의 씨앗이 우리의 현재와 미래에 강력한 영향을 미치는 의식의 집을 결정한다는 것이다. 의식의 집 수준에 따라 존재가 겪는 다양한 경험을 정리한 〈의식혁명〉의 의식지도를 소개하도록 하겠다.

신의 관점	세속의 관점	수준	대수의 수치	감정	과정
자아	존재	깨달음	700~1000	언어 이전	순수 의식
항상 존재하는	완전한	평화	600	축복	자각
하나	전부 갖춘	기쁨	540	고요함	거룩함
사랑	자비로운	사랑	500	존경	계시
현명함	의미 있는	이성	400	이해	추상
인정 많은	화목한	포용	350	용서	초월
감화 주는	희망에 찬	자발성	310	낙관	의향
능력이 있는	만족한	중용	250	신뢰	해방
용납하는	가능한	용기	200	긍정	힘을 주는
무관심한	요구가 많은	자존심	175	경멸	과장
복수에 찬	적대의	분노	150	미움	공격
부정하는	실망하는	욕망	125	갈망	구속
징벌의	무서운	두려움	100	근심	물러남
경멸의	비극의	슬픔	75	후회	낙담
비난하는	절망의	무기력	50	절망	포기
원한을 품는	사악한	죄의식	30	비난	파괴
멸시하는	비참한	수치심	20	굴욕	제거

삼악도의 극심한 고통

인간의 평균 수명은 최근 80세 전후가 되었다. 불과 100여 년 전만 해도 평균 수명이 40세 정도였다는 것을 감안하면 과거에 비해 수명이 두 배로 늘어난 요즘 사람들은 긴 세월을 살아간다고 할 수 있다. 하지만 지옥이나 아귀의 수명은 년 단위가 아닌 겁 단위로 계산하니 무한함에 가까운 긴 세월이 가히 두려울 정도이다.

탐진치, 삼독의 번뇌로 인한 무수한 악업의 결과물로 지옥에 입장한 중생들은 극한 고통을 당하게 된다. 이러한 고통 속에서 수십겁의 수명이 다할 때까지 선한 생각을 한 번이라도 일으킬 수 있을까? 〈자비도량참법〉에서는 지옥의 극심한 괴로움을 다음과 같이 설명한다.

부처님이 아난에게 말씀하셨다.

"만일 부모를 살해하거나 6친을 모욕한 죄를 지은 중생은 죽을 때, 구리로 된 개가 입을 벌려 18채의 수레로 변화하는데 모양이 황금 수레와 같고 보배 일산이 위에 덮였으며, 모든 불길은 옥녀로 변화한다. 죄인이 멀리서 보고 환희한 마음을 내어 '나도 저 속에 갔으면 좋겠다.'라고 생각하면, 바람 칼이 몸을 해부하고, 몹시 추워 저도 모르게 소리를 지르며 '차라리 따뜻하게 불을 피우고 저 수레 위에 앉아서 불을 쬐리라.' 생각하면 곧 목숨이 다하여, 황홀한 동안에 황금 수레에 가서 앉는데, 옥녀들은 도끼를 들고 죄인의 몸을 찍는다. 몸에서 불이 일어나 불바퀴 같으며, 찰나에 아비지옥에 들어가면 구리로 된 개가 으르렁 거리면서 뼈를 씹고 골수를 핥는다. 옥졸과 나찰은 철차를 들었는데 철차에서 불이 일어나 아비성에 가득하며 철망에서는 칼이 비 오듯이 나와 털구멍으로 들어가며, 화현한 염라대왕이 큰 소리로 '어리석은 놈아, 너는 세상에 있을 적에 부모에게 불효하고 오만무도하더니, 네가 지금 있는 곳은 아비지옥이다. 너는 은혜도 모르고 부끄러움도 없더니, 여기서 받는 고통이 즐거우냐.' 하고 호령하고는 온데간데 없어진다."

무한에 가까운 시간 동안 극한의 고통을 받는 지옥 중생을 바라보며 지옥의 간수 격인 우두아방은 '어떻게 하면 저 중생을 더 고통스럽게 만들 수 있을까?'를 고민한다. 한 선인이 우두아방을 꾸짖듯이 물었다.

"당신은 어찌 그렇게 자비심이 없는가! 저렇게 고통스러워하는 중생들에게 연민이 전혀 없다는 말인가?"

그러자 우두아방은 이렇게 답했다고 한다.

"나도 처음에는 저 중생들이 불쌍했다! 그래서 고통이 끝날 때마다 그들을 붙잡고 다시는 이곳에 오지 말라고 간절히 권했다. 그들은 다시는 오지 않겠다고 대답하지만 항상 이 지옥으로 다시 돌아온다. 끝없이 반복해서 들어오는 저 중생들을 바라보며 내가 가질 수 있는 최고의 자비심은 더 큰 고통을 안겨주는 것이다. 고통을 잊지 않아야 이곳에 다시는 오기 싫지 않겠는가?"

만약 인간 세상의 범죄자가 뉘우치는 마음 없이 계속 죄를 지어 감옥에 계속해서 들어가게 되면 가족들조차 싫어하지 않을까? 우두아방의 마음도 조금은 이해가 된다.

아귀는 위 크기가 아주 커서 항상 허기져 있다. 그래서 무엇이든 먹고 싶은 욕망을 참을 수가 없는데 목구멍은 바늘구멍보다도 작다. 위는 바위만큼 큰데 목구멍이 작아 들어가는 양이 적으니 이것 참 죽을 맛이다. 그런데 여기에 더해서 바늘구멍보다 작은 목구멍에 음식이 조금이라도 스치면 그 즉시 발화 스위치를 누른 듯 온 몸에 불이 붙어 스스로를 태워버린다. 음식물이 눈앞에 없을 때는 기갈이 마음을 바짝 태워버리고 음식물이 눈앞에 있을 때는 자체 발화하여 불이 몸뚱이를 태워버리니, 아귀가 정말 불쌍하지 않은가?

무엇인가에 탐욕이 일어나 갈망에 사로잡혀 버리면 다른 모든 것들은 안중에서 사라져버린다. 이렇게 우치하게도 탐욕에 눈이 멀어 스스로의 몸과 마음까지도 불태워버리는 상황에서 과연 아귀는 선업을 지어 삼선도로 다시 태어날 수 있을까, 아니면 영원에 가까운 시간을 삼악도에서 고통받으며 헤매게 될까?

인간 삶의 희유하고 소중한 기회

인간의 삶은 6도 중에서 가장 희유하고 소중하다. 다른 세계는 뚜렷한 의식의 특징이 있는 만큼 변화의 가능성이 적다. 반면에 선과 악이 반반인 성향을 가지고 있는 인간의 의식은 가장 밑바닥인 지옥 중생에서부터 가장 높은 부처님까지 변화할 수 있는 의식의 유연함을 가지고 있다. 인간은 수행을 통해 십법계의 무엇으로든 변화할 수 있는 무한한 잠재력과 수행을 할 수 있는 삶의 여가가 있기에 노력의 방향과 정도에 따라 그 삶이 기적적으로 바뀔 수 있다.

앙굴마라라고 불리는 연쇄살인범이 있었다. 이 청년은 본래 유망한 수행자였으나 스승의 원한을 사 잘못된 수행 방법을 제시 받았고, 그것을 믿고 따르는 과정에서 이미 살생에 물든 존재가 되어 버렸다. 스승이 제시한 수행 방법은 100명의 사람을 죽이고 그 손가락을 엮어서 목걸이를 만든다면 궁극의 행복을 얻을 수 있다는 것이었다.

이치에도 맞지 않고 황당하기 짝이 없는 이 방법에 청년은 당황했지만 그래도 하늘 같은 스승의 말씀이기에 무조건 믿었다. 그리고 두려움 속에서 첫 살인을 실행했다. 이후 목에 건 손가락 수가 늘어갈수록 청년은 이성을 잃어갔고 마침내 99명에 이르렀을 때는 마지막 이성마저 사라져버렸다.

한편 앙굴마라가 99개의 손가락을 목에 거는 동안 주변의 모든 사람들은 이 살인자를 두려움의 대상으로 인식하고 있었다. 그래서 앙굴마라가 가는 곳이면 누구도 그 주변에 나타나지 않았기에 마지막 1명의 희생자를 찾을 수 없는 상황이었다. 이때 그에게 다가간 존재는 오직 어머니뿐이었다. 이미 이성이 사라진 앙굴마라는 100명을 채우기 위해 어머니를 죽이려고 마음을 먹었다.

어머니를 죽이려고 다가가는 순간 앙굴마라는 부처님과 만나게 된다. 어머니보다 부처님을 죽이는 게 낫겠다고 생각한 앙굴마라는 부처님을 죽이기 위해 있는 힘껏 쫓아가지만 어쩐 일인지 그는 잡히지 않았다.

"사문아, 도망가지 말고 그 자리에 멈춰 서라."

"나는 이 자리에서 한 발자국도 움직인 바가 없다. 멈추어야 할 존재는 오히려 그대이다. 지옥을 향해 나아가는 그대의 악업을 멈추어라!"

이 깨끗하고 위엄 있는 사자후를 들은 후 앙굴마라는 악업을 멈추게 된다. 그리고 출가를 하여 마침내 성인의 과를 얻게 된다. 극악한 연쇄살인범마저도 삶의 방향을 바꾸고 올바른 정진을 한다면 성인이 될 수 있을 만큼 인간의 삶은 소중한 기회인 것이다. 이 삶을 어디에 투자하는 것이 우리의 행복에 유리할까?

오욕락 VS 욕구 5단계

모든 중생은 다 부처가 될 성품이 있다. 〈열반경〉

인간은 욕망을 통해 움직인다. 부처님은 오욕락을 통해 인간의 욕망을 다섯 가지로 말씀하셨다. 미국의 심리학자 매슬로(Abraham H. Maslow)는 인간의 욕구단계이론에서 인간은 욕구의 하위 단계가 충족 되면 그다음 상위 단계의 욕구가 발현된다는 욕망의 선후관계를 이야기한다.

인간의 욕구는 5단계로 나뉘는데, 1단계는 생리적 욕구로 살아가는데 기본적으로 필요한 의식주를 갖추고자 하는 욕구와 종족 번식을 위한 성욕 등의 욕구가 이에 해당된다. 생리적 욕구가 만족된 이들에게 2단계인 안전의 욕구가 나타난다. 생리적 욕구를 위해 갖춰진 조건들과 함께 자신의 생명 등을 안전하게 지키고 싶은 욕구인 것이다.

안전의 욕구가 충족된 이들에게는 3단계인 소속의 욕구가 나타난
다. 안전을 효과적으로 유지하기 위해서는 집단에 소속되는 것이 유
리하기 때문일 것이다. 소속의 욕구가 충족된 이들에게는 4단계인
존경의 욕구가 나타난다. 집단 속에서 돋보이고 싶고 칭찬, 존경, 사
랑받고 싶은 명예욕이 이에 해당된다.

  앞의 4단계까지 만족되는 이들에게 마지막 5단계인 자아실현의 욕
구가 솟구치는데 이것은 인간완성의 길을 향해 나아가고 다른 존재
를 도우며 살아가고자 하는 욕구이다. 이 5단계 중 4단계까지는 부
처님이 말씀하시는 다섯 가지 욕망에 해당되는데 반해 마지막 5단계
는 상구보리 하화중생하는 보리심에 해당된다.

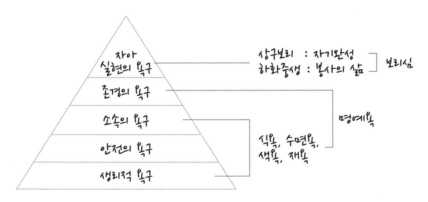

  〈뇌내혁명〉의 저자 하루야마 시게오는 인간의 뇌에서 분비되는 호
르몬을 연구하며 흥미로운 사실을 발견하게 된다. 인간의 욕망이 만
족될 때 뇌에서는 엔도르핀 계열의 호르몬이 분비되는데, 이 호르몬
은 몸과 마음을 편안하고 기쁘게 만드는 효과가 있다. 이 효과로 인
해 사람은 욕망이 충족되었을 때 쾌락을 느끼게 되는 것이다.

하지만 이 쾌락이 짧은 이유도 역시 밝혀졌다. 일정 시간 동안 만족감을 일으키던 엔도르핀 계열의 호르몬 분비가 끝난 후 분비된 호르몬 양에 비례하게 아드레날린 계열의 호르몬이 분비됨으로써 균형을 맞추게 된다는 것이다. 이 아드레날린 계열의 호르몬은 몸과 마음을 긴장하게 만들고, 다시 무엇인가를 갈망하게 만드는 역할을 한다. 만족감 이후의 텅 빈듯한 허무함, 잠깐의 만족감 이후 새로운 목표를 위한 스스로를 향한 채찍질이 일어나는 이유가 바로 이 호르몬의 장난에 있다는 것이다.

여기에 한 가지 무서운 사실이 있다. 엔도르핀 계열 호르몬은 도달한 신체에 무해한 찌꺼기를 남긴다. 하지만 아드레날린 계열 호르몬은 신체에 도달하여 그곳에 강력한 독성을 남기게 되는데 이 독은 자연계에서 생성되는 독 중 두 번째로 강력한 독이라고 한다. 우리가 분노하여 아드레날린이 심장 쪽으로 분비된다면 분노한 시간만큼 자신의 심장에 스스로 독 주사를 놓는 꼴이니 당장 심장이 마비되지 않는 것이 다행이리라.

다행인 점은 인간에게는 완벽한 기회가 존재한다는 것이다. 매슬로의 1~4단계 욕망까지는 엔도르핀 분비 이후 아드레날린이 분비되는 규칙이 적용된다. 하지만 5단계의 욕망을 추구할 때는 자연의 이러한 균형 맞추기가 예외적으로 적용되지 않고 아드레날린의 분비 없이 오직 엔도르핀 계열의 호르몬만 계속 분비된다. 엔도르핀 계열의 호르몬은 뇌에서 만들어지는 부작용 없는 마약과도 같다고 해서 뇌내모르핀이라고 별칭 하는데 그만큼 이 호르몬은 인간에게 큰 행복감을 선물한다.

이미 수많은 연구와 경험을 통해 자기완성의 수행과 타인에 대한 봉사가 지극한 행복감을 선사한다는 사실은 상식이 되어가고 있다. 자원봉사를 하는 많은 이들이 흔히 이런 표현을 하지 않는가?

"진정으로 도움받고 있는 사람은 그들이 아니라 바로 저예요."

여기에 더불어 이런 뇌내 호르몬 연구를 통한 결과에서도 인간이 행복을 추구하는 완벽한 기회는 바로 보리심에 있다고 말하고 있다. 만약 이러한 사실을 알면서도 고통의 길을 굳이 걸어가겠다면 그것 또한 선택이기에 말리거나 비난할 수는 없겠지만 안타까움을 감출 수 없을 것이다.

보리심을 수행할 때 이 세상은 인간에게 무제한의 엔도르핀, 삶 속에서의 행복감을 선물한다는 사실을 꼭 기억하자. 또한 보리심 수행이 이어질 때 죽음의 순간 경험하는 불성의 빛과 하나 되는 완벽한 기회 역시 잡을 수 있다는 것도 기억하자. 반드시 보리심을 수행해서 완벽한 이고득락의 기회를 놓치지 말자.

보리심은 가장 수승한 연금액과 같나니
오염되고 탁한 범부의 부정한 몸을
고귀한 부처님의 몸으로 변화시키는
이러한 보리심을 아주 견고히 지켜야 하나이다. 〈입보살행론〉

행복한 불교의 수행론

불교는 행복학이다. 행복에 관한 가장 광대하고 깊은 교리체계와 수행론이 집대성되어 있는 최고의 행복학이다. 인간에게 주어진 완벽한 기회를 항상 주장해왔고 또한 고승들의 삶을 통해 증명한 과학적 행복학이다. 불교의 수행론은 다양하다. 2500년이 넘는 기간 동안 다양한 근기의 사람들이 다른 환경과 문화 속에서 이고득락하기 위해 갖은 노력을 다했기에 이러한 다양성이 축적될 수 있었다. 이 다양성의 보물창고에는 인간이 생각할 수 있는 거의 모든 생각들이 들어있다고 말해도 과언이 아닐 것이다.

미국의 심리학자 윌리엄 제임스(William James)는 '인간의 위대한 혁명은 마음의 내적 상태를 변화시켜서 외적인 삶을 바꾸는 능력을 발견한 것'이라고 말하며 인간의 주의력이 가진 중요성을 강조했다. 만약 주의력을 훈련할 수 있는 방법이 있다면 삶의 주인이 되어 행복해질 것이라고도 말했다. 하지만 그는 아무리 노력해도 이 능력을 훈련할 수 있는 방법을 찾을 수 없었다고 고백했는데 정말 방법이 없었던 것일까? 아니면 발견하지 못했던 것일까?

불교의 수많은 수행론은 삼학으로 요약된다. 윤리적인 삶인 계율에 대한 배움(계), 마음의 집중력을 예리하고 안정되게 계발하는 선정의 연습(정), 진실과 허망을 구분할 수 있는 지혜로운 앎(혜), 삼학을 통하면 인간에게 주어진 완벽한 기회를 잡을 수 있다.

행복은 '무엇'이 아니라 '어떻게'의 문제이다. 행복은 대상이 아니라 재능이다. -헤르만 헤세-

행복을 얻기 위한 방법

지금부터는 행복의 방법론에 대한 내용을 소개하고자 한다. 부처님은 재가불자를 위해 이생의 행복과 내생의 행복에 대한 가르침을 말씀하였다. 이를 위한 수행 방법은 삼보에 대한 귀의와 보시에 관한 시론(施論), 계율에 관한 계론(戒論)의 실천을 통해 사후에 천상에 태어나는 생천론(生天論)으로 요약되는데 구체적인 내용을 살펴보면 다음과 같다.

이생의 행복을 위해서

부처님은 이생의 행복을 위해서는 첫째, 전문 기술을 익히라고 말씀하였다. 전문 기술을 가지고 있는 사람은 의식주의 문제를 안정적으로 해결할 수 있게 된다. 경제적 여유가 있어야 삼보의 복전에 보시하여 공덕을 쌓을 수 있게 된다. 또한 경제적 여유는 여가 시간을 확보하여 수행에 대한 욕구와 실천이 가능하도록 한다.

둘째, 올바른 인성을 가지라고 말씀하였다. 인간의 삶은 다른 사람들과 끊임없이 관계를 맺는 과정이다. 바른 인성을 가지고 있지 않은 사람은 이 관계 속에서 은혜로운 관계보다는 원한의 관계를 맺는 경우가 많다. 원수가 많은 사람이 과연 행복할 수 있을까? 5계만 잘 받아지니고 실천하여도 바른 인성을 가지게 되는 것은 자명한 일이다.

내생의 행복을 위해서

부처님은 내생의 행복을 위해서 삼보에 귀의하여 보시하고 10선법(十善法) 닦기를 권했다. 10선법은 5계에 다섯 가지 윤리적 항목이 더해진 것으로 5계의 확장이라고 보면 된다. 이를 〈아함경〉에서는 시(施), 계(戒), 생천(生天)으로 옮기고 있다. 이러한 재가불자를 위한 수행론은 사실 다른 성인의 가르침과 종교에서도 공통적으로 강조하는 방법론이기에 보편적인 반면 특수성은 없다.

궁극의 행복을 위해서

이에 반해 출가수행자를 향한 가르침인 궁극의 행복을 위한 수행론은 불교의 특징을 잘 나타내준다. 〈상윳따 니까야〉를 위시한 초기경전에서는 궁극의 행복인 깨달음은 첫째, 무상·고·무아의 통찰을 통해서 둘째, 사성제의 통찰을 통해서 셋째, 팔정도의 실천을 통해서 넷째, 37보리분법을 닦아서 실현된다고 밝히고 있다. 이러한 출가수행자를 위한 수행론은 다른 철학, 종교에는 부족한 인간 완성의 수행론이다. 이것이 집대성되어 궁극의 행복을 위한 수행론으로 담긴 것이다.

부처님의 열반 후 교리가 자체적으로 발달하고, 다양한 문화와 결합되어 발전함에 따라 보다 광범위한 수행론이 제시된다. 이것을 집대성한 것이 티베트 불교의 〈보리도등론〉이나 상좌부불교의 〈청정도론〉의 수행체계이다. 보다 광범위하고 구체적인 수행론을 공부하고 싶다면 아티샤스님이나 총카파스님의 〈보리도등론〉, 붓다고사스님의 〈청정도론〉을 연구하는 것이 좋다.

윌리엄 제임스
주의력을 훈련시킬 방법을 못 찾겠어!

불자
불교에 많아! 〈보리도등론〉, 〈청정도론〉 등.

윤리적인 삶, 계율수행의 이로움

이생의 행복, 내생의 행복, 궁극의 행복을 관통하는 수행론 중 하나는 바로 윤리적인 삶 즉, 계율이다. 올바른 수행의 기반이라고 할 수 있는 계율을 지키는 것은 개인의 건강한 삶을 만들기도 하지만 사회적으로도 범죄를 줄이는 훌륭한 방법이다.

목숨을 빼앗는 행위, 도둑질하는 행위, 남의 사랑을 뺏는 행위, 말로써 남을 속이는 행위, 취하도록 술 마시는 행위를 개개인이 자신의 행복을 위해 절제한다고 상상해보자. 그런 개개인으로 구성된 사회는 악질 범죄로부터 자유로운, 살기 좋은 곳이 될 것이다. 이렇게 중요한 계율 수행에는 아주 큰 혜택이 따르는 것이다.

청년 불자가 점점 사라져가는 현실에서 논산훈련소의 수계법회 현장에 가보면 참으로 신심이 난다. 한 번에 수천 명의 청년들이 삼보에 귀의하겠다는 다짐을 하고 윤리적인 삶을 살겠다고 약속하는 그 모습은 어느 곳에서도 볼 수 없는 감동적 장면이다. 청년들의 종교 이탈 현상이 나날이 심각해지고 있는데 이는 종교가 그들의 이성을 납득시킬만한 논리적 설명을 하지 못하기 때문이다.

청년들과 수계법회를 할 때마다 수계의 이익을 설명하는 논리가 있는데 지금부터 그 논리를 소개해보겠다.

수계의 이익

수계를 받는 것은 불자로써 새롭게 태어나는 것이다. 불자는 부처님의 아들이라는 뜻인데 부처님은 법왕이기에 불자는 법왕자가 된다. 법왕의 나라에는 부처님을 지키는 보디가드가 수없이 많은데 이들을 호법천신이라고 부른다. 갓 태어난 왕자는 비록 왕자로서의 의무는 다하지 못하지만 그렇다고 해서 무시할 수 있는 존재가 결코 아니다. 미래 법왕이 될 재목이기에 그가 수행을 통해 위력을 갖출 때까지 철저하게 보호한다. 수많은 호법천신들이 법왕자를 보호한다고 하니 수계를 받아 불자가 된다는 것은 아주 뛰어난 능력의 보디가드들을 얻는 것이다.

많은 사람들이 수계법회를 새로운 이름인 법명을 받는 자리라고 착각하지만 법명은 지극히 부수적인 것이다. 부처님의 아들 법왕자로 새롭게 태어났으니 새로운 이름은 당연히 생기는 것일 뿐이다. 수계의식에서 정말 중요한 것은 삼귀의계와 5계를 받아지니게 된다는 사실인데 이에 따라 보디가드인 호법천신이 생기게 된다.

삼귀의계 한 가지 항목당 5명의 천신이 지켜준다고 하는데 계산해 보면 총 15명의 천신이 배정된다. 또한 5계 한 가지 항목당 3명의 천신이 지켜주니 역시 총 15명의 천신이 배정된다. 수계법회에 참석하면 삼귀의계와 5계를 받아지녀 30명의 천신이 배정되는 것이다. 수계법회를 통해 새롭게 태어난 법왕자를 든든한 호법천신 30명이 보호하는 것이다.

보호받는 입장에서야 안심되고 감사한 일이기는 하지만 호법천신들이 왜 이렇게 수계자를 보호하는 것일까? 위에서 말했듯이 이제 법왕자가 아닌가! 물론 수계법회에 참석하여 삼귀의계와 5계를 받는다고 하여 범부의 마음이 단박에 법왕자에 걸맞게 바뀌지는 않을 것이다.

하지만 이 수계의 씨앗은 내면의 불성을 깨어나도록 하기 때문에 수계자는 반드시 미래에 성불하게 된다. 만약 중간에 계율을 파괴하거나 수행에 게으르다 하더라도 법왕자가 천민이 되는 것은 아니다. 망나니 왕자라도 왕의 아들이 아닌 것이 아니듯 말이다.

수계자가 상구보리하고 하화중생하는 발보리심을 할 것이라는 믿음, 수계자가 인간에게 주어지는 완벽한 기회를 살려 부처님이 걸어간 길을 따라갈 것이라는 확신을 호법천신들은 가지고 있는 것이다. 헤아릴 수 없이 많은 존재를 행복으로 이끌 미래의 부처님이 바로 수계자라는 확신이 보디가드들에게는 있는 것이다. 이러한 것이 수계를 통해 고귀한 가문에 들어갈 때 받는 소중한 혜택이다.

사실 왕자끼리도 태자와 왕자의 차별이 있듯 불자끼리도 출가자와 재가자의 차이가 있다. 수행에 투자하는 시간, 세속의 삶을 버리는 정도, 계율 항목의 숫자 등을 비교해보면 차이가 나는 게 당연하다. 참고로 단순하게 비교해보면 비구 스님은 지니고 있는 계율이 250 항목이니 곱하기 3을 하면 계율 관련 호법천신만 750명이 된다. 그래서일까? 한국불교 전통에서는 이러한 말이 있다.

"한 사람이 출가하면 그 가문의 9족이 승천한다."

수많은 호법천신이 출가자를 보호하는 것과 더불어 인연 된 가까운 친족들까지 그 혜택을 받는다고 하니 궁극의 행복을 위한 수행이 큰 공덕과 복덕을 만드는 것이 확실하다.

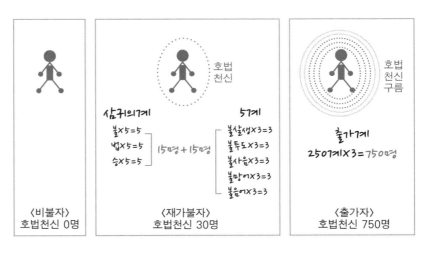

무심이는 임사체험을 통해 죽음을 인식하고 삼악도의 괴로움에 대해서 배우는 한편 인간 삶의 완벽한 기회에 대해서 알게 되었다. 또한 자신이 받은 수계의 이익, 그리고 삼촌 스님의 출가에 따른 혜택도 알게 된 무심이는 불교라는 행복학을 통해 삶을 바꾸는 것이 가장 행복한 일임을 알고 발보리심한다.

한편 이 모든 일들이 일어나는 원리인 연기의 법칙이 궁금하기도 하다. 철오선사의 10종 신심을 순서대로 잘 일으키고 있는 무심이는 이제 무엇을 경험하고 배우게 될까?

행복의 열쇠는 마음에 있다

　인간의 삶이 소중하고 보리심 수행의 완벽한 기회가 있다는 사실을 우리는 이제 알게 되었다. 오직 인간만이 자신의 뜻에 따라 삶을 변화시킬 수 있는 힘이 있다는 사실도 알게 되었다. 스스로의 의도와 노력에 따라 동물보다 못한 최악의 존재가 될 수도 있고, 세상에서 가장 존귀한 세존과 같은 부처님이 될 수도 있다는 사실을 확실히 알게 되었다.

　그런데 여전히 세속적 가치가 너무 좋아 보인다. 돈, 명예, 사랑을 성취하면 행복할 것 같아 보인다! 불법수행을 하는 것은 힘들어 보이기도 하고 당장 눈에 보이는 성과가 나올 것 같지도 않다. 그냥 지금처럼 세속적 가치를 쫓아가며 살아가면 안 되는 걸까?

　술 취한 아저씨가 집에 들어가는 길이다. 오늘따라 하늘에 달빛조차 없어 칠흙같이 어둡기만 하다. 마침 집 옆에 있는 가로등도 고장이 나서 정말 아무것도 보이질 않는다. 술에 취해 벌벌 떨리는 손으로 자물쇠에 열쇠를 꽂으려 하는데 마음처럼 쉽지가 않다. 결국 열쇠를 떨어뜨리고 만다. 짜증이 난다. 하지만 열쇠를 찾아야 집에 들어갈 수 있기에 땅바닥을 더듬어 찾기 시작한다. 아무리 땅바닥을 훑어도 열쇠를 찾을 수가 없다. '아! 어두워서 그렇구나!' 아저씨는 벌떡 일어나 우측으로 50m 걸어가 그 자리에 주저앉는다. 그리고 다시 바닥을 더듬으며 찾기 시작한다.

지나가던 학생이 이 이상한 광경을 목격한다. 이상한 아저씨가 가로등 밑에서 헤엄치는 시늉을 하고 있는 것처럼 보인 것이다. 그냥 지나치려 했지만 조금 안쓰러워서 아저씨에게 묻는다.

"아저씨! 거기서 뭐 하세요?"

"나? 열쇠 찾고 있어."

"아저씨! 여기에는 열쇠가 없어 보이는데요? 어떻게 생긴 열쇠에요? 어디서 잃어버리셨어요?"

"열쇠? 그냥 열쇠처럼 생겼지! 그리고 집 앞에서 잃어버렸어!"

"네? 집이 어디신데요?"

"저기~"

"그럼 열쇠 잃어버린 집 앞에서 찾으셔야죠. 왜 여기서 이러고 계세요?"

"저기는 어두워서 아무것도 안 보이잖아. 불빛이 있어야 찾을 거 아냐?"

이 아저씨 참 황당하다. 말도 안 되는 논리로 괴상한 행동을 하고 있다. 아마 글을 읽고 있는 독자들도 이 아저씨의 행동이 이상하다고 느낄 것이다. 그런데 혹시… 독자들은 이런 실수를 하지 않는다고 자신할 수 있는가?

사람의 마음은 얼마나 자주 변화할까? 심리학자 워런(Neil Warren)은 '보통 사람들은 1분에 최고 1,300단어로 혼자 수다를 떤다.'라고 말했다. 천 가지가 넘는 단어를 조합해 끝없이 수다를 떠는 마음의 다양한 변화가 상상이 되는가?

담란대사는 〈왕생론주〉에서 인간의 생각이 1찰나에 100번의 생멸이 있다고 말했는데, 1찰나는 약 0.013초라고 하기도 한다. 이러한 근거로 생각해본다면 인간의 생각은 1초에 수천 번 생멸 변화한다는 것이다. 그런데 우리는 대게 그 변화를 십분의 일도 감지하지 못한다.

실험을 해보자. 지금부터 눈을 감고 5초 동안 마음의 변화가 몇 번 일어나는지 헤아려보자. 시작! 5, 4, 3, 2, 1 땡!

아마 열 가지 이상 감지한 독자가 흔치 않을 것이다. 1초에 수천 번 변화하는 마음의 움직임을 5초 동안 10번도 감지하지 못한다는 것은 내 마음에 어둡다는 증거이다. 우리는 대부분 자신의 마음에 정말 어둡다. 무지하다. 마음에 무지하다고 뭐 문제 되는 게 있는가? 있다! 우리는 모두 행복해지고 싶어한다. 그리고 이미 행복한순간들을 경험해봤을 것이다. 행복한 그 순간에 행복은 어디서 느껴졌는가? 손톱? 발톱? 눈? 귀? 심장? 아니다! 마음에서 느낀다! 이것은 우리가 행복의 열쇠를 마음에서 잃어버렸다는 사실을 보여준다. 그런데 마음에 대해 어둡고 무지하니까 행복을 찾지 못하는 문제가 생기는 것 아닐까?

아저씨는 가로등 밑에서 절대로 열쇠를 찾을 수 없다. 열쇠를 찾기 위해서는 첫째, 잃어버린 현관 앞으로 가야 한다. 둘째, 어두우니 랜

턴을 가지고 가야 한다. 마찬가지로 우리는 눈에 잘 보인다고 갈구하던 육체, 재산, 가족, 명예, 일, 성공 등에서 진정한 행복의 열쇠인 마음으로 돌아가야 한다. 마음을 밝히는 수행을 통해 랜턴을 장만해서 돌아가야 한다.

세속적 가치를 쫓는 삶에는 진정한 행복이 없다. 그곳에서 행복의 열쇠를 잃어버린 것이 아니기 때문이다. 돈, 명예, 사랑을 버리라고 말하는 것이 아니라 그보다 먼저 마음과 친해져야 한다는 것이다. 자신의 마음을 모르는 사람이 어찌 행복할 수 있겠는가?

마음에 무지한 사람이 똑똑한 머리와 좋은 환경을 바탕으로 권력 있는 사람이 되었을 때 생겨나는 비극들을 우리는 똑똑히 목격하면서 살고 있다. 전쟁이 일어나고, 나라를 팔며, 생명을 가지고 거래하고, 거대한 범죄를 일으키는 비극들을 목격하지 않았는가?

일단 우리가 행복해지기 위해서는 마음을 전공하는 것이 먼저이다. 자신의 마음에 밝아지는 만큼 행복의 열쇠가 뚜렷하게 보이게 되는 것은 물론이고 세속적 가치에 휩쓸려 이성을 잃어버리는 일도 없어지게 될 것이다. 세속적 가치에 앞서 반드시 마음을 전공하자. 이것이 삶을 가치 있게 만드는 비결이 될 것이다.

4장
연기 _모든 일의 원인은 나

무심이 이야기 4

무심이네 가족을 담당하고 있는 호법천신 원심이는 그동안 쌓였던 잔소리가 폭풍처럼 흘러나왔다.

"무심아! 내가 보인다니까 하는 말인데 앞으로 착하게 살아야 해. 내가 너희 아버지 때문에 얼마나 고생했는지 아니? 너 그렇게 우울한 마음으로 삐딱하게 살다가 죽으면 지옥행 열차 예약이야."

"내가 뭘!?"

"뭘? 너 올해 벌써 몇 명이나 애들을 때리고 욕했어?"

"그게…."

"맨날 우울하다고 집에서 처박혀서 컴퓨터에 악성 댓글도 올렸지?"

"헉, 너 귀신이야?"

"삼촌 스님한테 설법 들을 때, 참회 절할 때! 부처님, 부모님, 삼촌 스님 욕하는 것도 다 들었어!"

"잘못했어. 용서해줘."

모든 기록을 읽는 소녀 이야기

세상에는 상식을 벗어난 일들이 자주 일어난다. 관심이 없는 이에게는 들리지도 보이지도 않는 일이지만, 조금만 관심을 가지고 보면 신통방통한 일들을 직간접적으로 경험할 수 있다. 손가락에 마음스캔 능력이 있는 여자아이가 있었다. 이 아이는 어떤 존재라도 손을 대면 마음을 알 수 있는 능력이 있었다. 식물에 손을 대면 식물의 감정을 알게 되고, 강아지에 손을 대면 강아지의 생각을 알게 되는 그런 방식이었다.

소녀에게는 이 일이 당연한 일이어서 누군가에게 말할 필요성조차 느끼지 못했다. 누구나 다 촉감을 느낄 수 있듯 자신의 능력이 지극히 평범하다고 생각했던 것이다. 하지만 학교에 들어가면서 상황이 달라졌다.

평범한 사람들 눈에는 대화가 불가능한 존재들과 소통을 하는 이 소녀가 괴물처럼 느껴지고, 정신이 이상한 사람으로 보였을 것이다. 그렇게 그녀는 소위 왕따가 되었고, 자신이 왜 이상한 아이인지 이해하지 못한 채 우울한 10대를 보냈다고 한다. 그러다 그녀는 스승을 만나면서부터 고민이 해결되기 시작했다.

"너의 능력은 축복이다. 다만 너는 그 능력을 세상을 위해 활용하는 방법을 배울 필요가 있단다."

그렇게 시작된 그녀의 수행은 아주 고되었지만 좋은 도반들과 함께 가치 있는 일을 위해 사는 삶이 기뻤다고 한다. 어느덧 중년이 된 그녀는 자신의 능력을 온전히 완성한 마스터로 불리게 되었다. 그녀의 스캔 능력은 완전히 꽃을 피워 타인의 몸을 만지기만 해도 타인의 몸 세포와 대화가 가능했고, 사진처럼 세포에 찍힌 기억을 볼 수 있게 되었다. 그리고 대화를 통해 세포를 위로하고 찍혀 있던 사진과도 같은 상처를 치유함으로써 타인의 병을 고칠 수 있는 마스터가 된 것이었다.

갓 사미계를 받았을 때 노보살이 된 그녀를 딱 한 번 만난 적이 있는데 우연히 내 몸을 봐주게 되었다. 두 시간 정도 이어진 스캔과 치유가 반복되면서 정말 다양한 이야기를 주고받았다. 어렸을 때의 마음속 상처부터 근본적인 나만의 고집까지 내 세포에 사진처럼 찍힌 상처들을 알려줬고 나 대신 눈물을 흘려줬다. 당시 나도 잊고 있었던 다양한 과거를 이야기해 주었다. 그 과거의 상처가 원인이 되어 다양한 건강상의 문제를 야기했다는 사실을 알게 된 매우 흥미롭고 신기한 경험이었다.

우리의 모든 행위는 기록된다. 기억이나 습관을 통해서도 알 수 있듯이 우리의 경험은 물처럼 흘러가 사라지는 것이 아니라 아주 작은 행위에 이르기까지 여과 없이 모두 기록된다. 이렇게 기록되는 그곳을 불교 유식학에서는 아뢰야식이라고 하는데, 이 책에서는 알기 쉽게 우주은행이라 부를 것이다.

행위인 업과 습관인 업력의 관계

그렇다면 우주은행에 입금되는 행위를 무엇이라고 부르면 좋을까? 공덕과 복덕이라고 부르고, 이 공덕과 복덕이 만들어지는 원리를 함께 살펴보도록 하겠다. 공덕과 복덕은 모두 행위로부터 만들어지는데, 이 행위를 산스크리트어로는 카르마(Karma)라고 한다. 중국에서 카르마를 업(業)이라고 번역했기에 우리나라에서도 업이라고 부르는데, 업의 기본적인 뜻은 '행위'다.

업이란 단어를 사용할 때 '이놈의 업 때문이다.'라며 업의 뜻이 마치 악업의 장애인 것처럼 부정적으로 사용하는 경향이 있는데, 이것은 큰 오해다. 업은 중립적인 단어로 단순한 행위를 나타낸다. 그렇다면 왜 이러한 오해를 하는 것일까? 업이란 단어를 사용할 때 행위의 의미뿐만 아니라 행위를 한 후의 세력으로 남는 업력의 의미까지 포함하여 단어의 범위를 확장하여 사용하기 때문이다.

'습관'이라는 단어를 생각해보자. 습관은 반복되는 특정한 행위에 의해서 남는 일종의 세력이다. 물론 뇌의 기저핵 부분에 물리적으로 저장되고 관리된다는 연구 결과가 나오기도 했지만 그것이 전부는 아니다. 이 습관이라는 세력은 반복되는 행위에 의해서 만들어지는데 구분해 보면 행위는 업이고, 습관은 업력이 되는 것이다.

일단 업과 업력을 분명하게 구분할 수 있게 된다면 큰 성과이다.

행위의 종류는 몸으로 짓는 신업, 입으로 짓는 구업, 생각으로 짓는 의업의 세 가지가 있다. 이것은 업이 만들어지는 문과 같기에 삼문(三門)이라고도 한다. 이 신구의 삼업을 통해 남은 세력이 업력이 된다는 것을 이제는 명확히 구분할 수 있을 것이다.

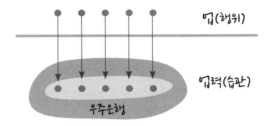

이렇게 행위는 우주은행에 업력의 형태로 입금되게 되는데 통장에 찍히는 잔고는 어떻게 계산할까? 어떤 행위는 통장의 잔고를 높이고 어떤 행위는 잔고를 깎는지 그 기준이 정해져 있다!

불교의 선과 악의 기준은 지극히 경험적이다. 부처님은 행위의 결과인 열매를 보고 씨앗의 이름을 정하는 방식으로 선과 악을 나누었다. 이것은 지극히 현명한 분류법으로 배를 심으면 배가 나오고, 사과를 심으면 사과가 나오는 것처럼 단순하지만 명확한 진리이다.

이 세상에 연기되는 모든 현상은 존재에게 고통이나 행복으로 경험된다. 예를 들어 누군가 당신을 꼬집어서 아팠다면 이것은 고고(苦苦)의 고통이다. 또한 사랑하는 사람과 어쩔 수 없이 이별해야 한다면? 이것도 역시 애별리고의 고통이다. 반대로 사랑하는 사람과 함께 편안한 시간을 보내는 것은 행복이다. 또한 불법을 수행하여 점점 더 삶의 주인공이 되는 모습도 행복이다.

이렇게 고통과 행복의 열매를 경험하는 순간 우리는 선과 악의 구분이 가능하다. 하지만 범부의 눈으로는 지금 하는 행위의 씨앗이 미래에 어떠한 열매를 맺게 될지 알지 못한다. 그러나 깨달음을 통해 일체지자가 되어 세상의 연기를 알게 된 부처님의 눈에는 현재의 이것으로 인해 미래의 저것이 일어나는, 차기고피기(此起故彼起)의 결과가 명확하게 눈에 보였다.

그렇기에 고통의 열매를 낳는 씨앗은 악으로, 행복의 열매를 낳는 씨앗은 선으로, 여기에 더해 고통도 행복도 낳지 못할 만큼 그 힘이 미약한 행위는 평등함인 무기로 구분하였다. 이를 업의 세 가지 성품인 선(善), 악(惡), 무기(無記)인 삼성(三性)이라고 한다. 우주은행에 입금되는 선업은 잔고를 높이고 반대로 악업은 잔고를 낮추는 방식으로 은행 잔고 관리가 이루어지는 것이다.

혹업고의 순환관계

그 어떤 나쁜 짓도 하지 말고, 착한 일은 받들어 행하며, 스스로 그 마음을 맑히는 것, 이것이 모든 부처님의 가르침이다. -칠불통계-

우리의 아뢰야식인 우주은행의 잔고가 낮아져 빚쟁이가 된다는 의미는 악업이 많이 쌓여있기 때문에 고통을 겪게 된다는 뜻이다. 반대로 잔고가 높아져 부자가 된다는 의미는 선업이 많이 쌓여있기 때문에 행복을 경험하게 된다는 뜻이다.

우리는 모두 이고득락하기를 원하는데 어떻게 하면 우주은행 잔고가 낮아지는 것을 방지하고 잔고가 높아지도록 할 수 있을까? 모든 부처님의 가르침처럼 선업은 늘리고 악업은 짓지 않으면 된다. 여기에서는 악업을 줄이는 원리에 대해서 생각해보자.

먼저 악업이 일어나는 원인부터 살펴보겠다. 우리는 왜 누군가에게 욕설을 할까? 무언가에 불만족하거나 화가 나기 때문에 욕을 할 것이다. 욕설이라는 악업은 불만족이나 화라는 번뇌 때문에 일어나는 것이니 번뇌가 악업을 만드는 것이다. 앞에서 말한 바와 같이 악업은 고통의 열매를 맺는다. 그러니 번뇌가 악업을 만들고 그 악업은 고통을 만든다는 점이 이해될 것이다.

사랑하는 사람과 어쩔 수 없이 이별한 애별리고의 고통 속에 있을 때 우리는 평소보다 더 지혜로워질까? 아니면 마음의 번뇌가 활성화되어 더 어리석어질까? 고통이 우리를 얼마나 번뇌롭게 만드는지 경험을 통해 알 것이다.

이렇게 악업에 의해 생긴 고통은 다시 우리를 더 번뇌롭게 만드니 번뇌와 악업 그리고 고통의 순환관계가 형성되어 물고 물리면서 점점 더 강렬하게 우리의 삶을 고통으로 물들인다. 이를 이제부터 혹(惑 ; 번뇌), 업(業 ; 악업), 고(苦 ; 고통)의 순환관계라고 부르겠다.

혹업고의 순환관계는 끊임없이 번뇌와 악업, 고통을 생산한다. 고통 속에서 헤매는 삶을 행복으로 바꾸고 싶은가? 악업을 만드는 번뇌를 알아내어 그 번뇌를 끊을 수 있다면 혹업고의 악순환에서 벗어날 수 있다. 이것이 이루어질 때 고통에서 벗어나 행복을 얻는 이고득락이 가능해진다.

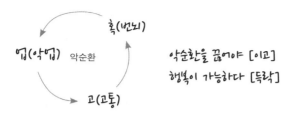

혹(번뇌)

업(악업) 악순환

고(고통)

악순환을 끊어야 [이고]
행복이 가능하다 [득락]

동전의 양면과 같은 공업과 불공업

군종장교 시절, 군 생활에 적응하지 못하는 병사들을 돌봐주는 것이 중요한 임무 중의 하나였다. 한 달에 한 번쯤 각 부대에서 힘들어하는 병사들을 모아 놓고 4박 5일 수련회를 하였다. 이때 사단의 신부님, 목사님, 스님들이 함께 모여 수련회를 운영한다.

이 시간에 3개 종파의 군종장교들은 함께 족구도 하고, 목욕도 가고, 김치찌개도 먹으며 화합의 시간을 갖는다. 그런데 아무리 3개 종파가 화합하여 친하게 지내도 사단 법사님과 함께 대화하는 시간이 가장 많았다.

어느 날 집단상담 프로그램을 진행하고 있는데 교회를 다니는 한 병사가 진지한 표정으로 나에게 물었다.

"법사님, 정말 궁금한 게 하나 있는데요. 법사님들끼리 대화하실 때 왜 그렇게 예수님을 많이 찾으세요?"

무슨 말인지 이해할 수가 없어 아무 대답 없는 정적이 5초 정도 흘렀다. 문득 어떤 생각의 번쩍임과 함께 말뜻을 이해하고는 사단 법사님과 한참 웃었던 기억이 난다.

절에서 스님들끼리 하는 대화 중간에 대답을 할 때마다 '예, 스님!' 이라고 말하는 모습을 쉽게 볼 수 있다. 이러한 표현을 들은 적이 없는 기독교 신자인 병사에게는 이 말이 얼마든지 예수님이라고 들릴 수 있다. 졸지에 사단 법사님과 나는 목사님들보다 예수님을 더 많이 찾는 이상한 스님들이 됐었다.

위의 상황을 다시 한 번 살펴보자. '예, 스님'이라는 표현이 있다. 이 행위는 구업으로 분류되는데 반복할수록 '예, 스님'을 하는 업력인 습관은 더욱 강해질 것이다. 그런데 이 행위가 영향을 끼치는 방향을 잘 살펴보면 재미있는 점을 발견할 수 있다. '예, 스님'이라는 구업이 가장 먼저 향하는 방향은 행위자 자신의 우주은행이다. '예, 스님'의 구업이 선·악·무기 중 무엇인지가 행위자의 의도에 의해 결정되면 우주은행의 잔고에 변화가 생길 것이고, 이에 따른 업력이 행위자의 미래에 영향을 미치게 될 것이다.

그런데 이 구업이 또한 듣는 이들에게도 영향을 미친다는 점을 주목해야 한다. 사단 법사님에게 '예, 스님'이라는 말은 동의의 뜻으로 받아들여졌을 것이고, 그의 신구의 삼업에 영향을 미치는 조건이 된다. 또한 기독교 신자인 병사에게는 이 말이 '예수님'이라는 생각을 일어나게 했고, 의문을 불러오는 등의 영향을 미치게 되었다. 하나의 업은 이렇게 자신과 타인에게 동시에 영향을 미치게 된다. 이 중 자신에게만 영향을 미치는 업을 불공업(不共業), 자신과 타인에게 모두 영향을 미치는 업을 함께 나눈다는 뜻으로 공업(共業)이라고 부른다. 모든 업은 동전의 양면처럼 공업과 불공업을 함께 가지게 된다.

종자와 현행의 관계

마음은 그림을 그리는 화가와 같다. 능히 모든 세상일을 다 그려낸다. 모든 존재는 다 마음으로부터 나온 것으로 무엇 하나 마음이 만들지 않은 것이 없다. 〈화엄경〉

불교의 8만 4천 경전을 한 글자로 줄이면 마음 심〔心〕 한 글자가 남는다고 말할 정도로 마음은 불교의 중요한 주제이다. 불교에 대해서 잘 모르더라도 일체유심조(一切唯心造)라는 말은 누구나 한 번쯤 들어봤을 것이다. 모든 것은 마음에서 연기된다는 일체유심조의 원리는 무엇일까?

불교에는 다양한 연기설이 존재하는데 아뢰야식 연기설의 종자와 현행의 관계로 일체유심조의 원리를 알아보기로 하겠다.

앞에서 행위는 업이고, 이 행위가 씨앗으로 심어져 남는 세력을 업력이라고 구분했다. 이것이 유식불교로 넘어가면서 용어의 변화가 생기는데 업력은 씨앗을 의미하는 용어인 종자(種子)에 해당된다. 이 종자라는 용어는 모든 업력을 저장하는 아뢰야식이 밭과 같고, 저장되는 업력은 씨앗과 같다는 비유를 바탕으로 정해진 용어이다.

업은 드러나는 변화의 현상을 의미하는 현행(現行)에 해당된다. 즉 현행하고 있는 업이 종자라는 업력을 남긴다는 것이다. 유식불교에서는 이 종자와 현행의 관계를 세 가지 원리로 구분하여 보여주고 있다.

첫째는 현행훈종자(現行熏種子)로 현행하는 업은 우주은행인 아뢰야식에 씨앗인 종자로 저장된다. 우리가 말하고 행동하고 생각하는 삼업이 하나도 빠짐없이 우주은행에 입금된다는 것을 보여주는 원리이다.

둘째는 종자생현행(種子生現行)으로 우주은행에 과거 행위의 습관으로 저장된 업력 종자가 현재 현행되는 행위에 가장 중요한 원인이 된다는 것이다. 현재의 모든 행위는 과거에 입금된 우주은행 속 씨앗인 종자가 꽃 피는 모습이라는 의미이다.

셋째는 종자생종자(種子生種子)로 모든 것은 끊임없이 변화한다는 제행무상의 원리에 따라 우주은행 속 종자들 역시 세차게 흘러가는 폭류처럼 끝없이 변화한다. 그 변화를 잘 살펴보면 저장된 종자들이 찰나찰나 상속되어 생멸하는 모습이다.

이러한 원리로 현행하는 모든 것은 우주은행에 종자로 저장되고, 그 종자가 다시 현행의 원인이 되는 방식으로 일체는 마음에 의해 연기되는 것이다.

공덕과 복덕의 차이

"새해 복 많이 받으세요."

새해를 맞이하면 만나는 사람들과 이렇게 인사한다. 인사말 속의 복이라는 것은 도대체 무엇일까? 불교에서는 공덕과 복덕이라는 말을 구분 없이 혼용하여 사용하는 경향이 있다. 두 가지를 구분하는 개인적인 기준을 설명하도록 하겠다.

앞서 우주은행에 입금되는 것은 행위인 업이고, 이것은 공업과 불공업의 양면을 동시에 가지고 있다고 했다. 불공업은 자신에게 영향을 미치고, 공업은 타인에게 영향을 미친다고 했는데 여기에 바로 공덕과 복덕을 나누는 기준의 비밀이 숨어 있다. 결론부터 말하자면 공덕은 불공업을 통해 만들어지는 선한 업력이고, 복덕은 공업을 통해 만들어지는 선한 업력이다.

예를 들자면 A가 B를 향해 칭찬을 했다고 생각해보자. '당신은 정말 자비로운 사람이에요.'라고 구업을 짓는 순간 A 스스로는 불공업의 영향으로 칭찬하는 습관이 형성된다. 이것이 바로 마음의 긍정적인 습관인 공덕이 되는 것이다. 또한 동시에 공업의 영향으로 칭찬을 들은 B의 마음에서 기쁨이 일어나고 그 기쁨은 B와 A의 관계에 은혜가 쌓이도록 만든다. 이것이 은혜로운 인연 맺음인 복덕이 된다.

만약 A가 B에게 욕을 한다면? A에게는 공덕을 깎는 부정적인 마음의 습관을 물들일 것이고, B와는 원한의 관계가 형성되어 복덕을 깎을 것이다.

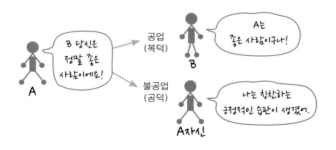

우주은행에서는 선업이 잔고를 쌓고, 악업이 잔고를 깎는 방식으로 잔고 계산이 이루어진다고 했다. 우주은행에 잔고가 많은 부자들은 어떤 삶을 살게 될까?

마음에 긍정적인 습관을 가지고 있는 사람은 공덕 잔고가 많은 것이다. 이 사람은 세상을 긍정적으로 해석하기 때문에 어려운 상황에 처해도 행복하게 극복할 가능성이 높다. 또한 이런 사람은 함께 있는 것만으로도 다른 사람을 행복하게 만드는 힘이 있으니 우주은행의 공덕 부자라고 할만하다.

많은 사람들과 친밀하고 은혜로운 관계를 가지며, 원한의 관계가 적은 사람은 복덕 잔고가 많은 것이다. 이런 사람은 어느 곳에 가든 좋은 사람과 행복한 시간을 보낼 가능성이 높고, 어려움이 있을 때 주변에서 많은 도움을 주지 않을까? 우주은행의 복덕 부자라고 할만하다.

흥미로운 점은 공덕 부자인 긍정적인 사람은 많은 사람과 좋은 관계를 맺는 경향이 있다는 것이다. 반대로 공덕 빈자인 부정적인 사람은 많은 사람들과 원한의 관계를 맺는 나쁜 경향이 있다. 이러한 점은 우주은행에서도 부익부 빈익빈 현상이 존재한다는 것을 보여준다.

공덕이 많으면 복덕도 동시에 따라오고, 이와 반대도 성립된다. 이것은 공업과 불공업이 한 가지 업의 두 가지 측면이라는 점을 볼 때 당연한 것이다. 하나의 칭찬이 공덕과 복덕을 동시에 불러올 테니 말이다. 그러니 우주은행 잔고를 늘려 이고득락하고 싶다면 자신의 마음을 긍정적으로 바꾸어 공덕을 늘리는 전략이 가장 효과적이다. 복덕은 이 공덕의 그림자처럼 항상 함께 입금되기 때문이다.

마음이 만들어낸 기세간과 중생세간

마음은 모든 일의 근본이다.
마음이 주인 되어 모든 일을 시키고 세상을 만든다.
삿된 마음으로 말하거나 행동하면
허물과 괴로움이 그를 따른다.
수레바퀴가 앞선 소의 발자국을 따르듯이. 〈법구경〉

전 세계적으로 가장 많이 읽히는 경전 중 하나는 〈법구경〉이다.
〈법구경〉의 시작은 '마음은 모든 일의 근본이다.'라는 구절인데 세상의 근원을 마음으로 바라보고 있는 불교의 특징이 드러난다.
이 세상은 윤회하는 존재인 중생세간(衆生世間)과 중생이 살아가는 자연에 해당되는 기세간(器世間)으로 나뉜다. 세상은 마음을 근본으로 연기된다고 했으니, 중생세간과 기세간 모두 마음의 종자가 현행한 모습일 것이다.
업은 우주은행에 업력 종자로 저장되고 이 종자가 모든 것을 현행하는 원리라고 했다. 업은 항상 불공업적인 측면과 공업적인 측면이 공존한다. 그리고 이것은 공덕과 복덕을 나누는 기준이 되었다. 이 기준을 한 번 더 활용하면 업의 불공업적인 영향이 중생세간을 연기하게 되고, 공업적인 영향이 기세간을 연기하게 된다.

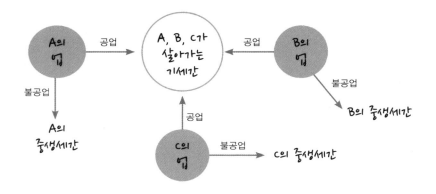

불공업은 개인적인 성격이 강하기에 중생세간을 연기한다는 것은 납득이 가지만, 공업이 자연인 기세간을 만든다는 사실은 쉽게 이해되지 않을 수 있다.

잔잔한 연못에 돌멩이 A를 던졌다고 상상해보자. 물결이 퍼져 나갈 것이다. 이때 반대편에 돌멩이 B를 던졌다. 새로운 물결이 생기면서 물결과 물결이 만나게 되는 지점이 생기게 되는데, 이곳에서 일어나는 현상을 중첩(重疊)이라고 한다. 중첩을 통해 새로운 물결이 만들어지는데, 이 새로운 물결은 A와 B가 함께 만들어낸 물결이 되는 것이다.

모든 존재는 고유의 진동이 있다. 그리고 이 진동은 세상을 향해 방사된다. 중생은 신구의 삼업을 통해 진동을 방사한다. 만물이 동시에 각자의 진동을 내뿜고 있고 그 모든 진동이 서로 간에 중첩되는 장면을 상상해보라. 모든 중첩들이 모여서 이 우주에 영향을 미치게 된다. 얼마나 광대한 상호연관성의 그물이 형성되는가.

참으로 상상하기 어려운 이 장면을 설명하는 친절한 교리가 있는데 인드라망이 그것이다. 인드라망은 극락세계 하늘의 장엄을 살펴볼 때 다시 자세히 설명하겠지만 천신인 제석천왕의 그물을 말한다. 인드라망은 일체 존재의 연기를 상징하는 무한히 넓은 그물로써, 씨줄과 날줄이 만나는 곳마다 구슬이 달려있다는 특징이 있다.

각각의 구슬은 다른 구슬의 모습을 비추게 되는데 사방에 구슬이 있으니 그 모습이 겹치고 겹쳐 하나의 구슬에서 나머지 모든 구슬의 모습을 비추어 볼 수 있게 된다. 이것은 만물이 내뿜는 진동이 끝없이 중첩되어 결국 티끌 하나에도 만물의 진동이 모이게 되는 원리를 보여준다.

이렇게 만물의 진동은 어디서나 빠짐없이 모두 중첩된다. 중첩을 다른 말로 표현하면 공동창작이라는 말로 바꿀 수도 있다. 예를 들어 중첩되는 장소가 바위라고 하면 이 바위에는 만물의 모든 진동이 중첩된다. 즉, 중첩이 그 순간의 바위를 공동창작한다는 것이다. 이것은 바위를 만드는 창작자는 만물의 진동임을 보여주는데 이때의 진동은 만물의 공업적인 측면이 되는 것이다.

지옥 중생이 살아가는 기세간부터 아귀, 축생, 아수라, 인간, 천상 존재들이 살아가는 삼계의 기세간은 모두 이와 같이 중생의 공업이 모여 공동창작된다. 또한 불공업은 중생세간을 만든다고 했으니 기세간과 중생세간 모두 우주은행의 종자가 현행된 결과물이 되는 것이다.

이와 같이 모든 두려움과 헤아릴 수 없는 고통도
오직 마음에서 일어나는 것이라고
진실한 말을 하시는
부처님께서 말씀하셨네.

유정의 지옥 무기들은
누가 그토록 부지런히 만든 것이고
불타는 철판의 대지는 누가 만든 것이며
정염의 저 여인들은 어디서 나왔는가.

그 모든 것도 죄업의 마음에서
생긴 것이라고 부처님께서 말씀하셨으니
따라서 세 가지 세간에서
마음보다 더 두려운 것은 없다네. 〈입보살행론〉

이 세상의 창조자는 신이 아니라 바로 우리 모두의 아뢰야식이라는 것이다. 그러니 이 세상을 창조한 신을 찾고 싶다면 바로 당신의 마음에서 찾아보라. 내면에서 밝게 빛나는 창조의 광명을 만날 수 있을 것이다.

여기서 잠깐!

아미타부처님의 무한한 본원력의 파워

지금까지 존재의 현재와 미래의 세상을 연기하는 원동력은 우주은행의 업력이라는 점을 배웠다. 그렇기에 세상의 창조자가 바로 나라는 점도 이해가 된다. 그런데 이상한 점이 하나 있다.

악업의 과보인 고통은 누구도 피할 수 없기에 하늘로 도망치거나 바다 밑에 숨어도 자유로울 수 없다고 했다. 그런데 살아생전 지옥에 떨어질 만큼 많은 악업을 지은 범부가 어떻게 나무아미타불 염불 열 번으로 지옥행이 아닌 극락행 열차를 탈 수 있는 것일까? 만약 이 악업의 덩어리를 무시하고 극락행이 결정된다면 이것은 업의 법칙이 거짓임을 드러내는 모순의 상황이 아니겠는가?

〈밀린다왕문경〉에서 밀린다왕은 나가세나존자에게 이러한 모순을 지적한다. 아주 작은 돌멩이라도 호수에 던지면 가라앉기 마련이듯 아주 작은 악업조차 행위자를 지옥으로 끌어내린다. 그런데 악질 범죄의 큰 악업을 지은 사람이 나무아미타불 염불 열 번의 선행으로 지옥행을 면한다면 이것은 큰 모순이 아니겠는가?

이에 대해 나가세나존자는 아무리 큰 바위라 하더라도 그보다 훨씬 거대한 배 위에 싣는다면 물 밑으로 가라앉지 않듯이 아무리 큰 악업도 아미타부처님의 무한한 본원력의 배에 의지하는 순간 지옥행을 면할 수 있다고 답하였다.

은행에서 빌린 대출은 반드시 갚아야 한다. 그 액수가 크다면 오랜 시간 땀 흘려 일한 돈으로 빚을 갚아야 하지만 만약 갚는 방법을 바꿔서 생각해본다면 이야기가 달라진다.

돈이 상상할 수 없이 많은 A가 있다고 해보자. A는 누구든지 'A가 내 돈을 갚아줄 거야!'라는 믿음으로 '존경하는 A님 제가 빚진 돈을 갚아주세요!'라고 열 번만 말하면 모든 대출을 갚아준다고 가정해보자. A에게 의지하는 순간 자신의 모든 대출 빚이 A의 무한한 돈에 의해 순식간에 사라질 수 있지 않겠는가? 이와 같이 아미타부처님의 본원력에 의지한다면 우주은행의 악업 빚을 청산하고 극락행 열차를 타는 것 역시 가능한 일이다.

아미타부처님의 무한한 본원력에 의지한다면 생전의 악업에 묶여 지옥에 가는 것을 면한다는 논리는 이제 납득이 된다. 하지만 여기 한 가지 문제가 더 있다.

악업은 물 밑으로 가라앉는 힘이고 나무아미타불을 열 번하는 선업은 수면 위에 뜨는 힘이다. 〈업도경〉에서 부처님은 '업의 도리란 저울과 같아 무거운 것에 먼저 이끌린다.'고 말했다. 즉, 생전에 지은 악업과 임종 시 행한 열 번의 염불을 통한 선업 중에 무엇이 더 무거운 지가 판별되지 않는다면 업의 실행 순서가 명확하지 않게 된다. 만약 악업의 무게가 더 무겁다면 지옥에 먼저 갔다가 염불의 공덕을 받게 될 것이고, 악업의 무게가 더 가볍다면 이와 반대가 될 것이다.

예를 들어 1만 년 동안 어두웠던 공간이 있다고 하자. 이곳을 밝히기 위해 필요한 빛은 1만 년만큼의 힘이 모인 거대한 빛이어야 할까? 아니다! 아주 작은 불빛만 있어도 1만 년간의 어둠은 단박에 사라진다. 이것은 빛과 어둠의 힘의 차이를 보여주는 좋은 비유이다.

허공에 핀 환상의 꽃처럼 악업은 실체가 허구이다. 하지만 아미타 부처님의 본원력에 의지하는 나무아미타불 염불의 선업은 허구가 아니기에 그 무게가 다르다. 따라서 두 개의 업 중에 선후를 따진다면 염불의 공덕이 먼저 효력을 발휘하게 되는 것이다.

그렇다면 극락에 왕생한 악업 범부는 이 모든 악업을 책임지지 않고 피하게 되는 것일까? 아니다! 극락에 태어난다는 것은 두 가지 의미가 있다. 첫째는 극락세계의 연꽃에 안착하는 것으로 이것은 마치 악업정화 학교에 입학하는 것과 같다. 둘째는 연꽃이 피어나면서 극락세계에 진정으로 태어나는 것으로 이것은 악업정화 학교를 졸업하는 것과 같다. 범부를 초월하여 부처님 학교에 입학할 준비가 되는 것이다.

범부는 자신의 근기에 따라 연꽃 속 악업정화 학교에 머무는 기간이 달라지며 그 안에서는 악업을 녹이게 된다. 어머니의 태는 온갖 영양분으로 아기가 세상에 나올 수 있도록 성장시키는 역할을 한다. 이 연꽃은 어머니의 태와 같은 역할을 한다. 아미타부처님의 청정한 지혜의 양수가 가득하기에 그 지혜를 통해 악업을 정화하는 시간을 거치는 것이다.

이렇게 악업이 정화된 극락 중생은 온갖 신통과 중생을 교화하는 능력을 갖추어 법계의 수많은 악업 범부를 이끄는 새로운 선생님 역할을 수행하게 된다. 자신의 모든 악업을 녹여내는 수행의 시간을 연꽃 속에서 보냈고, 극락세계에서 법계의 수많은 중생들을 교화하는 전법행(傳法行)을 하는 이들을 보고 어찌 자신이 지은 악업에 책임지지 않는다고 말할 수 있겠는가!

너무나도 거칠고 험한 생사의 강을 자신의 힘으로 거슬러 올라가는 어려운 수행의 길을 선택하기보다는 법계 최대의 규모를 자랑하는 아미타부처님의 반야용선에 올라타 깨달음의 길을 순항하는 것이 지혜로운 선택일 것이다. 그리고 반야용선에 올라타는 방법은 아주 간단하다. 매일 매일 나무아미타불 염불을 삶에 각인시켜 임종 시에 나무아미타불을 열 번 외치는 것이다.

3^부
극락소개

1장
왜 극락인가?

극락을 소개받기 전 준비

지금까지 우리는 불교라는 최고의 인문학을 통해 태어난 존재는 반드시 죽게 된다는 점, 그 시기가 언제인지 알 수 없다는 점, 윤회의 길이 험난하여 삼악도에 한번 떨어지면 벗어날 기약이 없다는 점, 인간에게 주어진 소중하고 완벽한 수행의 기회가 있다는 점, 마음에 의해 모든 것이 연기된다는 점을 이해했다. 이러한 이해는 우리에게 믿음을 선물한다. 선물 받은 믿음의 탑 위에 어떤 새로운 이해를 쌓아나가야 할까?

극락정토의 존재 여부에 대한 믿음이 없다면 극락을 경험하거나 왕생을 위해 수행하는 등의 모든 것들은 의미가 없어진다. 따라서 무심이의 여정을 따라 우리 모두 극락에 대해 소개받고 이곳이 진실로 존재하는 곳이라는 사실을 이해하는 과정이 필요하다. 단순한 맹신이 아닌 이해를 통한 확신을 가지기 위해 반드시 필요한 과정이기에 아주 중요하다.

역사상의 석가모니부처님은 신이 아니다. 지극히 경험적이고 인간적인 부처님은 인간 완성의 길을 먼저 걸어가고 그 길을 보여주신 우리의 선배이자 스승이다. 부처님이 살아계실 당시의 인도 사회는 브라흐만에 대한 과도한 의식을 중요시했던 바라문교의 부패가 심각했다. 이러한 문제에 대한 대안으로 제시된 다양한 신흥교단 중 하나였던 불교는 절대자인 신에 대한 이야기를 담백하게 제거한 무신론에 가까웠다.

하지만 부처님의 열반 이후 절대적인 스승에 대한 열망과 인도의 힌두교 문화와의 습합으로 인해 다른 우주 어딘가에 부처님께서 지금도 존재하고 있을 것이라는 신격화된 숭배 문화가 만들어지게 된다. 이것이 정토신앙인데 아미타부처님의 전신인 법장비구가 극락세계를 만들기 위해 210억 개의 정토를 관찰했다는 표현과 같이 정토는 무한하다고 사유되어왔다.

수많은 정토 중에서도 아미타부처님의 서방정토 극락세계를 갈 수 있는 방법은 아주 쉽다. 아미타부처님께 귀의한다는 뜻인 나무아미타불 극락염불을 하면 된다. 그리고 그 세계에 태어나면 모든 존재가 영생[無量壽]을 얻어 삼악도의 괴로움에서 영원히 벗어나고[離苦] 무한한 지혜[無量光]를 얻어 반드시 일체지자인 부처님이 된다는 아주 큰 즐거움[得樂] 때문에 큰 인기를 얻게 되었다. 즉, 이고득락의 대명사가 바로 극락세계가 되는 것이다. 가장 쉽고 빠르게 이생, 내생, 궁극의 행복을 모두 얻고 싶다면 극락세계에 대해서 배우는 것을 적극 추천한다.

지금부터는 최고의 아름다움과 강력한 혜택이 주어지는 극락세계가 우리가 살고 있는 삼계보다 어떻게 좋은지 살펴보려 한다.

〈왕생게〉라고 하는 세친보살의 극락추천사를 통해서 다음과 같은 장엄들을 3부에서 소개받게 될 것이다.

- 극락세계는 삼계보다 얼마나 좋은가?
- 극락세계는 몇 평이나 되는가?
- 극락세계의 본성은 얼마나 깨끗한가?
- 극락세계는 어떤 모습인가?
- 극락세계는 어떤 재료로 만들어졌는가?
- 극락세계의 빛은 어떠한가?

원심이가 이런 순서로 무심이에게 극락을 소개하자 무심이는 극락을 체험하고 싶어 안달이 났다. 하지만 아무나 극락을 체험할 수는 없지 않겠는가? 원심이가 극락체험을 위해 100일간의 수행이 반드시 필요하다고 말하자 무심이는 기쁜 마음으로 100일 동안 수행에 돌입하게 된다.

아마도 극락세계를 소개받는 많은 분들도 역시 극락에 대한 믿음을 일으키고, 그곳의 장엄을 좀 더 자세히 공부하고 싶은 마음을 일으키게 될 것이다. 지극히 아름답고 미묘한 장엄, 그리고 극락 중생들이 얻게 되는 혜택을 배우는 이들은 자연히 신심이 날 수밖에 없기 때문이다.

한 명이라도 더 많은 이들이 지극한 행복이 있는 극락세계를 믿고 배우고 실천수행하여 삶을 극락으로 바꾸고 평화로운 죽음을 맞이하여 극락왕생 하기를 바란다. 이러한 마음을 가지고 극락소개를 시작하겠다.

극락추천사1
삼계를 뛰어넘는 수승한 극락세계

觀彼世界相　勝過三界道
극락세계의 모습을 관찰하니 삼계의 삿된 도道보다 훨씬 뛰어납니다.

삼계(三界)는 욕계(欲界), 색계(色界), 무색계(無色界)인 세 가지 세계로써 윤회에 속박된 범부들이 살아가는 세상을 말한다. 인간세계가 욕계에 속하기에 우리는 극락보다는 삼계가 더 익숙하다. 그런데 익숙하다고 전부 좋은 것은 아니다. 만약 누군가 '삼계가 좋아? 극락이 좋아?'라고 질문을 한다면? 세친보살의 추천사를 봐도 알 수 있듯이 삼계와 극락을 비교하자면 묻고 따질 필요도 없이 극락이 더 좋다.

누군가 당신에게 지인에 대해 '그 친구 괜찮은 사람이야?'라고 묻는다면, 구구절절 말하기보다는 '그럼요! 좋은 사람이에요!'라고 대답부터 하지 않을까? 이렇게 총체적인 대답을 먼저 한 이후에 그 사람의 성격, 외모, 인간관계 등의 세부적인 특징을 말하게 될 것이다.

세친보살 역시 극락에 대한 추천사의 시작에서 '극락이 무조건 좋아요!'라는 강력한 추천의 한마디로 극락 이야기를 시작하고 있다. 이후에 극락은 몇 평이나 되는지, 수명은 어떠한지, 본성은 청정한

지, 형상, 재료 등의 세부적인 장엄에 대해 소개해줄 것이다. 극락이 왜 좋은지 기대해도 좋다!

세친보살이 극락세계의 모습을 관찰한다고 했는데 앞에서 배웠던 것처럼 세간의 모습은 크게 기세간과 중생세간으로 나눌 수 있다. 기세간에 대한 관찰은 극락세계라는 국가를 자세히 설명해주는 소개라고 볼 수 있고, 중생세간에 대한 관찰은 국가의 왕인 아미타부처님과 신하인 보살님들 그리고 백성인 극락중생들의 특징에 대한 소개라고 보면 된다. 즉 세친보살은 극락이 좋은 이유를 장엄 하나하나를 근거로 들어 설명하고 있다. 이를 통해 독자들이 왕생을 원하는 마음을 일으킬 수 있도록 설득할 예정이다.

삼계에 대한 이해

삼계는 욕계, 색계, 무색계다. 욕계와 색계는 물질로 이루어진 세상이고, 무색계는 물질을 초월하여 순수한 정신으로 이루어진 세상이다. 물질로 이루어진 욕계와 색계 중 욕계는 욕망이 가득 찬 세계로써 지금 지구에서의 인간 삶은 바로 욕계에 속한다. 이에 반해 색계는 욕망에 어느 정도 초탈한 존재들이 살아가는 곳이다. 무색계는 욕망과 물질로부터 자유로운 곳으로 삼계 중 가장 청정한 곳이다.

세간이 기세간과 중생세간으로 나뉘듯이 삼계 역시 기세간삼계와 중생세간삼계로 구분될 수 있다. 모든 존재는 자신의 의식의 특징에 걸맞은 기세간에서 살아간다. 위에서 설명한 삼계에 대한 설명은 중생이 살아가는 세상에 대한 것 즉, 기세간삼계에 대한 것이었다.

중생세간삼계는 유심삼계라고도 말하는데 중생의 의식 특징을 구분한 것이다. 욕계 기세간에 살아가는 존재는 의식 역시 욕망에 물들어 있다. 욕망에 물들수록 몸은 무거워지고 속박은 강력해진다. 그런데 이러한 욕계 중생들 중 마음의 집중을 계발하는 선정수행을 통해 깊은 집중의 상태인 삼매를 얻는 특별한 존재들이 있다.

이들은 삼매의 수준에 따라 욕망으로부터 순차적으로 자유로워지게 되는데 이렇게 어느 정도 욕망이 제거되면 욕계중생에서 벗어나 색계중생이 되는 것이다. 또한 더 나아가 아주 깊은 삼매를 얻게 되었을 때 무색계중생이 된다. 결국 이들은 욕망의 속박과 인식의 한계로부터 얼마나 초월된 의식에 머무느냐에 따라 욕계, 색계, 무색계의 수준이 구분된다고 할 수 있다.

이러한 삼계는 앞서 존재를 6개의 카테고리로 살펴봤던 6도와도 통하는 바가 있다. 지옥, 아귀, 축생, 아수라, 인간, 천상의 일부가 욕계에 속한다. 천상 중 색계천상은 색계에 속하고, 무색계천상은 무색계에 속한다. 물론 이것은 생사윤회의 관점에서 구분되는 것이고 찰나윤회의 측면에서 바라보면 그 구분이 뚜렷하지 않다.

인간의 경우 분명 생사윤회의 관점에서 본다면 욕계중생에 해당되지만 선정수행을 통해 얼마든지 색계, 무색계중생으로 찰나윤회가 가능하기 때문이다. 이것이 인간이 가진 의식의 유연성이다. 인간은 유연한 의식을 바탕으로 서원과 정진 여부에 따라 극적인 삶의 변화를 만드는 잠재력을 지니고 있는 것이다. 따라서 인간은 찰나윤회의

관점, 유심삼계의 구분으로 본다면 욕계, 색계, 무색계를 모두 경험
할 수 있는 특별한 존재이다.

삼계	물질	욕망	범주
욕계	O	O	지옥, 아귀, 축생, 아수라, 인간, 욕계천상
색계	O	X	색계천상, 색계선정에 들어간 존재
무색계	X	X	무색계천상, 무색계선정에 들어간 존재

삼계의 삿된 도 VS 극락의 올바른 도

세친보살의 첫 번째 극락추천사를 보면 이상한 점이 있다. 극락세
계가 삼계보다 좋다는 것은 이제 이해가 되는데 왜 삼계를 굳이 삿
된 도(道)라고 표현했을까? 욕계는 그렇다 쳐도 색계와 무색계는 올
바른 도(道)에 해당되지 않을까?

사실 한문 원문에는 '삿된'이라는 표현은 없다. 이 원문을 번역하며
내용을 살리기 위해 '삿된'이라는 표현을 가미했는데 그 이유는 극락
의 본성을 말하는 세 번째 추천사에서 극락세계를 올바른 도로 표현
하고 있기 때문이다. 만약 삼계가 올바른 도라면 극락세계와 차별이
없지 않은가? 그럼 삼계보다 무조건 좋다는 말이 과연 성립할 수 있
을까?

삼계가 '삿된' 이유를 다시 생각해보자. 욕계는 욕망으로 오염되어

다양한 고통을 불러일으키니 지극한 행복으로 가득한 극락세계와 분명히 대비된다. 문제가 되는 것은 색계와 무색계인데 색계천상과 무색계천상은 극락세계만큼은 아니지만 고통보다는 행복에 가까운 세계로써 지옥, 아귀, 축생, 아수라, 인간, 욕계천상에 비해 훨씬 청정하다. 또한 색계, 무색계천상에 살아가는 중생들은 색계선정과 무색계선정을 닦은 공덕으로 이곳에 태어난 만큼 아뢰야식 역시 욕계에 비해 훨씬 청정하다. 이런 특징을 살펴볼 때 욕계를 '삿된'으로, 색계와 무색계는 '올바른'으로 표현하는 것도 일면 타당해 보일 수도 있다.

하지만 색계와 무색계 중생들은 여전히 윤회에 속박되어 있는 존재다. 이것은 끊어야 할 번뇌가 여전히 남아 있는 존재라는 뜻이다. 욕계에 비해서 색계와 무색계는 번뇌가 미세하기에 청정한 듯 보이지만 완전하지는 못하다. 이에 반해 극락세계는 아미타부처님의 48대원에 의해 잠재적으로 번뇌가 끊어져 있는 곳이고 머지않아 모두 부처님이 되는 곳이다. 삼악도의 괴로움에서 영원히 벗어난 극락세계는 티끌만큼의 '삿됨'도 남아있지 않다.

욕망의 오염이 강하게 남아 있는 욕계, 미세한 번뇌에 의해 윤회에 속박되어 있는 색계와 무색계는 이러한 이유로 극락세계와 비교할 때 '삿된 도'로 표현되는 것이 타당하다. 그러니 삼계의 쾌락이 아무리 가치 있어 보이고, 즐거워 보이더라도 그보다 모든 면에서 뛰어난 극락의 길을 선택하는 것이 지혜로운 선택이다.

극락은 삼계보다 무조건 좋다

모든 존재는 고통을 싫어하고 행복을 좋아한다. 하지만 안타깝게도 고통의 원인을 사랑하고 행복의 원인을 끔찍이 싫어한다. 스스로 고통의 씨앗을 끝없이 심는 습관이 있기에 자각하지 못하는 사이 수없는 악업을 짓게 되는 것이다.

더욱이 삼계는 사바세계(娑婆世界 ; 고통을 참고 견뎌야 하는 세계)라는 말처럼 악업을 더욱 빠르게 지을 수 있는 촉매 역할을 한다. 이에 반해 극락은 고통이라고는 티끌만큼도 없고 오직 즐거움만 가득한 세계다.

주위 환경이 얼마나 중요한지 맹모삼천지교(孟母三遷之敎 ; 맹자의 어머니가 자식을 위해 세 번 이사했다는 뜻으로, 인간의 성장에 있어서 그 환경이 중요함을 가리키는 말)에서 보여주지 않는가? 행복하고 싶다면 행복한 곳으로 가라. 그중에서도 가장 쉽게 갈 수 있는, 그리고 최고로 행복하고 유효기간이 무한한 극락! 극락을 선택하길 강력하게 추천한다!

"원심아, 너도 알고 있겠지만 난 부모님 없이 혼자 살고 있어. 어머니는 날 버리고 도망가셨고, 아버지는 작년에 돌아가셨어. 삼촌 스님이 불교에서는 사람이 죽으면 다른 곳에 태어나는 윤회를 한다고 하셨어. 만화책에서 본 적도 있고. 혹시… 우리 아버지가 어디 계신지 알고 있니?"

"무심아, 내가 이래 봬도 신이야, 신! 호.법.천.신. 물론 알다마다!"

무심이는 아버지가 살아계실 때 착한 일보다 나쁜 일을 많이 하셔서 지옥 같은 곳에서 고통을 받고 계신 건 아닌가 걱정을 하며 살고 있었던 것이다.

"다시 강조하지만 너희 아버지 때문에 내가 얼마나 힘들었는지 몰라. 우린 친구니깐 직접 보여줄게."

원심이는 무심이의 아버지가 죽음을 맞이하기 바로 직전의 순간으로 무심이를 데려갔다. 무심이의 아버지는 힘없이 누워있고 그 옆에 무심이의 삼촌이자 아버지의 동생인 스님이 앉아 있다.

"거사님, 지금까지 지은 죄는 모두 잊어버리시고 극락왕생하기를 바라면서 나무아미타불 염불만 하세요."

편안한 스님의 목소리와는 반대로 무심이 아버지는 소리를 버럭 지른다.

"이제 와서 염불한다고 무슨 소용이 있겠어요!?"

그렇게 큰 소리를 쳤지만 곧 닥쳐올 죽음에 대한 두려운 마음이 커진 무심이 아버지는 '나무아미타불'을 마음속으로 간절히 불렀다. 무심이 아버지는 악업으로 지옥에 갈 운명이었지만 죽기 바로 직전에 한마음으로 나무아미타불 염불을 한 공덕으로 임종 직후 정말 아미타부처님이 찾아오셨다.

"와! 우리 아버지 그럼 극락 가신 거야? 휴~ 다행이다!"

"헐~ 극락? 무심아! 내가 너 때문에 얼마나 고생했는지 알아? 아미타부처님이 너희 아버지 손을 잡고 극락으로 가려는 순간, 무심이 네가 갑자기 울고 불며 아버지를 잡고 생쇼를 하는 바람에 상황이 곤란해졌어. 죽은 사람에게 눈물과 울음소리는 우박과 천둥이 치는 것보다 더 무섭고 공포스럽게 느껴지거든. 그래서 네 아버지는 혼란스러운 나머지 아미타부처님을 자신을 잡으러 온 저승사자인 줄 착각하고 도망쳐버렸다. 그래서 극락행 반야선이 아닌 지옥행 버스를 타버렸어. 에휴."

그 소리를 들은 무심이는 큰 불효를 저지른 것 같아 너무 가슴이 아팠다.

아미타부처님이 오시는 것을 보고 방심하던 원심이는 지옥에 떨어진 무심이 아버지를 보고 깜짝 놀랐지만 이미 엎질러진 물을 어찌할 수가 없었다. 이후 원심이는 무심이 아버지를 지옥에서 건져오기 위해 백방으로 노력했지만 소용이 없었다. 무심이 아버지는 지옥의 고통이 너무 심해 원심이를 한번 바라볼 여유도 없었던 것이다.

그렇게 300일 가까운 시간이 지난 후 우연찮은 기회가 찾아왔다.

그의 동생 스님이 저녁 종송을 하며 '파지옥진언 옴 가라지야 사바하
~'를 염불하는 순간이었다. '쨍그랑!' 진언의 공덕으로 지옥 하늘이
깨지고 고통받던 중생들에게 잠깐의 휴식이 주어진 것이다. 그 순간
무심이 아버지가 고개를 돌려 원심이를 보았다.

"내가 당신을 구해줄게요. 제 손을 잡으세요!!"

기적처럼 원심이의 손을 잡은 아버지는 순식간에 서방정토 극락세
계에 하품하생 하게 되었다. 동생 스님이 아니었다면… 아이쿠. 이
런 상황을 보고 나니 무심이는 원심이가 고마워졌다.

"정말 고마워. 원심아! 그런데 궁금한 게 하나 있어. 극락이 뭐 하
는 곳이야? 지옥이나 인간 세상보다 좋은 곳이야?"

"네 삼촌이 스님인데 무심이 너 정말 불교에 대해 무심하구나? 격
정 마. 이 원심님이 친절하게 알려줄 테니까!"

우주은행의 계좌이체

무심이의 아버지는 범죄자였다. 착한 일을 하기는커녕 오히려 남에
게 해악을 끼치는 범죄를 많이 저지른 악업 범부였다. 그렇기에 그
는 그동안 쌓아놓은 행위의 저장고인 우주은행 잔고가 마이너스였
다.

악업을 많이 저질러 쌓아놓은 공덕과 복덕의 합이 적을수록 살아
있을 때는 지옥과 같은 고통스러운 마음으로 살 가능성이 높고, 죽

어서는 지옥에 갈 가능성이 지극히 높아진다. 그래서일까? 자신은 범죄를 저질러 감옥살이를 하게 됐고, 아내는 어려운 살림에 자식을 키우기 힘들다는 이유로 아들을 버렸다. 이후 술에 취해 세상을 한탄하며 살다가 위암으로 죽었으니 무심이 아버지는 지옥 같은 삶을 산 것이다.

무심이 아버지에게는 아주 큰 행운이 하나 있었는데 동생이 출가를 해 스님이 되었다는 것이다. 이 엄청난 행운으로 임종 순간에 동생 스님이 자리를 함께 해주었다. 또한 극락왕생에 대한 원심을 일으키도록 유도해주었고, 나무아미타불 염불을 간절한 마음으로 함께 했다.

이것은 마치 우주은행의 계좌이체와 같은 현상으로 동생 스님의 지혜로운 신심 공덕이 그에게 이체된 것이다. 또한 아미타부처님의 명호를 열 번 간절히 염불하여 아미타부처님의 자비로운 본원력의 공덕이 어마어마하게 이체되었다.

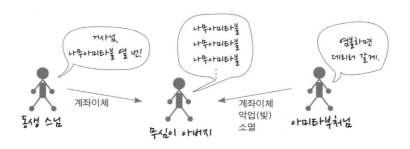

생전의 성향을 고려해 보면 그는 도저히 염불을 따라 할 사람이 아니었다. 하지만 그가 염불을 따라 할 수 있도록 도운 동생 스님의 공덕과 나무아미타불 염불을 한마음으로 스스로 한 공덕에 의해 수많

은 생 동안 지어놓은 악업의 빚이 한순간에 청산되었다. 그로 인해 아미타부처님의 영접 순간이 다가온 것이다.

악업 범부의 지옥 같은 마음을 환희심으로 변화시키고 숨이 끊어진 무심이 아버지는 아주 잠깐 생전에 누려보지 못한 밝은 본성의 빛 속에서 편안함을 느꼈다. 하지만 그 순간 시작된 무심이의 울음에 그는 천둥번개 소리와 피고름 우박의 환상을 경험했다.

마음이 산란해지기 시작하자 환희로움은 사라지고 지옥 같은 마음의 습관들이 깨어나기 시작했다. 그는 잠깐 사이에 극락중생에서 지옥중생으로 찰나윤회했고 이후 중음신의 기간을 지나 지옥으로 생사윤회하여 고통을 받게 된 것이다.

염불의 무한한 공덕

나무아미타불 염불의 공덕이 얼마나 크길래 범죄를 저지른 사람조차 극락에 왕생할 수 있는 기회를 가지게 되는 것일까?

공덕은 인간의 눈에는 보이지 않는다. 만약 당신이 선정 수행을 통해 삼매의 힘이 생긴다면 신통력이 나타나 공덕의 크기를 알 수도 있다. 또는 윤회의 속박을 끊어버리는 공성의 진리를 체득했다면 지혜의 눈으로 공덕의 크기를 알 수 있을 것이다. 그리고 이렇게 수행을 통해 스스로 알게 되는 것이 가장 큰 확신을 가지도록 해준다.

하지만 아직 수행이 미진한 범부들이 이렇게 불가사의한 일에 대해서 믿음을 가지려면 삼보에 의지하는 것이 가장 좋은 방법이다. 부처님이나 가르침을 담은 경전, 수행을 통해 진리를 깨달으신 고승들의 말씀에 의지해서 이 불가사의한 일을 비추어보면 나름의 이해와 믿음이 생기기 때문이다.

나무아미타불 염불의 공덕은 아미타부처님의 본원력에 의해서 생기게 되었다. 본원력을 표현하는 것이 바로 극락세계의 설계도인 〈무량수경〉의 48대원이니, 이 중 명호와 관련된 내용을 살펴보면 그 공덕을 알 수 있을 것이다. 48대원 중 명호의 공덕과 관련된 내용은 총 13가지인데 이러한 점을 미루어볼 때 아미타부처님 명호의 중요성을 예측해볼 수 있다.

극락세계는 이미 10겁 전에 완성되었다고 〈무량수경〉에서 말하고 있다. 따라서 48개의 약속도 모두 성취된 것이고 아미타부처님 명호의 공덕도 완성된 것이 부처님 말씀에 의지하여 증명된다. 48대원에 나타난 아미타부처님의 명호의 공덕을 살펴보면 다음과 같다.

① 무한한 부처님들이 아미타부처님의 명호를 찬탄한다.(제17원)

② 임종 시 나무아미타불 염불을 열 번 하면 극락왕생할 수 있다.(제18원)

③ 명호를 듣고 극락왕생하고자 하는 모든 중생은 왕생하게 된다.(제20원)

④ 명호를 듣는 여인들은 원하는 몸으로 왕생한다.(제35원)

⑤ 명호를 듣는 보살님들은 수행을 이어나가 반드시 성불하게 된다.(제36원)

⑥ 명호를 듣는 중생들은 천신과 인간의 공경의 대상이 된다.(제37원)

⑦ 명호를 듣는 보살님들은 육근이 원만하고 불구자가 되지 않는다.(제41원)

⑧ 명호를 듣는 보살님들은 청정한 해탈삼매를 얻는다.(제42원)

⑨ 명호를 듣는 보살님들은 내생에 존귀한 집에 태어난다.(제43원)

⑩ 명호를 듣는 보살님들은 모두 환희심을 내고 선근 공덕을 갖춘다. (제44원)

⑪ 명호를 듣는 보살들님은 모든 부처님을 친견하는 삼매를 얻는다.(제45원)

⑫ 명호를 듣는 보살들님은 불퇴전의 자리에 이르게 된다.(제47원)

⑬ 명호를 듣는 보살들님은 음향인과 유순인, 그리고 무생법인을 성취한다. (제48원)

이 모든 공덕이 나무아미타불 염불에 이미 갖추어졌다는 사실은 아주 의미가 깊고 중요하다. 염불만 해도 환희심이 나고 천신과 인간의 공경이 대상이 된다는 것은 이생의 행복을 말하는 것이다. 염불만 해도 내생에 불구자가 되지 않고, 존귀한 집에 태어나며, 원한다면 극락에 왕생할 수 있다는 것은 내생의 행복이 보장된다는 것이다. 염불만 해도 선근 공덕을 갖추고, 다양한 삼매를 얻으며, 불퇴전의 자리에 이르러 반드시 성불하게 된다는 것은 궁극의 행복을 보장한다는 것이다. 이렇게 염불만 해도 이생의 행복, 내생의 행복, 궁극의 행복이 모두 성취되는 아미타부처님의 명호를 과연 어떤 부처님이 찬탄하지 않을 수 있겠는가! 〈예념미타도량참법〉에서는 염불의 공덕에 대해 이렇게 말한다.

마음이 부처님의 경계를 인연하여 항상 생각해 잊지 않고 입으로 부처님의 명호를 칭명하면 안팎이 상응하여 나무아미타불 염불 한 번에 80억 겁의 악업을 면할 수 있고 80억 겁의 훌륭한 공덕을 성취할 수 있다.

경전의 말씀에 의지하여 염불의 공덕을 살펴보는 것도 중요하다. 하지만 이에 더해 객관적인 연구를 하는 과학자의 의견을 들어보면 다른 방식으로 이해할 수 있고 다른 방식으로 확신을 가질 수 있지 않을까?

인간의 의식에 관한 객관적 연구의 권위자인 데이비드 호킨스 박사는 〈의식혁명〉에서 인간이 머물고 있는 의식에 따라 달라지는 힘을 빛의 세기로 표현하고 있다. 그리고 그 빛을 1부터 1000까지의 숫자로 표현하기 위해 상용로그(log)를 활용하였는데, 숫자 1의 차이는 사실 빛의 세기 10배의 차이다. 인간의 어두운 면이 극대화된 수치심이라는 의식의 수치는 20이다. 반면 밝은 면이 극대화된 깨달음의 경우 의식의 수치는 1000이다. 이 둘은 980의 빛 차이가 있는 것이 아니라 로그이기 때문에 10뒤에 0을 980개 붙인 만큼 차이가 나는 것이다.

인간의 육체라는 그릇은 담을 수 있는 빛의 양이 의식수치 1000으로 제한되어 있다. 석가모니부처님이 살아계실 때의 깨달음은 육체의 한계에서 벗어날 수 없었기에 유여열반(有餘涅槃)이라고 표현되고 깨달음의 빛의 양을 의식수치로 표현한다면 1000이었을 것이다.

하지만 육체적 한계에서 벗어나는 죽음과 함께 무여열반(無餘涅槃) 하신 이후 의식수치는 무한대가 되었을 것이다. 본래 순수한 의식의 광명은 한계가 없고 무한하기 때문이다. 즉, 아미타부처님은 육신의 한계에 갇혀 있지 않기 때문에 의식의 빛의 힘이 무한대라는 말이고, 이것이 무량광불이라는 명호로 나타나고 있는 것이 아닐까?

나무아미타불 염불을 하는 것은 이렇게 무한한 빛의 존재인 아미타부처님을 마음으로 생각하고, 입으로 찬탄하고, 몸으로 공경하여 삼업을 일심으로 모으는 행위다. 이렇게 하나가 된 신구의 삼업의 열쇠는 꽉 닫힌 우리의 어두운 의식의 빗장을 열어 언제 어디에나 존재하는 아미타부처님의 무량한 광명을 경험하도록 한다.

어릴 적 누구나 시도해봤을 돋보기 놀이를 기억하는가? 태양빛을 돋보기로 받는 놀이로 돋보기의 초점이 맞춰지면 종이 정도는 금방 불붙일 수 있다. 천에 초점을 맞추면 옷을 태울 수도 있고 피부에 초점을 맞추면 화상을 입을 정도로 그 빛의 세기가 강렬하다. 조그만 돋보기에 들어오는 빛을 모아도 그 정도의 위력인데 거대한 크기의 돋보기를 쓴다면 그 빛이 얼마나 강력한 위력을 발휘할까?

나무아미타불 염불은 빛을 모으는 돋보기이고, 아미타불의 무한한 광명은 돋보기에 비치는 빛이다. 여기에 중생의 간절한 일심이 돋보기의 초점을 맞추면 나무아미타불 열 번에 수많은 악업이 순식간에 타버리고 무한한 공덕이 성취되는 것은 당연한 일이다.

만약 삶의 고통에 지쳤다면 나무아미타불 염불에 의지하자. 만약 이생의 행복을 얻고 싶다면 역시 나무아미타불 염불이 답이다. 내생의 행복, 궁극의 행복! 이고득락하고 싶은 모든 중생은 수없는 불보살님들이 찬탄하시는 아미타부처님의 명호에 의지하는 것이 현명한 길일 것이다.

보고 싶은 대로 보는 세상

해인사에서 인연 되었던 노스님을 찾아뵌 적이 있다. 차를 마시고 있는데 젊은 여인이 노스님을 뵈러 왔다. 딱! 앉을 때부터 얼굴에 수심이 가득했는데 역시나 고통스러운 이야기를 풀어놓았다.

그녀는 삼년 전에 결혼하고 싶은 사람의 사진을 들고 노스님께 괜찮은지 여쭈러 왔다. 사진을 본 노스님께서 '절대 결혼하지 말아라! 3년 안에 찢어질 가능성이 높다.'라고 친절히 조언을 해주셨는데 '네….'라고 대답하고는 돌아가서 그냥 결혼을 해버렸다. 그래놓고는 3년이 지난 지금 아이를 낳고 남편과 이혼한 상태에서 노스님에게 찾아와 원망하는 말을 하는 것이다.

"스님, 그때 머리끄덩이라도 잡아서 말려주셨어야죠. 저 이제 어떻게 살아요?"

다양한 질문을 가지고 찾아오는 사람들을 만날 때마다 생각한다. '조언을 해줘도 어차피 자기 마음대로 할 거면서 왜 질문을 할까?' 대부분의 경우, 같이 고민해도 결국은 자기가 생각하던 대로 행동을 하는 경우가 많다는 걸 경험을 통해 알게 된 것이다.

사실 스님들께, 스승님께, 멘토에게 질문을 하는 것은 그가 자신보다 지혜롭다는 전제 하에서 이루어져야 한다. 혹시 자신의 의견과 다른 조언을 듣더라도 그 말을 따르거나 최소한 고려해보겠다는 의지를 가지고 질문해야 하는 것 아닐까?

지혜로운 이의 눈에는 명확히 보이는 것이 그렇지 못한 이에게는 보이지 않는 경우가 왕왕 있다. 젊은 여인이 황금빛 미래로 봤던 결혼 생활이 노스님에게는 가시밭길로 보였듯이 말이다. 전도몽상으로는 사실을 확인할 수 없을뿐더러 또한 자기 생각에 견고히 사로잡혀 있으니 다른 의견을 받아들이기 어려운 것이다. 살아생전에 사람들이 이렇게 뒤집어진 생각을 가지고 있다면 사후 역시 마찬가지 아닐까?

〈티베트 사자의 서〉를 현대적으로 해석한 〈평화로운 죽음 기쁜 환생〉을 보면 사후의 존재인 중음신(中陰身)은 자신의 아뢰야식에 따라 다음 생에 태어날 곳을 결정하게 되는데 색깔을 보고 스스로 선택한다고 한다.

6도는 상징하는 빛깔들이 각각 있는데 천상계는 하얀색, 아수라계는 붉은색, 인간계는 푸른색, 축생계는 초록색, 아귀계는 노란색, 지옥계는 흐릿한 회색이라고 한다. 누구나 고통을 멀리하고 행복을 원하듯 본능적으로 지옥, 아귀, 축생보다는 천상으로 태어나고 싶어 한다. 만약 천상과 지옥을 선택하라고 하면 누구나 순백인 천상의 길을 선택할 것이다. 그런데 왜? 왜! 지옥을 선택하는 것일까?

〈신과 함께〉라는 만화가 있다. 중국불교적 사후 세계관을 바탕으로 영가(靈駕)가 10대왕을 만나 심판을 받는 과정에 대한 에피소드를 담고 있다. 남녀노소 폭넓은 대중에게 사랑받게 된 만화를 읽다 보면 어느새 사람들은 이런 생각을 하게 된다.

'아! 착하게 살아야겠다!'

〈신과 함께〉에서도 영가들이 자신의 다음 생을 결정하는 순간에 스스로 문을 고르게 하는 장면이 나온다. 그런데 참으로 이해할 수 없는 희안한 일이 벌어진다. 정말 많은 존재들이 스스로 지옥의 문을 열고 들어가는 것이다. 이들이 자신의 악업을 참회하기 위해 자진해서 고통 속으로 들어가는 것일까? 아니다. 절대 아니다! 벗어날 수 있는 고통에서는 필사적으로 벗어나기 위해 노력하는 것이 중생의 본능이다. 그런데 왜! 왜 지옥을 선택하는 것일까?

보고 싶은 대로 보는 중생의 특징이 사후에도 그대로 적용되기 때문이다. 아뢰야식의 특징에 따라 이미 끝없는 찰나윤회를 거듭하며 그 존재가 경험하는 세계가 결정되고 있다. 자신이 보는 세상, 경험하는 세상의 틀이 아뢰야식에 의해 결정되는 것이다.

중음신의 아뢰야식 특징에 따라 바라보는 빛깔의 색이 달라진다. 지옥의 특징을 가진 중음신은 지옥의 흐릿한 회색빛을 천상의 하얀색으로 보고 천상의 하얀색은 지옥의 회색빛으로 거꾸로 본다. 가시밭길이 황금빛 미래로 보이는 전도몽상처럼 말이다. 슬프게도 10대왕의 간곡한 설득과 선지식의 자비로운 안내에도 불구하고 중생들은 스스로를 원수처럼 지옥에 가두어버리니 정말 안타깝고 안타까운 일이다.

중생은 고통에서 벗어나기를 바라면서도
오히려 고통의 원인들을 향해 달려가고
행복을 바라면서도 무지하기 때문에
행복의 원인들을 원수처럼 물리치나이다. 〈입보살행론〉

지옥과 극락의 롤러코스터

무심이 아버지는 동생 스님의 공덕과 스스로의 십념왕생 공덕, 그리고 아미타부처님의 본원력의 공덕으로 환희로운 최후심의 상태로 죽음을 맞이해 극락행이 유력한 중음신이 되었다. 즉, 아뢰야식의 오염된 악업의 세력이 물러가고 깨끗한 선업이 꽃을 피운 안정된 상태가 된 것이다.

하지만 무심이의 울음이 그의 마음을 흔들었고, 그 사이 습관처럼 다시 악업 범부의 아뢰야식이 주도권을 잡아버렸다. 생전의 악업력은 무심이 아버지를 지옥중생으로 찰나윤회시켜 버렸으니 그의 눈에 아미타부처님이 황금빛 미래로 보였을 리 없다. 산처럼 거대한 야차가 자신을 내려치기 위해 몽둥이를 휘두르는 환상을 본 그는 도망쳐 버렸다. 아미타부처님으로부터 멀리, 극락세계로부터 멀리. 그리고는 너무나도 익숙한 흐릿한 회색 빛깔을 하얀색 광명으로 착각하며 지옥으로 들어간 것이다.

이 지옥에서 받는 고통은 상상을 초월하는데 한순간의 잘못된 선택이 오랜 세월 동안 피할 수 없는 고통을 낳는 것이다. 〈자비도량참법〉에서 지옥의 성향을 가진 중음신이 지옥을 선택해서 들어가 겪는 고통을 다음과 같이 묘사한다.

5역죄를 지은 사람이 참괴한 생각도 없이 5역죄를 짓고 그 탓으로 임종할 때에 18개의 바람칼이 몸을 찢으면 뜨거움을 못 이겨 이렇게 생각한다. '좋은 꽃이 만발한 서늘한 나무 그늘에서 놀면 좋지 않겠는가!' 그러자 아비지옥의

8만 4천의 칼숲들은 보배 나무로 변화하여 꽃과 열매가 무성하게 정리되어 앞에 있고, 뜨거운 불길은 연꽃으로 변화하여 그 나무 아래에 있게 된다.

죄인이 그것을 보고 이렇게 말한다. '내가 소원하던 것을 이제 얻었다!' 이렇게 말하자마자 소나기보다 더 빠르게 연꽃 위에 앉게 되고, 앉자마자 쇠로 된 부리 가진 벌레들이 불타는 연꽃에서 나와 뼈를 뚫고 골수로 들어가서 염통과 뇌에 사무친다. 나무 위로 도망가면 칼로 된 모든 가지가 살을 깎고 뼈를 뚫으며 무량한 칼 숲이 위로부터 내려오고, 아래로 도망가면 불타는 수레와 숯화로 등 18가지 괴로움이 한꺼번에 와서 들이닥친다. 이러한 고통이 말로 표현하는 것보다 백천만 배나 더 되는데 이렇게 다섯 겁이 차도록 고통을 받게 된다.

무심이 아버지는 임종 시 염불 공덕으로 극락으로 올라가다가 악업 범부의 업력에 이끌려 지옥으로 떨어져버렸다. 지옥행 롤러코스터를 타고 급격히 하강한 것이다. 얼마 후 지옥에서 극심한 고통을 받던 그에게 동생 스님의 파지옥진언의 소리가 지옥 탈출의 기회를 만들어줬다. 그는 이 기회를 살려 원심이의 도움을 받아 극락왕생하게 되었으니 극락행 롤러코스터를 타고 급격히 상승한 것이다. 윤회의 롤러코스터를 타고 극락과 지옥을 오갔던 무심이 아버지는 극락에서 어떤 경험을 하게 될까?

가피를 받는 방법

우주에는 인간의 상상을 초월하는 거대한 마음이 있다.
-아인슈타인-

티끌보다도 더 작은 미립자는 법계의 모든 것을 알고 있다. 미립자로 이루어진 인간 역시 지금 이 순간 법계의 모든 것을 알 수 있다. 하지만 삼독심에 사로잡힌 인간은 눈 뜬 장님과 같이 알지 못하지만 번뇌로부터 완전히 자유로운 부처님은 법계의 모든 것을 알고 있는 일체지를 가지고 있다. 즉, 일체지는 미립자가 가진 본래의 능력이고 그것을 완전히 꽃피운 분이 바로 부처님인 것이다.

미립자는 어떻게 모든 것을 아는 능력을 가지고 있는 것일까? 부처님은 〈열반경〉에서 이 법계의 모든 존재는 모두 불성을 가지고 있다고 밝혔다. 그렇다면 미립자 역시 불성을 가지고 있는 것이다. 이 불성이 모든 것을 알고, 무엇으로도 변화할 수 있는 미립자의 근본이고, 극락세계의 묘한 장엄의 근본이 된다.

唯願無盡三寶 大慈大悲 受我頂禮 冥熏加被力
願共法界諸衆生 自他一時成佛道

다함없는 삼보께서는 큰 사랑과 연민으로

저의 예배를 받아주소서.

삼보님의 가피력으로 온 우주의 모든 중생들이

함께 성불하기를 간절한 마음으로 발원합니다.〈예불문〉

고요한 새벽 산사를 깨우는 아침 예불에 참석한 한 불자가 간절한 마음으로 엎드린 채 부처님에게 하는 발원이다. 부처님의 가피력을 받아 부디 모든 중생이 다 함께 성불할 수 있기를 발원하는 마음이 담겨 있다.

여기서 가피력이란 것은 무엇일까? 국어사전에서는 '부처님이나 보살님이 자비(慈悲)를 베풀어 중생을 이롭게 하는 힘'이라고 정의하고 있다. 이를 좀 더 쉽게 설명해보면 중생이 원하는 소원이 있으면 그것을 부처님이 들어주는 것이 가피력인 것이다. 용수보살은 〈대지도론〉에서 이러한 부처님의 가피력에 의문을 제기한다.

"시방에 한량없는 부처님과 보살님들이 있다면 지금 중생들은 삼악도에 빠진 이가 많은데, 어찌하여 오시지 않는가?"

용수보살은 이렇게 답한다.

"중생들의 죄가 무거운 까닭에 비록 부처님과 보살님들이 온다 해도 보이지 않는 것이다. 또한 법신인 부처님은 항상 광명을 놓고 항상 법을 설하지만, 죄 때문에 보이지도 들리지도 않는다. 비유하건대 해가 떠도 눈이 먼 이는 보지 못하고, 우레가 천지에 진동하여도

귀가 먹은 이는 듣지 못하는 것과 같다. 이와 같이 법신은 항상 광명을 놓고 항상 법을 설하건만 한량없는 겁의 죄가 두텁고 무겁다면 중생들은 보거나 듣지 못하는 것이다. 밝은 거울과 맑은 물에 얼굴을 비추면 곧 보이고, 때에 가리거나 맑지 못하면 보이지 않듯이 중생들의 마음이 청정하면 곧 부처님을 보게 되고, 마음이 맑지 못하면 부처님이 보이지 않는다. 또한 이제 실제로 시방의 부처님과 보살님들이 와서 중생을 제도하지만 보이지 않을 뿐이다."

부처님은 중생을 사랑하는 마음으로 항상 가피력을 주려고〔加〕 한다. 하지만 중생이 삼독심에 눈이 멀어 가피력을 받으려〔被〕 하지 않는다.

지장보살님이 지옥문으로 들어가려는 지옥중생을 향해 '지.장.보.살 네 글자만 말하면 내가 지옥에서 건져주리라!' 하고 간절히 외치지만 모든 지옥중생이 네 글자를 외치지 않아 지옥으로 그대로 입장한다고 한다. 그 모습을 바라보는 지장보살님은 안타까움에 항상 눈물을 흘린다. 중생에게 가피력을 주지만 받아주지 않는 중생을 바라보는 지장보살님의 중생을 향한 지극한 짝사랑의 마음이 얼마나 아플까?

앞에서 우리가 살고 있는 인간 세상이 극락세계라고 말했다. 그런데 부처님은 극락세계가 인간 세상에서 멀리 떨어진 서쪽에 있다고 〈무량수경〉에서 말씀한다.

"법장보살은 이미 성불하여 서쪽 나라에 있는데, 그 부처님의 이름을 아미타부처님 혹은 무량수불이라 하며 그 나라는 십만억의 나라를 지난 먼 나라로서 극락세계라 하느니라."

무려 10만억 개의 나라를 지나야 도착할 만큼 극락세계는 인간 세상에서 멀리 떨어져 있다고 말씀하는 진짜 의미는 무엇일까? 10만억 국토를 지나는 거리는 도대체 얼마나 되는 것일까? 이곳이 그대로 극락세계라면 전혀 떨어져 있지 않을 텐데 부처님은 왜 이런 말씀을 한 것일까?

먼저 10만억 국토라는 거리를 현대의 거리 개념으로 환산해보면 150억 광년(光年 : 빛의 속도로서, 1광년은 빛이 1년 동안 나가는 거리인데 약 9조 4670억 km에 해당함)에 해당된다고 중국의 관정스님은 말한다. 〈극락은 있다〉에서 관정스님은 1967년 10월 25일 관세음보살님의 인도로 극락세계를 다녀왔다고 한다. 극락을 안내해주던 관세음보살님에게 관정스님은 '10만억 국토라면 인간 세상에서 얼마나 떨어진 거리입니까?'라는 질문을 했고, 관세음보살님은 150억 광년이라고 대답을 해주었다고 한다. 더 궁금해지지 않는가? 극락세계는 무한하기에 이 지구도 바로 극락세계임이 분명하다. 그런데 지구에서 극락세계까지의 거리가 상상조차 못할 만큼 멀고도 먼 150억 광년이라니 도대체 어떻게 된 일일까?

아미타부처님의 무량한 광명은 어디에나 있다. 그렇기에 우리 모두를 24시간 365일 항상 비춰준다. 그 자비롭고 청정한 지혜광명이 우리를 비추고 있지만 우리는 그것을 보지 못하고 가피력을 받지 못한다. 인간이 가진 고유한 감각기관의 한계와 번뇌에 속박된 의식으로 인해 찬란하고 아름다운 불성의 빛을 보지 못하는 것이다.

〈무량수경〉에서 부처님이 인간 세상과 극락세계가 10만억 국토만큼 떨어져 있다고 말씀한 것은 부처님의 광명을 보지 못하게 장애하는 번뇌의 두께를 의미하는 것이다.

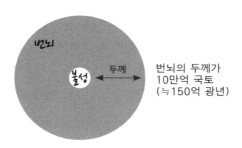

번뇌의 두께가
10만억 국토
(≒150억 광년)

　이러한 사실을 모르는 인간들은 또 이러한 오해를 한다. '내가 아무리 부처님을 사랑해도 이것은 짝사랑일 뿐이다. 부처님이 나를 바라봐주지 않으시고, 가피력을 내려주시지 않으시니 말이다!' 앞서 지장보살님의 마음이 짝사랑과 같다고 표현했다. 그리고 인간들도 본인들이 짝사랑을 하고 있다고 오해한다. 그러니 불보살님들과 중생들이 번뇌의 강으로 갈라져 서로를 짝사랑을 하고 있는 상황이다. 사랑을 줘도 받지 않는 중생을 향한 불보살님들의 짝사랑, 아무리 가피력을 달라고 기도해도 주지 않는다고 착각하는 중생의 짝사랑을 하고 있는 것이다.

　아미타부처님의 지혜광명은 무한하고, 본원력의 공덕 통장의 잔고 역시 무한하다. 사랑하는 아들인 불자의 소원은 무엇이든 들어준다. 그러니 원하는 것이 있다면 다만 마음을 모아 이야기하라. 우리는 두꺼운 번뇌의 장애만 뚫으면 된다. 행복하고 싶지만 '내가 행복할 수 있을까?'라고 나를 가로막는 의심만 뚫으면 된다. 소원을 이루기 위해 상대해야 하는 유일한 적은 스스로의 의심일 뿐이다.

이 의심을 제어하기 위한 가장 좋은 집중의 대상이 바로 나무아미타불 염불이다. 불성의 소리로 불성을 깨우는 이 간절한 수행은 번뇌로 흐트러진 마음을 하나로 모아주어 24시간 365일 항상 나를 향해있는 가피력을 받아들이도록 한다. 이렇게 될 때 서로가 서로를 짝사랑하는 이 안타까운 상황을 끝낼 수 있다. 불보살님과 중생이 모두 바라는 '우리 그냥 사랑하게 해주세요!'라는 소원이 이루어지기 위해서는 이 한 마디가 꼭 필요하다. 나무아미타불.

2장
극락은 무한 평!

무심이 이야기 6

극락에 대해 잘 알지 못하는 무심이는 극락이 어떤 곳인지 궁금해졌다.

"극락이 그렇게 좋은 곳이야?"

"당연하지! 이름만 딱 봐도 알 수 있잖아. 지극한 즐거움이 있는 곳이 바로 극락세계야."

원심이는 극락세계가 얼마나 훌륭하고 멋진 곳인지 무심이에게 홍보하기로 마음먹고 하나씩 알려주기 시작한다.

"극락세계에 가고 싶은 마음을 일으키고, 아미타부처님께 귀의하는 마음을 내면서 나무아미타불 염불만 하면 쉽게 갈 수 있는 최신상, 언빌리버블한 곳이 바로 서방정토 극락세계야. 모든 부처님들께서 극찬하신 곳이지. 6도에서 윤회하지 않아도 돼. 그곳에 일단 가기만 하면 성불은 따 놓은 당상이야! 극락세계보다 더 행복한 세계는 없을걸? 깨달음을 얻으신 분들이 수도 없이 말씀하셨는데 사람들은 왜 그렇게 의심이 많은지, 쯧쯧."

"그런데 무심이 너, 왜 죽을 뻔한 줄 알아?"

"감기몸살이 심해서 그런 거 아니었어?"

"아니 아니~지. 이 좁은 3평짜리 집에서 계속 담배 피우고 하루 종일 이산화탄소를 내뱉으면서 환기도 시키지 않으니깐 산소 부족으로 숨넘어갈 뻔한 거 아냐!"

부모님이 안 계신 무심이는 좁은 집에서 혼자 살고 있다. 추운 겨울인데 난로까지 고장이 나서 침낭 속에서 며칠째 누워만 있었더니 산소가 부족했나 보다.

"극락세계는 얼마나 넓은 지 아니?"

극락세계에 대해 아는 것이 전혀 없는 무심이는 고개를 절레절레 흔들면서 상상할 수 있는 최대의 큰 평수를 말해본다.

"천만 평 정도?"

"에이~ 무심이가 생각보다 그릇이 작구나? 극락세계는 무한 평이야!"

"무, 무한 평?"

상상할 수도 없는 개념에 무심이는 머리가 멍해졌다.

'친구네 집은 20평이어도 엄청 넓던데, 무한 평이라니 얼마나 넓은 거야?'

"인간들이 전쟁을 왜 일으키는지 알아? 서로 땅을 빼앗으려고 전쟁을 일으키는 거야. 땅이 무한히 넓다면 전쟁을 일으킬 일이 전혀 없겠지?"

극락추천사2
무한한 넓이의 극락세계

究竟如虛空　廣大無邊際
그 끝이 허공과 같아 광대함이 무한합니다.

　극락세계의 주인은 아미타부처님이다. 극락세계의 넓이가 무한하다는 것은 아미타부처님의 능력이 무한하다는 것을 보여주는 반증이다. 만약 당신이 한 나라의 왕이라고 상상해보자. 능력이 된다면 더 큰 나라를 가지고 싶지 않겠는가! 이것은 자연스러운 인간의 욕심이다. 하지만 세상의 그 어떤 왕도 능력이 제한되어 있기에 무한한 땅을 가질 수는 없다.

　마찬가지로 사람들은 능력만 된다면 3평짜리 원룸보다는 20평짜리 아파트에, 더 능력이 된다면 20평짜리 아파트보다는 펜트하우스에 살고 싶지 않을까? 이렇게 자신의 집, 자신의 나라는 가진 이의 역량에 따라 달라지는 것이다.

　amita(아미타)는 무량이라는 뜻이다. 아미타부처님의 명호는 크게 두 가지로 해석되는데 amita(아미타)에 ba(바)를 붙이면 amitaba(아미타바)로 무량광의 뜻이 되고, amita(아미타)에 yus(유스)를 붙이면 amitayus(아미타유스)인 무량수가 된다. 이 둘은 각각 무한한 광명, 무한한 수명이라는 뜻이 된다.

불교에서 광명은 일반적으로 지혜를 상징하는데 빛이 없다는 뜻인 무명이 어리석음을 상징하는 것과 대비된다. 그렇기에 무량광은 아미타부처님의 지혜가 무한함을 나타내는 명호인데 사실 모든 부처님은 근본무명을 완전히 끊은 일체지자이기에 무량광이라는 명호는 보편적이어야 한다. 하지만 아미타부처님은 48대원의 힘으로 극락세계 자체를 무한한 지혜로 장엄했고, 극락세계의 넓이를 무한하게 만들었으며, 극락중생은 반드시 성불할 수 있도록 했다. 그렇기에 무량광이라는 명호는 아미타부처님에게 가장 잘 어울리는 특수한 명호가 된 것이다.

불사의 문을 열어 윤회의 속박을 끊어버린 모든 부처님들은 윤회 속의 죽음이라는 것을 경험하지 않게 된다. 또한 시간이라는 환상에서 벗어나 무량한 수명을 가지고 있기에 무량수라는 호칭은 보편적이어야 한다. 하지만 아미타부처님은 자신의 수명이 무량한 것에 더해서 48대원을 바탕으로 극락세계에 태어나는 모든 중생도 무량한 수명을 얻게 만들었다. 이 말은 극락중생은 모두 시간이라는 환상에서 벗어나고, 윤회의 속박을 끊은 부처님이 될 수 있다는 말이기도 하다. 즉, 극락세계 전체가 시간적으로 무한함을 나타내기에 무량수라는 명호가 아미타부처님의 특수한 명호가 된 것이다.

아미타부처님의 두 가지 대표적 명호인 무량광과 무량수는 자신만을 위한 이고득락이 아니라 극락세계에 태어나는 모든 중생들이 무량광이 될 수 있게끔 돕고 무량수를 얻게끔 만든 자비심이 돋보이는 명호라고 할 수 있다. 아미타부처님의 이러한 자비롭고 지혜로운 광명은 12가지 공덕을 갖추고 있다고 〈무량수경〉에서 말한다.

* 아미타부처님의 12가지 별명호
  ① 무량광불(無量光佛) : 아미타부처님의 광명은 크기가 무한한 공덕을 갖추고 있다.
  ② 무변광불(無邊光佛) : 아미타부처님의 광명은 법계 끝까지 두루 빛내는 공덕을 갖추고 있다.
  ③ 무애광불(無礙光佛) : 아미타부처님의 광명은 어떤 장애에도 걸림 없이 모든 곳을 비출 수 있는 공덕을 갖추고 있다.
  ④ 무대광불(無對光佛) : 아미타부처님의 광명은 그 어떤 빛도 대적할 수 없는 무한한 공덕을 갖추고 있다.
  ⑤ 염왕광불(焰王光佛) : 아미타부처님의 광명은 모든 번뇌를 태우는 지혜 불꽃의 왕과 같은 공덕을 갖추고 있다.
  ⑥ 청정광불(淸淨光佛) : 아미타부처님의 광명은 번뇌의 때가 조금도 없는 완전히 청정한 공덕을 갖추고 있다.
  ⑦ 환희광불(歡喜光佛) : 아미타부처님의 광명을 보거나 느끼는 모든 존재는 환희심을 느끼는 공덕을 갖추고 있다.
  ⑧ 지혜광불(智慧光佛) : 아미타부처님의 광명은 일체지의 깨달음을 바탕으로 방사되기에 완전한 지혜의 공덕을 갖추고 있다.
  ⑨ 부단광불(不斷光佛) : 아미타부처님의 광명은 끊어짐 없이 비추는 공덕을 갖추고 있다.
  ⑩ 난사광불(難思光佛) : 아미타부처님의 광명의 공덕은 생각으로는 도저히 헤아릴 수 없을 만큼 무한한 공덕을 갖추고 있다.

⑪ 무칭광불(無稱光佛) : 아미타부처님의 광명의 공덕은 말로써
   는 도저히 표현할 수 없을 만큼 무한한 공덕을 갖추고 있다.
⑫ 초일월광불(初日月光佛) : 아미타부처님의 광명은 인간세계
   를 비추는 해와 달과는 비교도 안될 만큼 뛰어난 공덕을 갖
   추고 있다.

좁은 공간이 주는 개인적 고통

화려한 스펙과 부푼 취업의 꿈을 가지고 서울에 오지만 자신을 반겨주는 곳은 좁디좁은 1평짜리 고시원 방이라면 기분이 어떨까? 미래를 꿈꾸며 가슴 설레는 삶을 살 수도 있다. 하지만 반대로 앞으로 얼마큼 치열하게 살아야 더 나은 삶을 살 수 있을지 막막할 수도 있다.

그래도 이곳을 벗어나 더 좋은 곳에 살 수 있다는 희망을 가지고 살아가지만 취직한 후에도 10평짜리 원룸을 벗어나기 힘들다. 반평생을 직장의 1평 정도의 책상 공간에서 눈물겹게 노력하여 아파트를 마련해도 삶의 터전을 지키기 위해 또 나머지 인생을 눈물겹게 살아가야 하는 현대인의 삶은 참 안타깝다.

매일 아침 수많은 직장인들이 몰려드는 지하철 안. 여유라고는 눈곱만치도 찾아볼 수 없는 부대낌이 직장이라는 전쟁터로 향하는 이들의 치열한 일상을 예고하는 것 같다. 발 디딜 틈도 없이 답답한 작은 공간의 수많은 사람들, 적은 좌석을 향한 욕망과 기댈 수 있는 손잡이 하나라도 얻고 싶은 심정들. 이러한 불편한 일이 반복해서 일어나는 이유가 뭘까? 내가 가지고 싶은 만큼 가질 수 있는 땅, 공간이 부족하기 때문이다.

넓은 땅을 향한 국가적 탐욕과 고통

18세기 중반, 증기기관 기술과 분업이라는 생산방식이 합쳐지면서 산업혁명이 일어났다. 증기기관으로 효율적인 동력 확보가 가능해졌기에 공장은 전보다 오랜 시간 힘 있게 가동되었고, 분업 시스템을 통해 개개인의 기술 부담이 줄어들어 보다 빠르게 물품이 생산되기 시작했다. 여기에 인간의 탐욕이 촉매제로 작용하니 엄청난 양의 생산품들이 쏟아져 나왔고, 이것은 곧 공급과잉 현상을 불러왔다.

영국을 예로 들자면 창고에는 신발이 산처럼 쌓여가고, 공장은 쉬지 않고 신발을 만들어내는 상황이었다. 쌓여만 가는 신발들을 어떻게 해야 할까? 처분하지 못하면 당장 경제적으로 큰 손해를 보게 되고, 공장을 가동하지 못하면 발전이 더뎌지게 된다. 탐욕이 불러온 문제 상황을 해결하지 못한다면 분노의 후폭풍도 만만치 않을 상황이었다.

산업혁명에 성공한 국가들은 이미 경제적으로 큰 성장을 이루었고, 그 돈으로 막강한 해군력을 확보했다. 해군력을 바탕으로 유럽을 제외한 다른 대륙을 정복하는 제국주의(帝國主義 ; 자국의 정치적 경제적 지배권을 다른 민족 국가의 영토로 확대시키려는 국가의 충동이나 정책)가 19세기 말부터 시작되었다.

또다시 영국의 예로 가보면 인도라는 광대한 땅을 차지함으로써 거대한 시장을 확보했다. 그들은 인도인들에게 창고에 쌓여 있는 신발을 전부 내다 팔 수 있게 되었고 수요가 많아져 신발을 더 생산할 수 있었다. 또한 빼앗은 땅에서 추출한 다양한 생산 원료들과 값싼 노동력은 보다 다양하고 많은 생산품들을 만들 수 있도록 해주었다.

땅은 모든 존재의 어머니와 같다. 인간에게 필요한 대부분의 것들을 땅에서 얻는다. 그런데 이러한 땅이 좁다 보니 인간의 탐욕을 모두 채워줄 수 없어 희소성이 생기게 된다. 희소성은 경쟁을 불가피하게 만들고, 탐욕스러운 경쟁의 과열은 분노와 원망을 불러온다. 탐욕과 분노에 눈이 멀어버린 존재는 점점 더 어리석어지기 마련이다. 즉, 땅이 좁다는 하나의 사실이 탐진치, 삼독심을 불러오는 주된 원인이 되었다는 것이다.

인간은 짐승 중에서 얼굴을 붉히는 유일한 짐승이다. 다시 말한다면 얼굴을 붉힐 필요가 있는 유일한 짐승이다. -마크 트웨인-

인간의 역사는 전쟁의 역사라고 할 만큼 끝없는 욕망의 충돌이 있었다. 세계 1, 2차 대전은 왜 일어났을까? 간단히 말하면 땅이 부족한 나라, 제국주의 경쟁에서 뒤처진 나라들이 주축이 되어 발발한 욕망의 충돌에서 일어난 것이다. 그리고 그 전쟁이 어떤 결과를 불러왔는지 살펴본다면 땅이 좁다는 것이 얼마나 큰 탐욕과 고통을 불러오는지 쉽게 알 수 있다.

히틀러의 주도 아래 유럽의 9백만 유대인 중 6백만 명이 학살당하는 참상이 2차 세계대전 중 일어났다. 아무리 복잡한 이유로 포장해도 근본을 살펴보면 더 넓은 땅과 자원을 확보하기 위한 욕망이 자리 잡고 있다는 것을 알 수 있다.

1937년 중국의 난징에서 30만 명의 사람들이 일본군에 의해 학살

당했는데 이것 역시 땅 때문이었다. 기록되어 있는 인류 역사나 현재 세계 속에서 벌어지는 상황을 조금만 관심을 가지고 살펴보면 땅이 좁아서 벌어지는 참극을 얼마든지 발견할 수 있다. 이렇게 삼독심을 자극하는 좁은 땅덩어리의 삼계보다는 땅이 무한한 극락세계가 더 좋지 않을까?

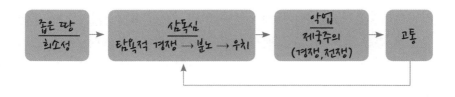

시공간의 자유를 위해 출가한 순치 황제

출가를 한 후, 어느 집에 방문하든 그곳이 작게만 느껴졌다. 해인사에서 출가해 20명은 거뜬히 생활하는 행자실, 1000명은 수용하는 공양간, 수백 명이 함께 예불 가능한 큰 법당, 수천 명이 운집해 정대불사하는 넓은 도량, 가야산을 내 집처럼 누비며 자유롭게 살았기 때문일까? 좁은 방에서 살아가던 내게 출가는 공간 감각에 대한 극적인 변화를 가져다주었다.

극락세계를 다루는 경전의 양은 엄청나게 많다. 극락에 대한 관심이 높고 극락에 대한 경전을 많이 찾고 읽으니 자연스럽게 경전의 수도 많아졌을 것이다. 또한 원효스님의 유행가인 '나무아미타불 관세음보살'로 인해 나무아미타불은 우리나라 사람 누구나 알고 있다. 이러한 상황에서 아미타부처님이 다스리는 극락세계가 어떤 곳인지 정확히 아는 불자가 드물다는 것은 참 희한한 일이다.

해탈한 아라한이 아닌 이상 죽음은 윤회 속 삶의 연장이다. 즉, 현생에서 내생으로 이사 가는 것인데 대개는 자신의 업력에 이끌려 자각 없이 이사 갈 집이 결정된다. 깨어있음의 힘으로 자기 삶의 주인이 되지 못하기 때문에 벌어지는 일이다. 좋은 집과 나쁜 집에 대한 정보가 충분하면 이 둘을 분명하게 구분할 수 있게 된다. 여기에 더해 염불수행으로 깨어있음의 힘이 갖추어지면 행복한 극락을 두고 고통스러운 지옥, 아귀, 축생인 삼악도의 집을 선택하는 사람은 없을 것이다.

중국의 마지막 왕조인 청나라의 세조 순치는 6살에 황위에 올라 24세까지 즉, 18년간 황제로 살아간다. 세조 순치에 대한 기록은 공식적으로 24세에 요절한 것으로 되어 있으나 불교계에선 24세에 출가를 했다고 기록되어 있다. 자신이 출가한 이유를 〈순치황제출가시〉로 남겼는데 먼저 그 전문을 감상해보자.

온 세상이 수행처이고 산처럼 쌓인 것이 밥이기에
발우들고 이르는 곳마다 대장부의 밥이 있네.
황금과 백옥만이 귀한 것이 아니라
생각해보면 가사 입기가 가장 어려운 일이네.

나는 중원천하의 주인이지만

나라와 백성 걱정으로 일만 번거롭고
백 년 삼만육천 날이
승가의 한나절 쉼만 못하네.

후회하고 한스럽네. 처음 한 생각으로
자주 가사를 버리고서 곤룡포를 입었네.
나는 본래 서방의 납자였는데
무슨 인연으로 제왕가에 들어섰을까.

태어나기 전에는 그 누가 나이며
태어난 나는 또한 누구인가?
자라나 사람 노릇하는 것이 나라면
죽을 때 눈 감는 나는 또한 누구인가?

백 년의 세상 일은 하룻밤의 꿈이고
만리강산을 다투어도 한판의 바둑이니
우임금은 구주를 다스리고 탕임금은 걸을 치며
진이 여섯 나라를 삼키고 한은 기틀을 마련하네.

자손들은 스스로 복을 타고나니
마소 노릇은 자손을 위함이 아니며
옛적부터 지금까지 많고 적은 중국의 영웅은
동서남북 흙구덩이에 누웠네.

올 때는 기뻐하고 갈 적에는 슬퍼하며
헛되이 인간으로 한 번 돌다 가니
오지 않는 것도 같지 않고 가지 않는 것도 마찬가지니
기쁨도 없고 슬픔도 없는 것이네.

날마다 청정한 한가로움 스스로 알게 되고
속세의 괴로움을 모두 여의며
입으로 맛보는 것은 맑은 선열이니
몸에 누더기 가사를 걸치는 것이 소원이네.

오호(五湖)와 사해(四海)의 손님 되어
부처님 도량에서 노닌다네.
임금의 자리에서 출가하기 쉽다고 하지 마라.
오랜 시간 쌓아 놓은 선근 때문이네.

18년간 지내도록 자유라곤 없었으니
강산을 뺏으려고 쉼없이 싸웠더라.
내 이제 손을 털고 산속으로 들어가니
어찌 천만 가지 근심을 할 수 있겠는가.

순치 황제의 절절한 출가의 마음이 느껴지는가? 순치 황제는 전생에 인도의 수행자였다고 한다. 세속의 왕들이 나라를 통치하는 모습이 마음에 들지 않았던 그는 수행 중에 '만약 내가 나라를 다스린다면 백성들을 더 행복하게 해줄 수 있을 텐데….'라는 한 생각을 일으켰다. 그 과보로 가사장삼을 벗어던지고 곤룡포를 입게 되었다는 것이다. 현생에 18년간 대륙을 호령하는 대국의 황제로 지냈지만 그자리는 극락이 아니었다. 나름의 노력으로 안정된 나라를 만들기 위해 노력했지만 자신의 삶은 점점 더 지옥 같았고 백성들의 근심 걱정은 더욱 높아져 갔다.

이러한 지옥 같은 삶에서 벗어나 출가의 삶을 살아보니 세속의 100년의 삶보다 출가하여 즐기는 한나절의 삶이 그에게는 더욱 소중했다. 얼으려 싸우지 않아도 온 천하가 부처님 도량이기에 어디를 가든 자유인이 되어 모두를 누릴 수 있으니 이 얼마나 좋은가!

청나라가 건국되고 세력을 넓히기 위해 전쟁이 한창이던 시기에 순치는 황제의 자리에 있었다. 그리고 대륙의 흐름에 떠밀려 많은 전쟁을 할 수밖에 없었을 것이다. '18년간 지내도록 자유라곤 없었으니 강산을 뺏으려고 쉼없이 싸웠더라.'라는 싯구를 보니 6살 어린 나이부터 영토를 넓히기 위한 정복전쟁에 사로잡혀 행복이라고는 찾을수 없었던 순치 황제의 고통이 눈에 선하다. 대국의 황제조차 자유로울 수 없었던 탐진치 삼독의 쇠사슬에 묶여 수많은 악업을 지었던 그의 과거가 눈물겹다.

땅은 항상 인간의 욕망을 자극했고, 욕망으로 인한 탐욕이 맞부딪칠 때 분노의 꽃인 전쟁이 시작되었다. 전쟁이 낳은 수많은 고통은 사람들의 눈을 멀게 하고 더욱 어리석게 만드니 땅이 부족한 것은 그 자체로 고통의 씨앗이 된다. 지구를 다 가지면 땅에 대한 욕심이 만족될까? 그러면 전쟁이 끝나게 될까?

극락세계 무한 평 작전

우리가 이사할 집을 고를 때 가장 먼저 고려하는 항목은 평수이다. 극락왕생을 바라는 사람이 가장 먼저 궁금해할 수 있는 질문도 '그 좋다는 극락세계는 도대체 몇 평이나 됩니까?'일 것이다. 결론부터 말하자면 극락세계의 집은 '무한 평'이다.

지금 우리가 살아가고 있는 인간계인 지구는 면적이 좁아서 다양한 문제가 생기고 있다. 전쟁, 환경 등의 모든 문제에서 벗어날 수 있는 작전을 아미타부처님이 구상했다. 바로 '극락세계 무한 평 작전'이다.

극락세계의 주인인 아미타부처님은 성불하기 전에는 법장비구였고, 출가하기 전에는 한 나라의 왕이었다. 큰 자비심으로 나라를 다스리던 왕은 백성을 지극히 사랑했기에 그들에게 무엇이든 원하는 것을 해주고 싶었다. 하지만 가지고 있는 땅이 유한했기에 필요한 생필품도 모자랐을 것이고, 이로 인해 다툼도 있었을 것이다. 영토 확장을 하기 위한 이웃나라의 탐욕으로부터 백성을 지키기 위해서는 전쟁도 불가피했을 것이고 그로 인해 가슴이 찢어지는 듯한 비극도 목격했을 것이다. 이러한 고통의 경험을 반영하여 법장비구는 극락세계를 구상하는 48개의 큰 서원을 세웠고, 48대원은 극락세계의 설계도가 되었다. 그리고 실제로 아미타부처님의 극락세계는 이 설계도를 바탕으로 완성되었기 때문에 법장비구의 '극락세계 무한 평 작전'은 성공을 거둔 것이다.

아미타부처님이 계신 서방정토 극락세계의 평수는 무한하다. 무한한 땅에서 중생이 원하는 것은 무엇이든 자연스럽게 얻을 수 있는 곳이기에 욕심낼 필요가 없다. 탁! 트인 시야는 항상 존재의 세계관을 허공처럼 크게 만들고, 광대한 세계관은 부처님의 교법을 스펀지처럼 받아들일 수 있는 순수함을 만든다. 무한한 땅에서 벌어지는 최고의 법문들은 혹시라도 남아 있을지 모를 극락중생의 마음속 탐진치를 완전히 씻어내는 감로수 같은 법희열을 선사한다.

　좁은 방에서 넓은 법당으로 안내해준 출가가 참 좋다. 그리고 이 비좁은 인간세계에서 이사 갈 곳, 무한 평짜리 집을 만드신 아미타 부처님에게도 정말 감사하다. 이번에 이사 갈 때는 '꼭 무한한 극락세계로 왕생하리라!' 다짐하고 이 책을 읽는 독자들에게도 간절히 권한다. 함께 극락왕생하기를 원한다면 지금 즉시 나무아미타불 열 번을 간절히 외쳐보자. 나무아미타불.

공간의 무한함의 좋은 점을 설명한 원심이는 이번에는 시간의 무한함이 얼마나 좋은지 알려주려고 한다. 석가모니부처님이 출가하기 전! 아버지인 숫도다나 대왕과 아들인 싯다르타가 출가를 두고 서로 밀당하는 상황으로 무심이를 데리고 간다.

"아들아, 전륜성왕이 되어 나와 함께 행복하게 같이 살자꾸나. 출가는 너무 힘들고 어려운 길이라 허락할 수가 없구나."

"아버님, 저에게 소원이 있습니다. 그 소원을 들어주신다면 출가하지 않겠습니다."

"그래그래, 내가 너를 위해서라면 무슨 소원이든 다 들어주마."

안심을 한 대왕에게 싯다르타는 죽지 않는 불사의 문을 열어준다면 출가하지 않겠다고 당차게 말한다. 그 소원을 들어줄 수 없는 대왕은 아무 대답도 하지 못한 채 멀어지는 싯다르타의 뒷모습만 쓸쓸하게 바라보고 있다.

이 모습을 바라보던 무심이는 구부득고에 몸서리치는 숫도다나 대왕에게서 아버지의 온정을 느끼며 그를 돕고 싶은 마음에 소리친다.

"대왕님! 극락세계가 바로 불사의 문이에요. 공간도 무한하고 시간도 무한하고 수명도 무한해서 짱이에요!"

하지만 이 소리가 숫도다나 대왕에게 닿을 수는 없었다. 그렇게 석가모니부처님의 출가는 암묵적으로 허락된 것이다.

숫도다나 대왕은 사랑하는 아들 싯다르타가 출가를 할까 봐 항상 전전긍긍했다. 석가족의 보름달이라고 불리며 모든 백성에게 존경받는 뛰어난 재능을 가진 왕자가 자신의 뒤를 이어 석가족을 다스리고 나아가 전 인도를 평화롭게 통치하는 전륜성왕이 되기를 바랐던 것이다. 바람대로만 된다면 아들을 위해서 무엇이든 해주려고 하는 마음이었다.

하지만 왕 역시 죽음을 피할 수 없는 범부 중생이었기에 불사의 문을 여는 것은 불가능한 일이었다. 무량수를 얻는다는 것, 영생을 가진다는 것! 진시황제를 비롯하여 수많은 존재들이 원했던 영생을 극락세계에서는 태어나는 것만으로 얻을 수 있다. 또한 태어나는 방법도 극락에 태어나기를 바라는 원심과 나무아미타불 열 번이면 가능하다니 이 얼마나 쉽고 큰 혜택인가!

〈관무량수경〉에서 불로장생을 발견한 담란스님

중국의 고승 담란(曇鸞)스님은 인도 용수보살의 중관사상과 〈열반경〉의 불성을 평생 연구한 수행자였다. 공성의 진리가 가진 자유로움과 불성의 진리가 가진 대긍정의 환희가 젊은 시절의 담란스님을 기쁘게 하였기에 그만큼 치열하게 수행하였다.

담란스님은 50세가 되었을 때 병에 걸렸다. 오랜 세월 열심히 수행했음에도 불구하고 환상과도 같은 병에 대한 고통조차 스스로 해결하지 못하자 실망감이 아주 컸다. 생사의 문제를 해결하지 못한 담란스님은 생로병사의 고통이 두려웠고, 해결 방법을 찾기 위해 불법이 아닌 다른 길을 찾게 된다.

신선법을 배우기 위해 도사인 은거(隱居)를 찾아갔고, 마침내 불로장생을 위한 〈선경(仙經)〉열 권을 받았다. 담란스님은 그가 살던 낙양으로 돌아가는 길에 우연히 보리류지(菩提流支)스님을 만나게 되었다. 담란스님은 역경가로써 그의 명성을 익히 알고 있었고, 또한 승려로써 신선도에 의지하는 것이 부끄러웠기에 보리류지스님에게 이렇게 질문한다.

"중국의 〈선경〉보다 훌륭하며, 늙지 않고 오래 사는 법이 담긴 부처님 경전이 있습니까?"

그러자 보리류지스님이 대답한다.

"당치도 않은 말을 한다! 〈선경〉은 〈관무량수경〉과 감히 비교조차 할 수 없다! 〈관무량수경〉은 대신선인 세존의 법이다. 이 경에 의지해 수행하면 생사를 해탈할 수 있을 것이다!"

담란스님은 그 자리에서 〈관무량수경〉을 읽고는 크게 기뻐하며 〈선경〉을 모두 불태워버리고 대발심으로 정진하였다고 하니 그 진리의 깊이와 무량수의 이익이 매우 큼을 알 수 있다. 불로장생을 간절히 꿈꾸었던 진시황이 부처님의 가르침인 〈관무량수경〉을 알았다면 700여 년의 역사를 뚫고라도 이 최고의 불로장생법을 찾아오지 않았을까?

지금 여기가 극락?!

극락세계가 무한 평이라면 뭔가 좀 이상하지 않은가? 무한하다는 의미는 법계의 공간 전체를 뜻하는 것이기에 우리가 살고 있는 지구 역시 무한의 범위에 속하는 것이다. 그렇다면 이 지구도 극락세계라는 것인데 도대체 왜 여기는 고통스러운 삼계일 뿐이고 극락세계는 아닌 것일까? 만약 이 모순을 해결하지 못한다면 극락세계가 무한 평이라는 말은 거짓이 된다.

단도직입적으로 말하자면 극락세계는 무한 평이 맞다. 〈무량수경〉에서 '무량수불의 광명은 너무도 찬란하게 빛나서, 시방세계의 모든 불국토를 비추어 미치지 않는 데가 없고, 그 명성이 떨치지 않은 곳이 없나니, 그래서 나만이 그 광명을 찬탄하는 것이 아니고, 모든 부처님과 성문, 연각, 보살들도 또한 다 한결같이 찬탄하느니라.'라고 말씀하는 것처럼 무량수불의 광명이 무한하다는 것은 국토가 무한 평이라는 것이다.

그렇기에 지금 우리가 살아가는 인간세계도 극락세계가 맞다. 다만 인간이 가지고 있는 6근이 극락세계를 사바세계로 변화시키는 마법을 부릴 뿐이다. 예를 들어 온 세상이 밝게 빛나는 아름다운 세계가 있다고 하자. 이 세계가 아무리 밝아도 눈에 시꺼먼 선글라스 하나만 착용하면 그 세상은 단번에 흑암지옥처럼 어두워진다.

극락세계를 포함하여 모든 법계는 연기공성(緣起空性)의 모습이다. 만물이 상호 연결되어 고정된 모습 없이 끊임없이 변화하는 이 법계에서 중생들이 자신의 6근을 바탕으로 각자 다른 경험을 하며 살아가는 것이 육도윤회의 모습인 것이다. 예를 들자면 인간에게 물은 마시거나 씻는 것으로 인식되지만, 물고기에게는 살아가는 공간으로 인식된다. 이에 반해 아귀에게는 물이 자신의 몸을 태우는 불로 인식되고, 천상의 존재에게는 물이 딛고 설 수 있는 땅으로 인식된다. 똑같은 물이라도 6근에 따라 경험이 모두 다르니 이러한 원리가 법계에 적용되고 있다.

지금 이곳에 윤회하고 있는 여섯 가지 세계가 모두 있고 극락세계도 존재한다. 시간과 공간이라는 환상, 6근의 환상에서 벗어난 존재에게는 차별이 없을 것이다. 아미타부처님과 극락에 태어난 중생의 6근은 청정하기 때문에 무한한 극락세계를 인식할 수 있다. 하지만 인간은 감각기관이 가진 한계 속에 갇혀 이를 인식하지 못하는 것뿐이다.

극락세계는 연기공성을 갖추고 있는 기세관과 연기공성을 인식할 수 있는 청정한 지혜를 갖춘 중생세간이 어우러져 지극한 행복을 누리게 된다. 반면 인간 세상을 비롯한 삼계는 번뇌로 연기공성이 가려져버린 기세간과 그 번뇌로 오염된 육근을 가진 중생세간이 어우러져 지극한 고통을 경험하는 곳이 된다. 같은 곳에 있지만 완전히 다른 경험을 하는 아이러니한 모습이다.

극락세계는 무한 펼이기에 지금 숨 쉬고 있는 이곳이 바로 극락이다. 이 말은 굉장히 희망적인 메시지를 품고 있는데 중생이 스스로 만든 번뇌의 속박에서 벗어나는 순간 다른 어딘가로 갈 필요 없이 발 딛고 서있는 그곳에서 지극한 행복을 맛볼 수 있다는 반증이기 때문이다. 지금도 아미타부처님의 자비로운 지혜광명은 24시간 365일 중생을 환희 비추고 있다. 우리가 발심하고 염불수행하여 번뇌 너머에 있는 자신의 불성의 빛을 발견해주기를 기다리고 있다.

'삶을 극락처럼! 죽음을 평화롭게! 환희롭게 왕생하도록!' 아미타부처님의 자비로운 지혜광명과 상응하는 극락염불, 아미타부처님의 가피력을 경험하는 극락염불을 삶의 좋은 습관으로 받아들여야 할 것이다.

3장
극락의 본성은 청정함

무심이 이야기 8

아직 극락세계에 대한 감이 잘 오지 않자 무심이는 극락세계 이야기를 더 해달라고 원심이를 졸랐다.

"그래, 공부를 이 좁은 방에서만 하면 재미없지! 지금 우리에겐 야외학습이 필요해!"

원심이가 이번에는 무심이를 동물원으로 데리고 간다.

"저기 봐. 뱀이야! 난 뱀이 무서워. 저 무서운 이빨, 송곳니에서 독이 나온대."

무심이는 멀리 보이는 뱀을 보고 괜히 몸을 움츠렸다.

"무심아, 퀴즈 하나 내 볼게. 청정한 1급수의 물을 A, B 두 동물이 마셔. A는 다른 존재를 살리고, B는 다른 존재를 죽이지. 이 두 동물이 뭔지 맞춰봐~"

"같은 물을 마시는데 어떤 동물은 다른 존재를 살리고, 어떤 동물은 다른 존재를 죽인다니. 명탐정 코난의 왕팬인 내가 그 정도는 맞춰야겠지? 돌발 퀴즈는 주변 상황과 연관성이 있기 마련이지. 음, B는 독사 같은데 A는 뭐야?"

"저기 어미젖을 먹고 있는 송아지 보이니? 바로 우유를 만드는 소가 답이야."

"같은 물이라도 누가 마시느냐에 따라 그 성품이 달라지는 거구나!"

무심이의 도 터지는 소리에 원심이는 기뻤다.

"이야~ 무심이 너 맨날 만화책만 보고 노는 줄 알았는데 내가 낸 퀴즈의 의미를 맞췄구나! 대단해!"

무심이는 갑자기 어깨가 으쓱해졌다.

"네가 살고 있는 이곳 삼계는 번뇌의 성품으로 이루어진 곳이라서 항상 고통의 꽃이 피지만 극락세계는 아미타부처님의 48대원으로 이루어진 곳이라 항상 즐거움의 꽃이 피어나. 완전 멋지지? 그런 곳이 바로 극락이야."

"이야. 끝내주는데? 극락이 더 궁금해졌어. 원심아~ 더 알려줘. 알려줘."

일체유심조, 마음먹기 나름

독사가 물을 마시면 독을 만들고 소가 물을 마시면 젖을 만들듯 지혜롭게 배우면 깨달음을 이루고 어리석게 배우면 생사를 이룬다.

원효스님의 〈자경문〉에 나오는 문장이다. 똑같은 환경에 처해도 그것을 소화해서 느끼는 경험은 사람마다 천차만별이다. 누군가는 절망적인 상황에서 행복의 꽃을 피우고, 어떤 사람은 누가 봐도 행복한 상황에서조차 고통스럽다고 울부짖는다. 무엇 때문에 이러한 차이가 생기는 것일까?

독사와 소는 같은 물을 마시고 있으니 물에는 어떠한 차이도 없다. 하지만 물이 들어가는 그 몸에는 차이가 있다. 독사의 몸과 소의 몸은 눈으로 보기에도 물론 차이가 있지만 그 속을 살펴본다면 뚜렷한 기능의 차이를 보인다. 독사는 덩치가 작은 만큼 생존을 위해 몸에 들어오는 수분을 독으로 생산해낸다. 독은 자신을 해치려는 상대를 죽이는 것이 목적이다.

소는 덩치가 크고, 성품이 온순한 초식동물이다. 자신에게 다가오는 상대를 공격하기보다는 상생하는 방법이 필요했다. 그래서 소는 자신의 몸에 들어오는 물을 새 생명을 키울 수 있는 영양분 많은 우유로 만들어낸다.

독사와 소는 몸과 마음 모두 차이가 있다. 독을 만들어내는 뱀은 이기적인 몸이고, 우유를 만들어내는 소는 이타적인 몸이다. 그리고 이러한 몸의 차이를 만들어내는 근본은 바로 마음에 있다. 독사는 자신을 보호하기 위한 독기를 활용하고, 소는 상생과 양육을 위한 생기를 활용한다.

원효스님과 의상스님이 불교의 선진 학문을 배우기 위해 일종의 엘리트 코스인 당나라로 유학을 떠나는 길이었다. 신라에서는 불교의 효율적인 배움과 깨달음을 위한 수행이 어렵다고 판단했기 때문이다.

해가 떨어져 노숙할 곳을 찾던 두 스님은 큰 동굴을 발견했기에 꿀맛 같은 휴식을 청할 수 있었다. 목이 말라 새벽녘에 잠이 깬 원효스님은 잠결에 근처에 있던 바가지에 담긴 물을 시원하게 마셨다. 그 감로수 같던 물은 피곤한 여행자의 생기를 되찾아주었고 다시 편안하게 잠들 수 있게 도와주었다. 그렇게 아침이 밝아왔다.

다음 여정을 위해 떠날 채비를 준비하던 원효스님은 의상스님이 해골바가지를 바라보며 '나무아미타불 극락왕생하시오.' 하고 축원을 하는 것을 보았다.

원효스님도 처음에는 아무 생각 없이 '나무아미타불 극락왕생하시오.' 하고 축원을 따라 했지만 문득 해골바가지의 위치를 보니 새벽녘의 상황과 겹쳐 보였다. '어제 시원하게 마셨던 물이 해골물? 우웩~' 토악질이 나왔다. 평화롭던 아침이 한순간 이렇게 변하다니!

마음이 안정되자 원효스님은 곰곰이 자신의 마음을 관조했다. 참 이상한 일 아닌가? 똑같은 해골물인데 아무것도 모르고 마셨을 때는 천상의 감로수였다가 해골물이라는 것을 알게 된 순간 토악질이 날 만큼 더럽게 느껴지는 이 마음의 장난질이 참 이상하지 않은가!

원효스님은 이 일로 모든 것은 마음으로부터 비롯된다는 사실을 깨닫고 당나라 유학길에서 발길을 돌려 신라로 돌아왔다고 한다. 어차피 마음먹기에 따라, 바라보는 대로 대상이 달라진다면 자신이 태어난 이 땅 신라를 불국토로 바라보면 된다는 사실을 깨닫게 된 것이다. 일체유심조의 도리를 깨달은 거룩한 순간이었다.

모든 것은 마음으로부터 비롯된다는 일체유심조의 진리는 불교의 중요한 주제이다. 삼계와 극락의 기세간과 중생세간이 모두 '마음에서 연기된 것'이라는 공통점이 있으나 '어떤 마음에서 연기되었나?'라는 점은 뚜렷이 차이 난다. 삼계는 중생들의 번뇌인 삼독심이 모여서 이루어진 세계이고, 극락은 법장비구의 본원력과 청정한 수행력이 씨앗이 되어 꽃피워진 세계이다.

즉 삼계는 번뇌에 오염되어 있는 씨앗이 근본이 된 것이고, 극락은 번뇌를 제거하는 청정한 지혜와 자비심이 근본이 되는 것이다. 사과 씨앗은 사과 열매, 배 씨앗은 배 열매를 맺듯 삼계의 번뇌는 지독한 고통, 극락의 지혜는 지극한 행복을 연기하는 것이 당연하지 않은가? 극락세계는 그 자체로 청정, 행복, 즐거움을 생산해내는 맑은 본성을 가지고 있는 곳이니 이 얼마나 좋은 곳인가!

극락추천사3
청정한 본성으로 이루어진 극락세계

> **正道大慈悲　出世善根生**
> 올바른 도道 극락세계는 (아미타부처님의) 큰 자비심과 선근 공덕으
> 로부터 생겨났습니다.

서방정토 극락세계는 법장비구의 큰 자비로움으로 만들어진 곳이
다. 사실 깨달음을 이룬 존재에게 아름다운 장엄이 무슨 필요가 있
겠는가? 모든 것에 대해 분별하는 마음이 없는 존재에게 장엄이란
싫어할 이유도 없지만 좋아할 이유도 없는 대상일 뿐이다.

지금까지 극락에 대해서 소개한 것은 첫 번째, 총체적인 평가로
'극락은 무조건 좋다'라는 것과 두 번째, '넓이가 무한하다'는 점과
극락중생은 '불사(不死)를 얻는다'는 내용이었다. 정보가 부족해 찬
란하게 아름다운 장엄이 아직 상상되지 않겠지만 극락의 아름다움은
온 법계를 통틀어 최고 수준이라고 한다. 욕망에 초탈한 부처님이
만든 세상이 최고로 아름답다니 뭔가 어울리지 않는다고 생각할 수
도 있다. 도대체 아미타부처님은 극락세계를 왜 이렇게 아름답게 장
엄한 것일까?

중생의 마음은 참으로 이상해서 상황을 있는 그대로 보지 못하고
자신의 성향에 따라 해석한다. 사회심리학자 솔로몬 애쉬(Solomon

Asch)는 1946년 간단한 실험을 통해 상황을 다양하게 해석하는 사람의 심리를 보여줬다.

A
지적이다, 부지런하다, 충동적이다,
비판적이다, 고집이 세다, 질투심이 강하다.

A라는 사람은 어떤 사람처럼 보이는가? A라는 사람이 어떤 사람인지 위의 여섯 가지 정보로 판단해보라. 다음으로 B를 소개하겠다.

B
질투심이 강하다, 고집이 세다, 비판적이다,
충동적이다, 부지런하다, 지적이다.

B라는 사람은 어떤 사람 같은가? B라는 사람이 어떤 사람인지 위의 여섯 가지 정보로 판단해보라. 애쉬의 실험에 참가한 사람들은 대체적으로 A는 긍정적이고 똑똑하지만 누구에게나 있는 결점을 가진 사람으로, B는 부정적인데 잔머리가 좋은 사람으로 판단하는 경향이 있었다.

눈치 빠른 독자는 이미 알아차렸겠지만 사실 A와 B는 같은 사람이다. 다만 여섯 가지 특징을 나열하는 순서를 거꾸로 했을 뿐이다. A는 장점을 먼저 보여주는 순서, B는 단점을 먼저 보여주는 순서로 나열했을 뿐이다. 흥미로운 점은 그 사람의 특징을 나열하는 순서에 따라 부정적인 이미지가 긍정적으로 받아들여지는 마법이 일어날 수 있다는 것이다. 누군가에게 자신을 표현할 때 어떻게 장엄하는지에 따라 완전히 다른 사람으로 받아들여지는 차이를 만들 수 있다.

처음 만났는데도 왠지 편안하고 유쾌하고 좋은 사람이 있다. 반면 여러 번 만났지만 그냥 마음에 안 드는 사람도 있다. 두 사람에 대한 이런 상반된 평가가 첫 만남의 3초 안에 결정될 수 있다고 심리학자들은 말한다. 3초의 시간이면 첫인상이 결정된다는 것이다. 그리고 첫인상이 상대방을 판단하는 틀로 굳어져버리면 웬만해서는 이미지가 변하지 않는다. 첫인상이 좋은 사람은 뭘 해도 좋은 평가를 받기 쉽고, 첫인상이 나쁜 사람은 아무리 잘해도 밉상으로 보인다니 3초의 시간이 만드는 불공정하고 비합리적인 원리에 중생은 지배받는 것이다. 이런 방식으로 판단을 내리는 중생을 상대하려면 극락세계의 장엄이 필요하지 않을까?

장엄의 중요성

장엄을 하는 목적은 두 가지가 있다. 첫째는 단점을 보완하기 위한 것이고, 둘째는 장점을 극대화하기 위해서다. 장엄을 하여 단점을 보완하고 장점을 극대화하는 이유는 무엇일까? 스스로 즐기기 위해 (자리) 장엄하기도 하고, 다른 이를 즐겁게 하려고(이타) 장엄하기도 하며, 두 가지를 동시에 만족시키기 위해(자리이타) 장엄하기도

한다.

아집이 강력하게 남아 있고, 자비심이 부족한 범부는 대부분 자신의 이익을 위해 장엄을 하고, 아집이 남아 있으나 자비심을 갖춘 보살은 자신과 타인, 모두를 위해 장엄을 하며, 아집이 사라지고 자비심만 있는 부처님은 오직 중생을 위해 장엄을 한다. 따라서 아미타부처님이 극락세계를 장엄한 이유는 오직 중생을 위해서이다.

아미타부처님은 이처럼 오직 중생을 위해서 극락세계를 장엄하였다. 만약 혼자서 성불하기를 원했다면 법장비구가 부처님으로 변화하는데 그리 오랜 시간이 걸리지 않았을 것이다. 하지만 법장비구는 일체중생에게 지극한 아름다움과 완벽한 수행을 지원하기 위해 무한한 공덕을 쌓을 필요가 있었다. 이것은 수많은 생의 수행으로 이어졌고, 이를 통해 만들어진 세계의 모습이 바로 극락세계의 장엄이 된 것이다.

극락세계의 장엄은 기세간장엄과 중생세간장엄으로 나뉜다. 기세간을 아름답게 장엄함으로써 중생이 극락왕생하고 싶은 원심을 일으키도록 배려하는 아미타부처님의 자비심을 알 수 있다. 중생세간의 뛰어난 장엄은 극락에 태어나는 중생은 청정한 육근과 신통력을 갖게 되고 반드시 성불하는 것이 보장된다는 등의 내용인데 완벽한 수행을 위한 필수조건을 제공해주는 아미타부처님의 깊은 배려다.

극락왕생하는 것은 선글라스 하나를 바꿔끼는 것과 같은 원리다. 극락의 중생이 되면 인간과는 다른 감각기관을 가지게 되는데 그 기능이 신비롭다. 과거를 아는 숙명통, 마음을 보는 타심통, 몸을 변화시키는 신족통 등의 신통방통한 기능을 갖추고 있는 극락중생의 선글라스를 한 번 써보고 싶지 않은가?

중생의 지혜로운 스승이신 아미타부처님이 아름다운 장엄의 선그라스를 준비해두고 우리에게 제안하고 있다.

"극락왕생하고 싶은 믿음과 간절한 마음으로 내 이름을 열 번만 부른다면 극락에서 지극한 즐거움을 누릴 수 있으니 어서 오세요! 웰컴 극락!"

스님과 화장

TV 방송에 출연하던 날이었다. 한 시간 전에 꼭 와달라는 스텝의 요청을 받아 출근길의 혼잡함을 뚫고 방송국에 일찌감치 도착했다. 대본을 미리 보며 리허설을 할 것이라 예상하고 있었는데, 방송작가는 나를 친절하게 '분장실'로 안내했다. 나는 깜짝 놀라서 물어보았다.

"화장을 해야 되나요?"

작가는 당황해하며 방송을 할 때는 누구나 기본 화장을 해야 한다고 말했다. 생전 처음 겪는 황당한 상황이었지만 묵묵히 화장대 앞에 앉았다. 약 5분 정도의 화장이 끝난 후 하얗게 변한 얼굴과 조금은 벌게지고 번쩍이게 된 입술을 바라보며 난감해하던 경험이 있다.

이후에 극락세계에 대한 장엄을 배우면서 방송에 출연할 때는 스님도 화장을 해야 하는 이유를 이해하게 되었다. 나를 위해서가 아니라 보는 이들을 위해서 화장을 해야 한다는 사실을 말이다. 이후에

도 방송국을 출입하면서 노스님들이 곤욕스러워하시면서도 화장을 하고 계시는 모습을 보면 그렇게 자비로워 보일 수가 없었다.

이렇게 장엄의 근본이 되는 마음가짐인 자비심이란 무엇일까? 용수보살은 자비심을 세 가지로 구분하고 있다. 첫째는 중생연자비(衆生緣慈悲)로 범부 중생의 자비심이다. 둘째는 법연자비(法緣慈悲)로 보살의 자비심이다. 셋째는 무연자비(無緣慈悲)로 오직 부처님의 자비심이다.

중생연자비는 쉽게 설명하면 친근하고 인연있는 이들에게 자비로운 마음을 내는 것을 말한다. 흔히 사람들은 인정에 이끌리는 모습을 보이는데 이것이 중생의 모습이다. 법연자비는 보살이 부처님의 진리를 바탕으로 인연 되는 존재들에게 베푸는 자비심이다. 법연자비는 인정에 이끌리는 것은 아니지만 아직 자비심을 베푸는 주체와 베푸는 대상인 객체의 분별이 남아 있다. 부처님의 자비심인 무연자비는 법연자비처럼 진리를 바탕으로 하며 주체와 객체의 분별도 없는 완전한 무분별심의 자비를 말한다. 노스님들께서 불자들을 위해 화장하시는 모습은 법연자비의 모습이 아니었을까?

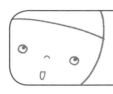

무심이 이야기 9

아미타부처님 전생담1 _할머니의 소원을 들어줄 수 없는 대왕

자비로운 성품으로 백성을 자신의 가족처럼 소중히 여기는 성왕 (聖王)이 있었다. 누구나 힘든 일이 있거나 부탁할 일이 있으면 왕을 찾아가 상담할 수 있었다. 왕은 도움이 필요한 백성들의 문제를 외아들을 가진 부모가 자식의 고민을 풀어주듯 최선을 다해 해결해주었다. 고민 해결율이 100%였던 것이다. 이 할머니를 만나기 전까지는 말이다.

울음소리가 궁전은 물론 나라 전체로 울려 퍼지고 있었다. 원심이를 따라온 이곳은 슬픔이 가득했다.

"흑흑. 대왕님 이 늙은이는 이제 어떻게 산단 말입니까? 남편도 일찍 죽고 피붙이라곤 아들 하나 밖에 없었습니다. 집에 가득히 쌓인 보물도 아무 필요 없습니다. 제가 가진 모든 걸 다 드리겠습니다. 하나만, 제발 제 소원 하나만 들어 주십시오."

할머니의 울음소리는 세상을 다 잃은 듯했고, 대왕의 한숨은 세상을 다 덮는 듯했다.

"원심아, 네가 좀 도와드려."

"무심아, 나도 그러고 싶지만 여기서는 아무것도 할 수가 없어. 잊

었니? 우린 지금 과거로 온 거야. 과거는 내가 바꿀 수 없어."

할머니의 울부짖음이 다시 들린다.

"대왕님은 무슨 소원이든 다 들어주신다고 하셨잖아요. 흑흑흑."

할머니의 한마디 한마디 말이 화살이 되어 대왕의 가슴을 찔러댔다. 대왕은 사랑하는 백성들의 소원이라면 무엇이든 다 들어 주고 싶었다. 그런데 이번 사건으로 자신의 무능력함을 보며 자책할 수밖에 없었다.

"대왕님, 제발 아들이 살아올 수 있게 해주세요. 제발."

할머니의 소원은 가난에서 벗어나는 것도, 잃어버린 물건을 찾는 것도 아니었다. 단 하나의 소원은 독사에 물려 죽은 아들을 다시 살려달라는 것이었다. 대왕은 끝내 아무런 도움을 줄 수 없었고 근심에 빠졌다. 언제나 백성을 사랑한다고 말했고 어떤 어려움이든지 도와주겠다고 말했다. 백성들은 대왕을 마치 아버지처럼 믿고 따랐으며, 자신들의 기쁨과 슬픔을 함께 나누었다. 그러한 대왕도 이번만큼은 어떠한 도움도 줄 수 없어 무능력한 자신이 한없이 작게 느껴졌다.

"저 할머니 너무한 거 아니야? 어떻게 죽은 사람을 다시 살려달라고 하지? 저건 좀 아니잖아. 대왕이 신도 아니고, 원심이 너 정도라면 가능하겠지만."

"아니야, 무심아 나도 죽음은 어쩔 수가 없어."

도대체 어떻게 죽은 사람을 살린단 말인가? 돌이킬 수 없는 생사의 고통 앞에서 왕은 절망한다. 그리고 이 생사의 문제를 해결하기 위해 왕은 출가를 결심한다.

무심이 이야기 10

아미타부처님 전생담2 _설계도 그리는 법장비구

"저 스님은 뭘 저렇게 열심히 그리고 계셔? 화가 같기도 하고."

"화가보다는 인테리어 디자이너? 건축설계사? 이쪽에 좀 더 가까울 걸. 조금 전에 만났던 백성을 자기 몸처럼 사랑하고 아끼던 대왕님 기억하지?"

"물론이지." 무심이는 양 엄지를 치켜세워 보였다.

"그 대왕은 할머니의 죽은 아들을 다시 살려달라는 소원처럼 죽은 사람을 살릴 수 없다는 사실, 사랑하는 사람들이 헤어져서 아파하고, 병으로 고통받고, 가난으로 고생하며 힘들게 살아가는 사람들의 삶을 보고는 감당할 수 없는 큰 고통을 느끼게 되었지. 결국 왕좌를 버리고 발심 출가해서 법장비구가 되었어."

"이야, 멋지다. 멋져!"

"법장비구는 세자재왕 부처님에게 중생구제의 대원을 세우고 열심히, 열심히 수행하지. 여기서 끝이 아니야. 세자재왕부처님은 법장비구의 큰 서원을 아시고 210억 개의 불국토를 보여주셔. 법장비구는 불국토 사전 견학을 마치고 각각의 특장점만을 살려 청정한 신상 국토의 설계도를 5겁의 긴 시간 동안 그리는데 이것이 바로 그 유명한 48대원이야! 바로 아미타부처님의 서방정토 극락세계의 설계도가 되는 거지. 법장비구는 아미타부처님의 전생이구!"

"이야. 우리 아버지가 계신 극락을 만드신 아미타부처님과 법장비구, 대왕님이 동일인물이었다고? 완전 한 편의 드라마다!"

대왕과 법장비구와 아미타부처님

아미타부처님의 전신은 법장비구였고, 법장비구는 출가 전에 한 나라의 왕이었다. 자신의 백성들을 향한 자비심으로 시작된 수행이 시간이 지나감에 따라 일체중생을 위한 자비심으로 커져갔다. 그는 일체중생을 사랑하는 아들과 같이 여기며 그들을 모두 최고의 안락으로 이끌고 싶었다. 하지만 자신의 수행력에 비해 일체중생을 최고의 안락으로 이끄는 서원은 너무나도 거대해 불가능하게 보였다. 이때 세자재왕부처님이 법장비구를 격려하는 말씀이 〈무량수경〉에 나온다.

"비유하건대 비록 큰 바닷물이라도 억겁의 오랜 세월을 두고 쉬지 않고 퍼내면 마침내 바닥을 다하여 그 가운데 있는 진귀한 보배를 얻을 수 있듯이, 만약 사람이 지성으로 정진하여 도를 구하면 마땅히 원하는 결과를 얻게 된다. 어떠한 소원인들 성취 안 될 리가 없느니라."

세자재왕부처님은 법장비구를 위해 210억 개의 청정한 정토를 신통력으로 보여준다. 모든 곳이 찬란한 아름다움과 큰 즐거움을 가지고 있는 세계였다. 하지만 210억 개의 극락세계는 공통적으로 치명적인 단점이 있었는데, 그곳에 왕생하기가 너무나도 어렵다는 사실이었다.

어느 정토는 살생을, 어디는 투도를, 어디는 음행을, 어디는 거짓말을 단 한 번이라도 하면 갈 수가 없는 식이었다. 법장비구가 보기에 자신이 사랑하는 중생들은 이 좋은 정토에 아무도 들어가지 못할 것 같았다. 그래서 최신식의 최고 시설을 갖춘 왕생하기 쉬운 정토를 스스로 만들기로 결심했다. 이를 위해 210억 개 정토의 장점을 모으고 단점은 보완하여 최고의 정토인 극락세계의 설계도를 구상하게 되는데, 그 시간만 5겁이나 걸렸다고 한다. 이때 구상된 정토 설계도가 바로 48대원이다. 법장비구는 이 48대원을 가지고 세자재왕부처님 앞에서 온 법계를 향해 엄숙히 약속한다. 반드시 오직 즐거움만 있는 세상인 극락세계를 완성하겠다고!

이후 무량한 영겁의 시간 동안 수행에 매진한 법장비구는 지금으로부터 10겁 전에 서방정토 극락세계를 완성하였고, 아미타부처님이 되었다고 한다.

	인	과	비고
중생연자비	백성을 위하는 마음	출가	법장비구 됨
법연자비	중생을 위하는 마음	5겁 동안 48대원 설계	210억 불국토 참고함
무연자비	극락을 완성하려는 마음	영겁 수행	10겁 전에 극락 완성됨

◆ 아미타부처님의 극락완성 과정 ◆

한 나라의 성왕이 가진 중생연자비가 법장비구의 법연자비로 변화하고 영겁의 수행 후에 아미타부처님의 무연자비로 극대화되는 이 모든 장면이 아름답지 않은가! 법장비구가 자비로운 48대원을 선언한 후 이를 다시 게송으로 노래하는 〈무량수경〉의 장면을 소개하겠다.

내가 세운 서원은 세상에 없는 일
위없는 바른 길 가고야 말리.
이 원을 원만히 성취 못하면
맹세코 부처는 되지 않으리.

한량없는 오랜 겁의 세월을 두고
내가 만일 큰 시주가 되지 못하여
가난한 고해 중생 제도 못하면
맹세코 부처는 되지 않으리.

내가 만일 위없는 부처가 되어

그 이름 온 누리에 떨쳐 넘칠 때
못 들은 누구라도 있을 적에는
맹세코 부처는 되지 않으리.

욕심 여읜 바른 길 깊이 지니고
청정한 지혜로 도를 닦아서
위없는 진리를 모두 갖추어
천상과 인간의 스승이 되리.

신통력과 빛나는 광명 나투고
끝없는 모든 세계 두루 비추어
탐진치의 검은 때를 녹여 버리고
중생의 온갖 재난 구제하리라.

중생들의 지혜 눈 밝게 열어서
이 세상에 어두운 이 눈 뜨게 하며
여러 가지 나쁜 길 막아 버리고
좋은 세상 가는 길 활짝 열리라.

지혜와 공덕을 두루 갖추고
거룩한 광명은 시방에 넘쳐
해와 달이 밝은 빛 내지 못하고
천상의 광명도 숨어 버리네.

중생을 위하여 진리 밝히고
공덕의 보배를 널리 베풀며
언제나 많은 대중 모인 가운데
사자의 외침으로 법을 설하네.

온 세계 부처님께 공양 올리며
한량없는 공덕을 두루 갖추고
서원과 지혜를 모두 이루어
삼계의 영웅인 부처 되리라.

부처님의 걸림 없는 지혜와 같이
모든 것 통달하여 두루 비치니
바라건대 내 공덕 밝은 지혜가
세자재왕부처님과 같을 지이다.

정녕 이 서원이 이루어지면
삼천대천세계가 감동을 하고
허공 중에 가득한 하늘 사람들
신묘한 꽃비를 뿌려 주리라.

  지금 이 글을 읽고 있는 독자들이 법장비구를 본받아 자비로운 서
원의 씨앗을 마음에 품는다면! 이 순간 하늘을 보라. 삼천대천세계

가 감동하여 허공 중에 가득한 하늘 사람들이 아름다운 꽃비를 뿌려 주고 있을 것이다. 나무아미타불.

여기서 잠깐!

극락은 최고의 학교다

굶어죽는 날벌레

여름날 가로등 주변을 가득 채우며 날아다니는 날벌레를 본 적 있는가? 아무런 규칙 없이 날아다니는 것 같은 날벌레들이 한 가지 규칙에 의해 움직인다는 사실을 프랑스의 생물학자 파브르(Jean Henri Fabre)는 발견했다. 규칙은 간단했다. 눈앞에 보이는 날벌레를 뒤따라서 날아다닌다는 것이었다.

상상해보자. 날벌레 무리가 있다. 갑자기 날벌레 한 마리가 날기 시작한다. 그 날벌레를 보는 다른 날벌레들은 뒤쫓아 날기 시작한다. 서로가 서로를 쫓아서 마구 날아다니기 때문에 전체를 보면 아무런 규칙 없이 혼란하게 움직이는 것처럼 보인다. 하지만 한 마리씩 관찰해보면 대개 다른 날벌레를 쫓아가며 날고 있다는 것이다.

파브르는 날벌레의 먹이를 준비했다. 날고 있는 무리의 가까이에 먹이를 가져다 놓고 유혹한 것이다. 당연히 식욕에 이끌려 먹이에 달라붙을 것이라 기대했지만 날벌레들은 계속 앞 날벌레를 쫓아다니기 바빴다. 심지어 굶어서 죽을 때까지 계속 날아다니는 날벌레도 있었다고 하니 얼마나 강력한 규칙인가?

하루가 시작되면 묘하게 행복한 날이 있다. 그냥 숨 쉬는 것도 좋고, 지나가는 길의 가로수 나무도 아름답게 느껴진다. 매일 만나는 동료가 그날따라 고맙게 느껴지고, 어제도 먹었던 김치는 환상적인 맛이 난다. 누구나 이런 행복한 날을 경험해본 적이 있을 것이다. 매일매일이 이러하다면 얼마나 좋을까?

사실 우리는 이렇게 매일 행복한 삶을 살아야 한다. 삶의 행복을 온전히 누릴 수 있는 완벽한 준비는 이미 끝났기 때문이다. 행복이 눈앞에 있고, 지금도 당장 느낄 수 있는데도 행복을 발견하지 못하는 이유는 뭘까? 날벌레처럼 앞사람을 쫓아가는데 사로잡혀 있기 때문에 눈앞의 먹음직한 행복을 맛보지 못한다.

엄마, 선생님, 친구, 방송 등 주위에서 돈, 명예가 있는 저쪽을 쫓아가라고 소리쳐대니까 안 쫓아갈 수가 없다! 그렇게 쫓아가다 보면 어느 순간 아무런 문제의식 없이 그냥 쫓아가는 게 삶의 목표가 되는 것이다. '왜 그쪽으로 가세요?'라고 물으면 대답할 말도 없으면서 참 묵묵히, 모두가 그곳으로 간다. 마치 날벌레처럼.

존재의 삶의 목적

〈앙굿따라 니까야〉의 〈크샤뜨리야경〉에서 부처님은 모든 존재는 나름의 목적을 가지고 살아간다고 말한다. 당시 왕족이었던 크샤뜨리아들은 재물을 목적으로 살아갔다. 그들은 권력을 이용하여 땅을 빼앗아 지배하는 방법으로 재물을 모은다. 지금의 재벌에 속하는 장자들 역시 재물을 목적으로 살아간다. 그들은 전문 기술을 이용하여 사업을 진행하고 일을 성공시키는 방법으로 재물을 모은다. 도둑은 빼앗아 가지는 것을 목적으로 살아간다. 그들은 훔치는 기술을 이용하여 무기를 들고 어둠을 틈타 빼앗아 가진다. 이에 반해 승가는 인욕과 온화함을 목적으로 살아간다. 그들은 계율을 잘 지켜 무소유로 탐욕을 제어하고 지혜를 지녀 열반을 향해 나아간다.

권력가와 사업가, 도둑, 승가만이 아니라 모든 존재는 나름의 목적을 가지고 살아간다. 학생, 직장인, 백수 청년, 100세 노인까지 모두다 삶의 목적이 있고 그에 따른 삶의 행태가 다르다. 그렇게 다양한 사람들이 살아가는 세상이 바로 삼계의 인간 세상이다.

삼계는 중생의 번뇌를 근본으로 만들어졌다는 사실을 기억하는가? 독사가 청정한 물을 독으로 탈바꿈시키듯 삼독심에 사로잡힌 인간 세상은 '번뇌형 인간'들을 양산한다. 대다수의 사람들이 쫓아가는 인기 있는 목표는 얻을 수 있는 사람이 한정되어 있기에 탐욕을 불러오고 분노와 다툼을 만들어 본질을 잃어버리도록 하니 점점 더 어리석어질 뿐이다.

이렇게 삼독심을 바탕으로 삶의 목적을 추구하면 관심은 항상 밖을 향하게 되어 있다. 행복의 열쇠가 있는 내면이 아닌 많은 사람이 쫓아가는 바깥을 향하여 열심히 달려가도록 삼독심이 유도하는 것이다. 생각해보라. 부모, 친구, 선생님 등 사회 전체가 밖을 향해 달려가니, 일단 달리고 봐야 하지 않을까?

하지만 아무리 쫓아가도 행복은 밖에서 구할 수 없다. 행복의 열쇠는 마음에 있기 때문이다. '난 이렇게 열심히 했는데 왜 행복하지 않을까?'라고 생각하겠지만 마음 밖에서는 행복을 찾을 수 없는 게 당연하다. 바깥으로 향하는 욕망을 거두어 내면을 바라볼 때 비로소 이미 준비되어 있는 삶의 행복과 만날 수 있다.

그러나 내면으로 향하고 싶어도 이미 강력한 습관으로 굳어버린 외부로 향하는 흐름을 역행하기가 쉽지 않다. 욕망의 태풍에 비해서 나를 바라보는 힘은 작은 등불처럼 너무나도 미약하다. 이 작은 힘으로는 올바른 길을 가고 싶어도 갈 수가 없다. 무엇인가 특단의 조치가 필요하다.

답은 극락이다.

극락은 미약한 힘으로도 내면의 부처님을 반드시 만나게 한다. 세상의 흐름에 역행하는 내면을 향한 몸부림을 혼자 힘으로 이어나가기는 힘들지만 공덕 부자인 아미타부처님에게 의지하면 이야기가 달라진다. 나무아미타불 열 번이면 극락왕생하여 가난한 사람도 공덕 부자로 만들어준다고 하지 않는가!

비유컨대, 젖먹이 아기가 부모를 가까이하지 아니하면 자칫 구덩이에 떨어지거나 혹은 우물에 빠지거나, 또는 물과 불같은 어려운 난을 당하여 죽는다. 그러므로 어릴 때는 반드시 부모의 보살핌을 가까이 해야 하는데, 차츰 성장하고 장대해지면 바야흐로 능히 부모를 대신하여 가업을 이을 수 있는 것이다. 초심보살이 정토에 간절히 나고자 하는 것은, 모든 부처님을 친근하고 법신을 증장하면 그때 가서야 비로소 부처님의 가업을 이어 시방세계에 자재하여 중생을 구제할 수 있으니, 이러한 뛰어난 이익이 있기 때문에 정토에 나기

를 몹시 발원하는 것이다. 〈대지도론〉

처음 발심한 정토행자는 아직 악업 범부에서 벗어날 만큼 공덕의 힘이 충분하지 못하다. 비유하자면 갓난아기와 같은 상태다. 그렇다면 갓난아기의 미약한 힘이 번뇌의 태풍에 흔들리지 않을 때까지는 훌륭한 부모의 품에서 안전하게 보호받으며 그 힘을 키워야 하지 않겠는가! 불자의 부모님은 부처님이다. 이 중 최고의 교육 환경을 갖추고 계신 부처님은 아미타부처님이다. 어떤 점에서 최고의 교육 환경일까?

극락세계의 모든 장엄은 우리를 내면으로 인도한다. 눈으로 바라보는 것, 귀로 듣는 소리, 맛, 느낌, 향기! 모든 감각이 깨달음을 불러일으키는 교육 자료가 되고 그 효과는 만점이다. 훌륭한 교육 자료와 더불어 뛰어난 학생이 존재하기 때문에 효과가 극대화되는 것이다.

부처님의 나라라고 불리는 부탄에 대한 다큐멘터리를 본 적이 있다. 환생한 스승인 툴쿠의 삶이 주제였는데 그의 능력에 대해서 말하던 부분이 기억난다. 나이 어린 툴쿠가 처음 불교 공부를 시작할 때 또래의 다른 동자 스님들과 비교하면 경전에 대한 암기력과 이해도의 차이는 최소 10배 이상 난다고 한다. 전생에 이미 배웠던 익숙한 내용이라는 점과 수행 공덕에 의해 청정한 육근을 갖추고 있기에 가능한 일일 것이다.

아난아, 누구든지 극락세계에 태어난 중생들은 모두 32상(相)을 갖추었고, 지혜가 충만하여 모든 법의 이치를 깊이 깨달아 묘법을 밝히고 신통이 자재하며, 눈 코 등 6근이 청정하고 밝으니라. 그리고 그중에서 가장 둔한 사람이라도 법문을 듣고 깨닫는 음향인(音響忍)과, 진리에 수순하는 유순인(柔順忍)의 2인(忍)을 얻게 되고, 근기가 수승한 사람은 본래 생멸이 없는 실상을 깨닫는 무생법인(無生法忍)을 얻느니라. 〈무량수경〉

하나를 가르치면 열을 안다고 했던가? 극락중생은 이보다 더 뛰어난 학생인데 모두 깨달음의 분야에 대해서 천재적인 재능을 가지고 있다. 이미 육근이 청정하여 뛰어난 신통을 갖추고 있고, 법문을 듣고 깨닫는 음향인과 진리에 수순하는 유순인을 갖추고 있기에 하나를 가르치면 천 개, 만 개를 알 수 있는 능력이 있다.

내면이 청정해지도록 장엄된 최고의 교육자료와 더불어 최고의 학생인 극락중생들이 만난 극락학교는 온 법계를 통틀어 깨달음의 성취가 가장 쉽고 빠른 훌륭한 곳이다.

복습해 보겠다. 번뇌를 근본으로 만들어진 삼계는 우리의 관심을 바깥으로 내몬다. 이는 끝없이 삼독심을 재생산하기 위한 삼계의 전략이다. 행복하고 싶다면 반드시 내면으로 그 관심의 방향을 돌려야 한다. 하지만 이미 형성된 습관의 흐름을 역행하기에는 우리 마음의 힘이 너무나 미약하다. 그렇기에 내면의 부처님을 찾겠다는 다짐을 한다고 해도 갓 태어난 아기처럼 할 수 있는 일이 별로 없다.

하지만 이렇게 미약한 힘이라도 아미타부처님께 의지하면 최고의 깨달음 공부 환경을 제공하는 극락세계에 입학할 수 있다. 이곳은 모든 경험이 우리를 내면의 부처님 앞에 이끌어주는 효과가 있기 때문에 가장 빠르게 100% 성불이 가능한 최고의 학교다. 정말 최고로 좋은 점은 입학금이 아주 저렴하다는 것이다.

오직 나무아미타불 열 번!

4장
극락에 가득한 빛

무심이 이야기 11

원심이는 극락세계 장엄의 원리를 과학적으로 설명해주는 게 좋을 것 같았다.

"무심아, 넌 빛이 파동일 것 같니, 입자일 것 같니?"

"갑자기 무슨 과학 시간 같아. 빛이야 당연히 파동 아니야?"

"그렇게 대답할 줄 알았지. 그런데 그렇지 않아 무심아. 빛이 무엇으로 이루어졌는지 밝히려는 실험을 할 때 의도에 따라 결과가 다르게 나와. 빛을 파동이라고 생각하는 사람에게는 파동으로 보이고, 입자라고 생각하는 사람에게는 입자로 보인다는 거지. 결국 빛은 파동과 입자 두 가지 성질을 모두 지닌다는 것이 실험으로 밝혀졌어!"

원심이는 스마트폰에서 양자물리학에 관한 실험 동영상을 찾아 무심이에게 보여줬다. 상식을 뛰어넘는 실험 결과들이 무심이의 탄성을 자아냈다.

"이 실험대로면 빛이 입자이기도 하다는 소리야?"

"오, 이해가 빠른데! 빛이 입자이기도 한 게 맞아. 그런데 그 말은 네가 동영상을 보고 있는 그 스마트폰이 빛이기도 하다는 말인데 이해가 되니?"

"뭐? 스마트폰이 빛이라고? 무슨 말도 안 되는 소리!"

"무심아~ 다른 물질도 파동과 입자의 두 가지 성질을 모두 가지고 있다는 것이 증명된 거 너도 봤잖아."

"두 가지를 동시에…? 아! 그러면 돌멩이도 빛이 될 수 있고, 구름이 보석으로 변할 수도 있다는 거네? 하지만 현실에서는 변화가 없잖아?"

"그래 맞아! 현실에서는 잠재력일 뿐이기에 네 생각에 따라 스마트폰이 빛으로, 물질로 변신하지는 않지. 하지만 극락세계에서는 이런 신통방통한 일들이 현실로 일어나. 극락세계는 찬란한 빛으로 이루어진 아주 미묘하고 환상적인 곳이거든~."

극락추천사4
모든 것이 자체발광하는 빛나는 극락세계

> 淨光明滿足 如鏡日月輪
> (극락세계의 어느 곳이든) 해와 달을 거울에 비춘 듯 깨끗한 광명이 가득합니다.

　지구의 빛은 태양에 큰 영향을 받고 있다. 태양빛은 지구의 반대편이나 가려져 있는 곳에는 적게 도달하는 공간적인 한계가 있다. 또 지구의 특정지역에서 24시간 365일 항상하지 못하는 시간적인 한계도 가지고 있다. 게다가 태양의 수명은 약 120억 년 정도 된다고 하니, 그 시간이 지나는 순간 지구 빛의 공급원은 사라지게 된다. 지구가 받는 빛은 공간적, 시간적으로 한계가 뚜렷한 태양이라는 조건에 의지하고 있는 것이다.

　이에 반해 극락의 빛은 근원인 아미타부처님의 특징에 따라 공간적 한계가 초월된 무량광이고 시간적 한계가 초월된 무량수이다. 또한 법장비구의 48대원 중 제3원인 '만약 제가 부처가 되어서도 그 나라 중생들이 모두 다 진금색이 되지 않는다면 부처가 되지 않겠습니다.'라고 말한 실개금색원(悉皆金色願)에 의해서 극락중생들 또한 몸에서 황금빛 광채가 자체적으로 발산된다. 또한 무량광인 아미타부처님의 광명이 마치 한계가 없는 태양처럼 언제 어디서든 청정한 빛을 발산하는데, 이 무한한 빛을 극락의 모든 존재는 거울처럼 받아서 반사한다. 자체발광하는 빛에 더불어 아미타부처님의 무량광을 반사하는 빛까지 더해지니 모든 존재가 무량광이 되는 것이다.

극락의 무한한 공간에는 이렇게 해와 달이 서로를 비추는듯한 아름답고 화려한 빛깔들의 향연이 가득하다. 이 빛을 받기만 해도 번뇌는 사라지고 지혜와 자비심은 증장된다고 하니, 극락세계의 중생들은 깨달음의 속도가 얼마나 빠를까!

이 모든 것은 아미타부처님의 청정한 지혜의 빛이 무한히 공급되기에 가능하다. 이러한 최고의 빛을 찬탄하는 말이 나무아미타불이다. 나무아미타불 하는 그 순간, 아미타부처님의 지혜광명이 번뇌로 인한 한계를 깨뜨리고 마음의 불성을 깨워 중생과 부처님이 상응하게 되는 것이다. 몸과 마음에 무한한 빛의 언어인 나무아미타불을 아로새길 때 우리의 삶은 극락에 가까워지고, 가까워진 만큼 극락왕생은 당연한 일이 될 것이다. 나무아미타불.

관찰자에 따라 입자이자 파동인 미립자

자비롭고 청정한 본성의 씨앗이 꽃피운 극락세계는 빛으로 장엄되었다. 극락세계의 모든 것은 찬란한 빛으로 이루어진 것이다. 어떻게 빛으로 이루어진 세상이 있을 수 있을까? 물리학의 한 분야인 양자역학에서 관찰된 미립자(微粒子)의 특징은 과거 우리가 가졌던 상식을 뛰어넘는다.

과학자들은 사물의 이치를 탐구하면서 사물을 이루고 있는 가장 작은 단위인 미립자에 대해 궁금증을 가지고 있었다. 우리는 과학 시간에 만물을 쪼개고 쪼개면 더 쪼갤 수 없는 가장 작은 알맹이인 '원자'가 남는다는 돌턴(John Dalton)의 원자론을 배웠다. 최근에는 원자보다 작은 입자인 초소립자(超素粒子) '쿼크(quark)'를 발견하였고, 이보다 더 작은 단위의 입자를 찾기 위한 노력이 지금도 이어지고 있어 더욱 작은 단위의 입자가 계속 발견될 것으로 보인다.

불교에서도 역시 물질인 색법을 이루는 기본단위가 무엇인지에 대해 많은 궁금증이 있었고, 논쟁을 하였다. 하지만 현대의 전자현미경과 같은 고도화된 객관적 관찰 도구가 존재하지 않았기에 고도화된 마음의 집중을 바탕으로 세상을 주관적으로 관찰하는 방법을 활용하였다. 이 방법은 주관적인 확신을 가질 수 있도록 했지만 타인의 눈에 보여줄 수 있는 객관화가 불가능했다. 이는 분분한 의견을 낳았기에 각 부파별로 극미(極微)라는 단위의 미립자를 설정하고 이에 대한 논의가 이루어지기도 했다.

과거의 물리학에서는 미립자로 이루어진 물질과 파동으로 이루어진 비물질이 공존할 수 없다는 것이 상식이었다. 하지만 양자물리학이 발전하면서 물질의 최소단위인 미립자가 입자인 동시에 파동이기도 하다는 사실이 발견되었기에 과거의 물리학적 상식은 그 권위를 잃어가고 있다.

세계적으로 유명한 물리학 전문지 〈물리학세계〉에서 '인류 과학 사상 가장 아름다웠던 실험'으로 1998년 이스라엘의 와이즈만과학원에서 실시한 이중슬릿실험(Double-slit experiment)을 꼽았다. 이 중슬릿실험을 통한 관찰자 효과(Observer effect)에 관한 실험을 예로 들어보겠다.

실험을 위해 세 개의 벽과 미립자를 자동으로 발사해주는 기계가 필요하다. 그림과 같이 벽을 세워 놓는데 첫 번째 벽은 구멍이 하나 두 번째 벽에는 두 군데 틈이 있고, 일반적인 세 번째 벽이 있다. 첫 번째 벽의 구멍으로 미립자로 쏘면 그 진행 방향에 따라 두 번째 벽을 통과하여 세 번째 벽에 흔적을 남기는 방식이다.

실험은 총 두 번 진행하는데 첫 번째는 관찰자가 있는 상태에서 미립자를 발사하고, 두 번째는 관찰자가 없는 상태에서 자동으로 미립자가 발사된 이후에 벽에 남은 흔적을 확인하는 방식이다. 첫 번째 실험을 하면 다음과 같은 그림의 결과가 나온다.

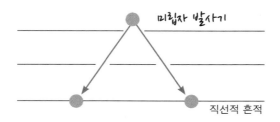

마치 공을 던진 듯 미립자가 직선으로 날아가 흔적을 남겼다. 이것은 지극히 상식적인 결과인데 반전은 두 번째 실험에서 나타난다. 두 번째 실험을 하면 다음과 같은 그림의 결과가 나온다.

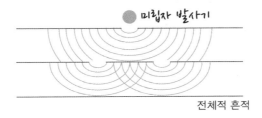

전체적 흔적

이 그림은 쏘아진 미립자가 마치 물결처럼 퍼져나간 것 같은 모양을 보여주고 있다. 첫 번째 실험과 같은 종류의 미립자를 쏘았는데 왜 이렇게 다른 결과가 나온 것일까? 답은 관찰자에게 있다. 첫 번째 실험에서는 미립자를 입자로 바라보는 관찰자와 함께 진행되었고, 두 번째 실험에는 관찰자가 없는 상태에서 진행되었다. 미립자가 자신을 입자로 보고 싶은 관찰자 앞에서는 물질인 입자로, 그리고 관찰자가 없을 때는 비물질인 파동으로 변신하는 이상한 일이 이해가 되는가? 물리학자 닐 보어(Niels Bohr)는 이러한 미립자의 변화를 두고 이렇게 말했다.

"만약 이 요술에 충격받지 않는다면 그 사람은 제대로 이해하지 못한 것이다."

현명한 독자들은 이미 이해하고 있겠지만 미립자의 이러한 성질은 대단히 충격적인 사실을 우리에게 말해주고 있다. 잘 생각해보라. 우리의 육체는 미립자로 이루어져 있다! 그렇다면 우리의 육체도 미립자와 같은 성질을 지니고 있다는 뜻이 된다. 이 책도, 공기도, 하늘도, 바다도, 세상의 모든 것들이 미립자로 이루어져 있기 때문에 파동이기도 하고 입자이기도 해서 무궁한 변화의 잠재력을 품고 있다고 말하는 것이다. 이 얼마나 대단한 발견인가?

총 270자의 짧은 분량에 연기공성의 진리를 핵심적으로 담고 있는 불교계의 유명한 경전 〈반야심경〉에서 가장 사랑받는 구절 중 하나인 '색즉시공 공즉시색(色卽是空 空卽是色)'을 물리학적인 방식으로 증명해주는 실험이 바로 이중슬릿실험인 것이다.

아인슈타인 이후 최고의 물리학자로 손꼽히는 파인만 박사는 이 실험에 대해 다음과 같이 말했다.

"이중슬릿실험을 보면 우리의 마음이 어떤 원리로 만물을 변화시키고 새 운명을 창조해내는지 한눈에 알 수 있어요."

이러한 현대 물리학에서의 발견들은 불교의 유심사상의 진리를 상식의 영역으로 초대한다. 과학이 발전할수록 불교의 진리는 세상의 상식과 가까워질 것이다.

미립자는 되는데 왜 나는 안 돼?

미립자는 관찰자의 영향을 받아 그 모습이 결정된다고 했다. 이 말은 지금 당신의 육체를 이루고 있는 미립자가 '난 어떻게 존재하면 좋을까요?'라고 묻고 있는 것과 같다. 만약 당신이 육체에게 '빛으로 존재해라.'라고 말한다면 어떻게 될까? 지금 한번 시도해보라. 하나, 둘, 셋, 짠! 빛으로 변했는가? 아마도 변하지 않았을 것이다. 왜 미립자는 변화가 가능한데 내 몸은 안 될까? 양자역학 이론이 거짓말이라고 의심할수도 있는 상황이다.

미립자는 되고, 미립자로 이루어진 육체는 안되는 모순이 생기는 이유는 관찰하고자 하는 대상의 상대적인 크기가 차이나기 때문이다. 관찰이 이루어지기 위해서는 관찰자의 주관과 관찰대상인 객관이 필요하다. 그런데 주관의 크기는 변화하지 않았지만 객관의 크기가 확연히 달라졌으니 결과도 달라지는 것이다.

인간 몸의 평균적인 크기는 지구의 크기에 비한다면 지극히 작다. 하지만 똑같은 인간의 몸이라도 개미의 입장에서 본다면 얼마나 거대한가! 미립자의 입장에서 본다면 상대적으로 그 크기가 거대한 관찰자의 의도는 자신의 몸을 변화시킬 정도로 강력하다. 하지만 인간 몸의 입장에서는 관찰자의 의도의 크기가 상대적으로 작기 때문에 극히 미미한 영향밖에 받지 않는다. 이에 따라 눈에 띄는 변화가 관찰되지 않는 것이다.

여기에 더불어 인간의 본능이 안그래도 그 크기가 작은 관찰자의 의도를 방해해서 더 작게 만든다. 인간은 태어나면서부터 육체를 물질로 경험한다. 우리의 감각기관은 보이고 만져지는 이 육체가 당연히 물질이라는 깊은 고정관념에 사로잡혀 있는 것이다. 이 말은 자신의 육체를 물질로 바라보는 뿌리 깊은 본능이 있다는 것인데 이 본능은 우리가 육체를 바라보는 관점이 변화하지 못하도록 막는 강력한 방해꾼이다. 미립자를 바라볼 때는 상식의 파괴가 용납이 되지만 '나의 몸'인 육체를 바라볼 때는 상식을 고집하는 것이다. 즉 인간의 육체가 변화하지 않는 이유는 본능이 변화를 거부하기 때문이기도 하다.

감각기관의 한계

6도를 윤회하는 범부는 태어남이 결정되는 순간에 과거 자신의 아뢰야식의 영향을 받아 존재의 카테고리가 결정되고, 이에 따라 존재의 카테고리에 해당하는 특유의 감각기관이 주어진다. 그리고 그 삶이 끝날때까지 특유의 감각기관의 한계에 의한 경험에 갇혀 버린다.

예를 들어 축생이라는 존재의 카테고리에 해당되는 개와 새는 우리와 똑같은 세상을 살아가지만 각자의 특유한 감각기관에 의해 세상을 바라보는 색깔이 인간과 다르다. 색을 인지할 수 있는 것은 망막의 원추세포 덕분인데, 인간은 빨강, 녹색, 파랑의 세 가지 색을 감지하는 3종류의 원추세포가 있어 여러 가지 색깔을 인식할 수 있다. 개는 2종류의 원추세포를 갖고 있어서 사람만큼 다양하고 명확하게 색깔을 구분하지 못한다. 개는 인간에 비해선 색맹에 가까운 것이다. 하지만 어두운 밤에는 인간보다 훨씬 더 세상을 잘 인식할 수 있는 능력을 가지고 있다. 하늘을 나는 새는 원추세포가 4종류여서 사람이 볼 수 없는 적외선 영역도 색으로 구분할 수 있다.

이렇게 인간의 눈으로 볼 수 있는 빛을 가시광선이라고 하는데 이는 빛의 영역 중 일부에 불과하다. 사실 물리학자들은 빛이라는 표현 대신 전자기파라고 부르는데 여기에는 자외선, 적외선을 비롯하여 라디오 신호, 통신 신호 등이 포함된다. 즉, 통신 신호 역시 빛이라고 할 수 있는 것인데 인간은 눈앞에 떠다니는 수많은 전자기파를 인지할 수 없는 안근의 한계를 가지고 있는 것이다.

박쥐가 내는 소리는 인간이 들을 수 있는 가청주파수(可聽周波

數) 영역인 20~20,000Hz를 벗어났기에 '귀에 들리지 않는 소리'라는 역설적인 표현을 사용한다. 박쥐의 청각에만 포착되는 40,000~90,000Hz의 소리를 비가청주파수(非可聽周波數)라고 한다.

같은 감각기관을 가지고 있는 사람끼리도 나라와 문화에 따라 감각의 왜곡이 일어난다. 하늘에 곱게 뜬 무지개를 바라볼 때 한국인은 빨주노초파남보 즉 일곱 가지 색깔로 바라본다. 하지만 미국인은 여섯 가지, 독일인은 다섯 가지 색으로 바라본다고 한다. 한국, 미국, 독일에 뜨는 무지개가 서로 다른 것일까?

소리를 듣는 것도 나라마다 차이가 난다. 개가 짖는 소리를 한국에서는 '멍멍', 일본에서는 '왕왕', 미국에서는 '바우바우'로 표현한다. 각국의 사람들이 표현하는 방식대로 들으니 똑같은 개가 짖어도 한국인, 일본인, 미국인이 모두 다른 소리로 듣게 되는 것이다. 이것 역시 문화에 따른 감각기관의 한계와 왜곡이라 볼 수 있다.

이렇게 인간의 감각기관은 우리를 특유한 한계 속에 가두어 버린다. 간혹 선정 삼매를 통해 이러한 한계를 뛰어넘는 사람들이 나타난다. 그들은 일반인에게는 보이지 않는 것을 볼 수 있거나, 몸을 자유자재로 변화시키는 등 신통방통한 일을 행해서 기적을 일으키는 것처럼 보인다. 이들이 선보이는 신통력은 선정의 힘에 의해 선천적으로 한계지어진 인간 능력의 빗장이 조금씩 풀리면서 나타나는 능력인 것이다.

앞서 언급했듯이 삼계 중에서 이러한 선정의 힘에 의해 연기된 세상이 바로 색계와 무색계이다. 색계와 무색계에 사는 천상 존재들은 인간과 비교했을 때 신과도 같은 뛰어난 능력의 소유자라는 점을 기억하고 있을 것이다. 무한한 가능성을 가진 불성이라는 의식에 얼마나 제한이 있는지, 불성을 가리는 번뇌가 얼마나 짙은지에 따라 존재들은 유심삼계 속 카테고리가 결정되고 이에 따른 감각기관의 차이가 드러나는 것이다.

뇌 사용률 100%

인간은 평생을 살면서 뇌의 10%도 사용하지 못한다는 속설이 있는데 인류 역사상 손꼽히는 천재 중의 한 명인 아인슈타인조차 오직 뇌의 10%만 사용했다고 한다. 이 말을 들으면 뇌의 공간적 영역 중 일부를 사용했다고 생각하기 쉬운데 이것은 착각이다. 인간은 뇌의 전 영역을 고루 사용하고 있기 때문이다. 여기서 말하는 10%는 공간적 의미가 아닌 뇌의 잠재력을 말하는 것이다.

영화 〈루시〉에서는 인간의 뇌 사용률이 높아져서 100%에 이르게 될 때 일어날 수 있는 일에 대해 다루고 있다. 감독의 기발한 상상력과 뛰어난 영상기술을 통해 인간이 가진 무한한 가능성을 보여주는 것이다. 주인공인 루시는 뇌를 활성화시키는 약물과 관련된 사건에 우연히 휘말리게 된다. 이 약물을 운반하던 중 사고로 대량의 약물이 체내에서 퍼지게 된다. 엄청난 양의 약물은 루시 뇌에 걸려 있는 10% 빗장을 빠르게 열게 된다. 이를 통해 루시의 뇌 사용률은 급속도로 높아지게 되는데, 그때마다 루시가 보여주는 신통력은 참으로 대단하다.

영화에서는 뇌 사용률이 24%일 때는 자신의 신체를 완벽히 통제할 수 있고, 40%일 때는 모든 상황이 제어 가능해지며, 62%일 때는 타인의 행동까지 제어할 수 있고, 100%일 때는 모든 한계를 뛰어넘을 수 있다고 설정한다.

예를 들면 뇌가 활성화될수록 루시의 눈에는 보이지 않던 것들이 보이게 되는데 허공에 떠다니는 전자기파인 통신 신호들이 그중 한 가지다. 루시의 눈에는 모든 신호가 보이고 들린다. 또한 그중 한 가지 통신 신호를 잡아서 확대해서 보고, 듣는 것 역시 가능해진다. 삼매를 통해 얻게 되는 천안통과 천이통의 모습이 이러할 것이고, 극락세계 존재들이 기본적으로 가지게 되는 신통이 이와 같지 않을까?

루시가 우여곡절 끝에 뇌 사용률 100%에 도달하는 장면은 가히 압권인데, 모든 한계를 뛰어넘어 시간과 공간에 자유로워지는 모습을 표현하고 있다. 과거로 돌아가 인류 최초의 여인이라고 발표된 유인원 '루시(Lucy)'를 만나는 장면이 나오는데, 이것은 과거를 알게 되는 숙명통처럼 시간에 대해 자유자재하게 되는 것이다. 또한 공간적으로는 인간이라고 하는 무거운 육체의 속박을 벗어던지고 무한한 빛으로 돌아가게 된다. 루시의 육체가 빛이 되어 사라진 공간을 향해 '당신은 어디에 있는가?'라고 과학자들이 묻자 '나는 어디에나 있다.'라고 말하는 장면은 몸을 마음대로 변화시킬 수 있는 신족통에 대한 묘사라고도 볼 수 있다.

인간의 뇌는 활성화됨에 따라 신통력이 나타나고 그것이 극에 달했을 때 시간적, 공간적으로 자유자재하게 된다고 묘사되는 것을 보면서 시간적 무한함인 무량수부처님, 공간적 무한함인 무량광부처님인 아미타부처님이 겹쳐보였다. 육근에 제한이 없어진 극락의 중생이 아미타부처님과 같은 무량수와 무량광을 얻는다는 것은 참으로 자연스러운 일이다.

인간도 미립자로 이루어져 있기에 파동과 입자의 성질을 모두 가지고 있다. 하지만 육근의 속박에 의해 물질로 갇혀 있는데 이 속박이 풀려감에 따라 점점 빛에 가까워진다. 번뇌의 속박에서 풀려날수록 해탈에 가까워지는 것과 같은 이치다. 이것은 수행이 깊은 사람일수록 얼굴에서 빛이 나고 깨달음을 이루면 심지어 후광까지 나타나는 것과도 같은 이치다. 육체에 고정된 존재가 아닌 무엇으로든 변할 수 있는 자유로운 무아의 존재가 된다면 번쩍번쩍 빛이 나는 것이 당연하지 않겠는가!

이처럼 육근을 속박하는 번뇌가 청정해질수록 물질은 점점 빛으로 변해간다는 것이니, 무한한 지혜를 가진 아미타부처님이 만드신 극락세계의 모든 형상이 빛으로 되어 있다는 점은 지극히 당연한 일이다.

여기서 잠깐!

사실 우리도 무량광이다!

양자물리학을 통해 발견된 미립자의 특징이 기억나는가? 이중슬릿 실험을 통해 미립자는 관찰자의 의중을 읽고 그에 따라 몸을 입자나 파동으로 신통하게 변화시킨다는 것을 보았다. 미립자는 놀라운 능력이 또 하나 있다. 한 번이라도 접촉했던 것과는 끊어지지 않는 연결성을 가지는 것이다. 예를 들어 당신의 손가락에서 작은 세포 몇 개를 떼어낸다. 이 세포를 시험관에 넣고 재빨리 1km 떨어진 건물로 이동한다.

당신의 기분이 변화할 때마다 신기한 일이 벌어지는데 1km나 떨어진 공간에 있는 세포가 당신의 마음 상태에 반응하는 것이다. 편안한 음악을 들으면 세포도 편안해지고, 공포 영화를 보면 세포 역시 공포를 느끼는 것이다! 이러한 연결성은 1km뿐 아니라 우주 반대편까지도 연결된다고 하니 미립자가 가진 능력은 공간을 초월한다.

러시아 과학자들은 좀 잔인한 실험을 통해 이를 증명하고자 했다. 실험을 하기 위해 어미 토끼에게서 갓 태어난 새끼 토끼들을 떼어내어 수천 km 떨어진 섬으로 데리고 갔다. 그리고 어미 토끼의 두뇌에 전극을 삽입해 뇌파의 변화를 기록했다. 이 상태에서 새끼 토끼들을 죽일 때, 어미 토끼의 뇌파는 어떻게 변화할지 측정했다. 수천 km 떨어져 있으니 소리를 들을 수도, 촉감을 느낄 수도 없다. 하지만 새끼 토끼가 한 마리씩 죽을 때마다 어미 토끼의 뇌파가 크게 솟구쳤다고 한다. 자식의 죽음이 공간을 뛰어넘어 어미 토끼에게 전달되는 슬프지만 경이로운 일을 증명하는 실험이었다. 한 번이라도 접촉한 대상과는 모두 연결되는 미립자의 능력이 대단하다. 조금만 상상력을 발휘해보면 미립자의 능력은 생각보다 더 대단하다는 사실을 알게 된다.

이 세상에 오직 A와 B와 C라는 미립자만 존재한다고 가정해보자. 먼저 A라는 미립자와 B라는 미립자가 접촉했다. 그럼 A에는 B의 정보가 묻어 있기에 A는 일종의 AB가 된다. 여기에 다시 AB와 C가 만나면 C에 AB의 정보가 묻어서 일종의 CAB가 되지 않겠는가? 이렇게 되면 A, B, C는 모두 서로의 정보를 갖는 상태가 된다. 이렇게 정보가 중첩된다는 점을 기억하며 상상의 범위를 만물로 넓혀보자. 모든 존재가 내뿜는 파동이 끊임없이 서로 중첩되기에 결국 하나의 미립자에는 만물의 정보가 묻어 있게 된다.

의상대사의 〈법성게〉에 나오는 '일미진중함시방 일체진중역여시(一微塵中含十方 一切塵中亦如是 ; 하나의 티끌 속에 시방세계 들어 있고, 모든 티끌 또한 이와 같네.)'처럼 하나의 미립자에는 만물의 모든 정보가 들어있고, 모든 것을 알고 있는 것이다. 이러한 특징을 물리학자 하이젠베르크(Werner Heisenberg)는 이렇게 찬탄했다.

"미립자들은 우주의 모든 정보, 지혜, 힘을 가지고 있는 무한한 가능성의 알갱이들이다."

복습해보자. 우리는 미립자로 이루어져 있다. 미립자는 한 번이라도 접촉한 존재의 모든 정보를 공간의 제약 없이 알게 된다. 따라서 미립자는 모든 존재에 대해 알고 있다. 즉, 모든 것을 아는 일체지를 가지고 있는 것이다. 이 일체지는 무한한 빛을 상징하기에 미립자는 무량광의 속성이 있는 것이고, 이러한 미립자로 이루어진 우리 모두는 무량광이 된다. 다만 아미타부처님과 우리의 차이가 있다면 아미타부처님은 무량광을 꽃피웠고, 우리는 무량광의 씨앗을 품고 있다는 것뿐이다.

아미타부처님을 찬탄하는 나무아미타불 염불은 사실 우리의 무량광 씨앗을 키워주는 따뜻한 햇볕이라는 점을 꼭 기억해야 한다.

나무아미타불.

5장
미묘하고 보배로운 극락

무심이 이야기 12

원심이는 검은색 돌멩이를 하나 꺼내 무심이에게 보여주며 말한다.

"무심아! 이것 봐. 끝내주지?"

"뭐? 이게 뭐야? 시꺼먼 돌멩이가 뭐 대단하다고! 우리 삼촌 스님이 계신 절 뒷산에 가면 이런 돌멩이 수도 없이 많아."

무심이는 원심이가 참 실없는 호법천신이라고 생각했다.

"무심아! 나 실없는 천신 아니야."

"미, 미안! 너 호법천신이었지! 잘못했어. 어떻게 끝내주게 좋은 돌멩이인지 설명해줘~."

"뭐 그렇다면, 어쩔 수 없이 설명해야겠네! 무심아, 너 좋아하는 보석 있어?"

"음, 다~"

무심이의 말이 끝나기도 전에 원심이 손 위에 있던 돌멩이는 다이아몬드로 변해버렸다!

"어머! 깜짝이야! 마음속으로 다이아몬드를 떠올렸더니 평범한 돌이 다이아몬드로 변했네."

"놀라기는! 아직 끝이 아니야. 다이아몬드 말고 또 좋아하는 보석 있어?"

"음, 아무래도…."

무심이의 말이 시작되기도 전에 원심이 손에 있던 돌멩이는 황금으로 변해버렸다!

"아이고, 놀래라! 원심아~ 이거 뭐야? 나 무서워! 내 마음을 나보다 빨리 알아차리는 것 같은데?"

"하하하하~ 놀랐지? 이 검댕이는 순수 미립자 덩어리야! 네 마음을 누구보다 빨리 알아차리고 그 마음에 따라 모습을 변화시킬 능력까지 갖추고 있는 대단한 놈이지!"

"뭐? 우리가 배웠던 미립자가 진짜 이런 능력을 갖추고 있는 거야?"

"그럼~ 진짜지!"

"그래? 그럼…."

무심이가 말을 시작하기도 전에 별처럼 반짝이는 빛 덩어리로 변해버린 검댕이의 모습에 원심이는 흐뭇한 표정이었고, 무심이는 무엇인가 골똘히 생각하는 모습이었다.

"무심아 너무 놀래서 혹시 말을 못하고 있는 거니? 괜찮아?"

"응. 원심아, 괜찮아. 그런데 저 돌멩이 어디서 구할 수 있어?"

"극락세계에 많은데, 왜?"

이때 돌멩이가 갑자기 돈다발로 변했다!

"우헤헤. 저거 가져다 팔면 떼돈 벌 것 같아서. 아~ 극락세계 꼭! 가서 조금만 챙겨와야지!"

"무심이 너~~~~~."

극락추천사5
아름다운 보석으로 이루어진 극락세계

備諸珍寶性　具足妙莊嚴
진귀하고 보배로운 성품으로 미묘하게 장엄되었습니다.

　극락세계가 빛으로만 이루어져 있다면 아름답기는 하겠지만 너무 허무하지 않을까? 텅 빈 허공에 아름다운 빛만이 가득하다면 무엇이 무엇인지 구분하는 게 불가능할 것이다. 그렇다면 물질인 색을 초월한 무색계와 무엇이 다른 것일까? 만약 차이가 없다면 삼계를 초월하는 극락의 특징이 없어지는 것이다.

　앞에서 미립자의 특징에 대해서 살펴보면서 모든 존재는 물질인 입자와 비물질인 파동의 두 가지 성질을 동시에 가지고 있다고 말했다. 극락은 청정한 본성에 의해 물질을 초월한 빛으로 이루어져 있다. 또한 동시에 입자의 성질을 가지고 있는데 이것은 미립자와 같이 물질과 비물질로 자유롭게 변화하는 곳이 바로 극락이라는 뜻이다. 극락중생이 만약 나무를 빛으로 바라보고 싶으면 빛으로 보이고, 금으로 바라보고 싶으면 금으로 나타나는 자유로운 모습은 중생의 취향을 고려한 아미타부처님의 자비로움 덕분이다. 이에 반해 무색계는 물질을 초월한 대신 비물질에 국한되어 있으니 극락의 우수함은 당연히 무색계를 초월한다. 부처님이 깨달은 진리를 대표적으로 표현하는 말이 '연기(緣起)'다. 연기를 공식처럼 보여주는 부처님의 금구를 소개하겠다.

이것이 있음으로 저것이 있게 되고〔此有故彼有〕
이것이 일어남으로 저것이 일어난다〔此起故彼起〕.
이것이 없으므로 저것이 없고〔此無故彼無〕
이것이 사라짐으로 저것이 사라진다〔此滅故彼滅〕.

이 금구는 만물은 서로 연결되어 있다는 진리를 보여주는 공간적 상의상관성(相依相關性)을 바탕으로 끊임없이 변화하는 시간적 현상의 변화를 보여준다. 이 금구는 12연기를 비롯한 다양한 연기설의 근본이 되는 핵심적인 내용이라고 할 수 있다. 이와 더불어 연기에 대해 부처님이 언급하는 중요한 금구를 소개하겠다.

연기(緣起)를 보는 자는 법(法)을 보고, 법을 보는 자는 여래(如來)를 본다. 〈연기경〉

부처님의 교법은 8만 4천 법문이라고 표현하는데, 그 양은 상상을 초월한다. 위의 금구는 모든 교법이 연기를 주제로 설해진 내용이라는 뜻이 되니, 연기법이야말로 부처님의 교법을 대표하는 중요한 주제라고 말할 수 있다. 용수보살은 부처님의 연기를 공(空)이라는 단어로 표현하고, 연기공(緣起空)의 지혜를 강조하며 불교를 중흥시

켰다.

진공묘유(眞空妙有)라는 말은 모든 존재는 공성이지만 미묘한 것이 있기에 무(無)는 아니라는 점을 강조하는 표현이다. 극락세계의 형상이 바로 진공묘유한 모습이라고 할 수 있다. 사실 극락세계뿐 아니라 법계 전체의 진실한 모습이 진공묘유한 모습이지만 중생들 각자가 가진 감각적 착각으로 인해 그 진실을 보지 못할 뿐이다.

인간의 몸을 초고성능 현미경으로 수백만 배 확대해서 보면 어떻게 될까? 허공과 같이 텅 빈 모습을 관찰할 수 있다. 이것은 양자물리학의 입장을 배제하더라도 관찰할 수 있는 사실이다. 이렇게 텅 비어 있는 이유는 물질을 이루는 원자가 핵을 제외한 나머지 부분은 텅 빈 허공으로 존재하기 때문이다. 그 크기의 비율을 본다면 원자를 축구 경기장만 하게 뻥튀기 시키면 그 속에 핵은 쌀알만 하고 나머지 축구 경기장 전부는 텅 빈 정도의 비율이다. 그렇다면 사실상 원자는 텅 빈 상태가 아닌가? 즉, 색이 곧 텅 빈 허공과 같다는 것으로 색즉시공의 한 측면을 보여주는 내용이라고 할 수 있다.

아인슈타인은 '우리는 시각적 착각 속에 살아가고 있다.'라고 말했는데, 우리가 가진 감각기관의 한계를 생각할 때 지극히 당연한 말이다. 양자물리학자인 윌리엄 틸러(William Tiller) 박사는 '인간의 99.9999%는 빈 공간'이라고 말하며 물질의 텅 비어 있는 속성을 말한다. 극락세계뿐 아니라 모든 법계가 본래 이러한데 이것을 해석하는 중생의 감각기관에 따라 허망한 착각이 경험될 뿐이다.

한밤 중 산길을 걷던 한 청년이 눈앞의 무서운 뱀을 보고 깜짝 놀랐다. 이 청년은 어렸을 적, 뱀에 물렸던 경험이 있어 더욱 공포스러웠다. 이곳을 지나가야 집으로 갈 수 있던 청년은 과연 어떻게 됐을까?

청년은 두려움 때문에 가던 방향을 돌려 시간이 두 배나 걸리는 길을 선택해 집으로 갔다. 다음날 피곤한 몸을 이끌고 일을 하러 가기 위해 다시 산길을 넘던 청년은 어제 뱀을 봤던 그 길에 다다르자 서서히 긴장하기 시작했다. '혹시, 아직도 뱀이 여기 있으면 어떡하지?' 우려했던 바와 같이 어제의 그 뱀은 꼼짝도 안 하고 그 자리에 있었다.

어젯밤 뱀의 정체는 바로 노끈이었는데, 뱀이 대가리를 들고 있듯 끝 부분이 미묘하게 올라가 있는 모습이었다. 청년은 이 노끈이 무서워 먼 길을 돌아 집에 들어간 것이고, 아침부터 가슴을 벌렁이며 두려움에 떨고 있었던 것이다. 이러한 착각을 유식(唯識)에서는 변계소집성(遍計所執性 ; 온갖 분별로써 마음속으로 지어낸 허구적인 대상. 온갖 분별로 채색된 허구적인 차별상)이라고 한다.

노끈은 노끈일 뿐이다. 하지만 노끈을 바라보며 감각이 오류를 불러일으키고, 거기에 더해 자신의 과거 경험을 통해 사실을 더욱 왜곡한다. 왜곡된 사실을 제거하고 보니 뱀이 아닌 노끈이라는 것을 알게 되는데, 이것이 의타기성(依他起性 ; 여러 가지 조건이 서로 화합됨에 따라 존재하는 모습)이다.

하지만 이것을 노끈으로 바라보는 것 역시 감각기관이 가지고 있는 한계와 더불어 과거의 경험을 통해 상식선에서 노끈이라고 결론지은 것이다. 저 노끈은 그냥 지푸라기를 꼬아 놓은 것에 불과하다. 또한 초고성능 현미경으로 살펴보면 노끈은 텅 빈 허공과 같지만 우리 눈에는 잠깐 사이에 노끈이라는 상의 모습으로 등장하는 것이다. 허공과 같은 노끈의 실체가 바로 원성실성(圓成實性 ; 분별과 망상이 소멸된 상태에서 드러나는, 있는 그대로의 청정한 모습)이다.

어차피 모든 것은 진공묘유한 성질을 가지고 있다는 점에서 삼계와 극락의 차이는 없다. 다만 삼계는 번뇌를 근본으로 착각을 불러일으키고 고통을 만들지만 극락세계는 지혜를 근본으로 청정한 빛과 보석 같은 장엄으로 나타나 중생을 행복하게 한다는 결정적인 차이가 있다. 이렇게 진공묘유한 극락의 모습을 세친보살은 '미묘한'이라고 표현한다. 이 책에서 자주 등장하는 미묘하다는 표현은 진공묘유로 생각하면 될 것이다.

빛 중에서 가장 아름다운 무량광으로 장엄되었고, 입자 중에서 가장 아름다운 보배들의 성품을 가지고 있어 보는 이의 마음 따라 빛으로도 입자로도 자유롭게 그 모습을 바꾸는 극락세계, 참 멋지지 않은가?

욕망의 삼계, 피로 물든 다이아몬드

탐욕에 사로잡히지 않은 자가 가장 부유한 자다. 구두쇠야말로 가장 가난한 자다. -마호메트-

다이아몬드는 금강석으로 불리며 그 강인함을 자랑한다. 세상의 모든 광물을 잘라버릴 수 있는 힘이 있기에 불교의 지혜를 상징하기도 한다. 공성의 지혜를 담고 있는 〈금강경〉의 영어 이름이 〈Diamond Sutra〉인 이유는 모든 번뇌를 잘라버리는 공성의 지혜가 다이아몬드와 같다는 비유인 것이다. 다이아몬드는 '영원한 사랑'을 의미하기도 해서 결혼을 하는 예비 신부들에게 최고의 예물로 꼽히고, 누구나 갖고 싶어 하는 보석 중의 하나다. 그런데 이 아름다운 보석이 우리의 손에 들어오기까지 얼마나 많은 사람의 땀과 눈물, 그리고 피가 묻어났는지 아는가?

〈꽃으로도 때리지 말라〉의 저자인 탤런트 김혜자 씨는 아프리카의 시에라리온에 봉사하기 위해 방문하여 겪었던 그곳의 참상을 여과 없이 책에 담았다. 시에라리온이라는 나라에는 다이아몬드 광산이 있는데 이 광산을 차지하기 위한 내전으로 엄청난 참극이 벌어졌다.

앞에서 극락의 땅 크기는 무한하다는 것을 말하면서, 땅이 좁으면 자원이 유한하게 되고, 자원의 희소성은 탐욕과 분노 그리고 어리석음의 연쇄작용을 일으킨다는 것을 이야기했다. 다이아몬드 광산 역시 탐욕의 대상이었고, 이것이 어리석은 분노를 증폭시켜 잔인한 전쟁이 되풀이되고 있는 것이다.

아름다워야 할 시에라리온 땅에는 유난히 손목 없는 이들이 많다고 한다. 10살 미만의 아이들을 납치해 군사 훈련을 시킨 후 마약을 복용시켜 소년병이라는 이름으로 전쟁에 내보낸다. 소년병들은 환상에 사로잡혀 가축을 잡듯 살인을 하고, 포로로 잡힌 이들을 강간하고 유린하며 웃으며 손목을 자른다고 하니 피해자, 가해자 모두에게 그곳은 지옥이다. 시에라리온은 10년의 내전으로 국민 600만 명 중

200만 명의 난민이 발생했고, 약 4000명이 신체가 절단된 채 살아 간다고 한다. 이 모든 참상의 근본이 되는 장소가 바로 다이아몬드 광산이고, 그곳을 향한 사람들의 탐욕이 내전의 씨앗이 된 것이다.

시에라리온의 다이아몬드 광산에서는 엄청난 양의 다이아몬드가 산출된다. 이곳을 반군 조직 '혁명연합전선'이 차지하고 있을 당시 연평균 1억 2500만 달러의 다이아몬드를 생산하여 그 돈으로 전쟁 에 쓰일 무기를 구입했다는 사실은 탐욕이 불러오는 분노와 어리석 음을 잘 보여준다. 무기를 구입할 돈으로 난민들의 의식주 문제를 해결했다면 얼마나 좋았을까!

시에라리온의 참상은 영화 〈블러드 다이아몬드〉에서도 다루어지고 있다. 다이아몬드 광산에서 강제 노역 당하는 솔로몬은 크고 희귀 한 지상 최고의 다이아몬드를 발견한다. 이 다이아몬드를 가지고 소 년병으로 끌려간 아들을 구하기 위한 그의 처절한 노력이 그려진다. 이 영화는 액션 영화로 분류되지만 피의 다이아몬드에 대한 참상을 세상에 알리는 역할을 했다.

삼계의 근본은 청정하지 못한 번뇌로 이루어졌다. 혹업고의 순환 에 따라 번뇌는 전쟁이라는 악업을 일으키고 그 악업은 시에라리온 사람들에게 지옥과도 같은 고통을 안겨주었다. 그들의 핏물 위에서 채취되고 가공된 다이아몬드는 과연 아름답기만 한 것일까? 슬프게 도 삼계의 핏빛 다이아몬드는 모든 행복을 부숴버리는 탐욕의 결정 체다. 이것이 바로 삼계의 보석이 아무리 빛나고 화려해도 청정하지 못한 단적인 예라 할 수 있겠다.

극락세계의 디드로 효과

'디드로 효과(Diderot effect)'라는 말이 있다. 프랑스의 철학자 드니 디드로(Denis Diderot)는 어느 날 친구에게 진홍색 가운을 선물받았다. 가운이 마음에 들었던 디드로가 서재에서 가운을 입어봤더니 잘 어울렸다. 하지만 그 가운을 입고 책상에 앉는 순간 이상한 괴리감을 느꼈다. 책상과 가운의 색깔이 맞지 않는 것이었다. 이런 상황에서 우리는 어떻게 행동할까?

그냥 안 맞는 대로 지낼 수도 있지만 디드로는 그럴 수 없었다. 모든 것을 어울리게 맞추고 싶었다. 그는 곧 가운의 색과 어울리는 새로운 책상을 구입하는 과감한 선택을 했다. 그리고는 의자, 벽걸이 등 서재 살림살이를 싹 갈아치우는 욕망에 홀린 모습을 보여 주었다. 이 모습은 만족할 줄 모르는 인간의 내면 속 아귀를 보여준다.

상식적으로 따져 보자. 그 가운 가격이 얼마나 하겠는가? 가운 하나만 바꾸면 될 것을 왜 서재 전체를 바꾸기로 선택한 것일까? 가운이 불러일으킨 탐욕에 홀림으로써 탐욕이 탐욕을 부르는 복리 현상이 일어난 것이다. 그리고 이러한 아귀 놀음은 현대사회에서 왕왕 목격할 수 있는 장면이다.

많은 사람들이 명품에 눈이 멀어 자신의 신용을 팔기도 한다. 명품이라는 것이 도대체 무엇인가? 그것은 희소성과 쾌락이 만들어내는 어리석은 환상이다. 명품백은 한정판일수록 인기가 많고 가격이 비싸다. 남들이 가지지 못하는 것을 내가 가지고 있다는 우월감을 높여주기 때문이다. 또 희소성 있는 명품백을 들고 거리를 활보할 때 주변 사람들의 부러운 시선은 쾌락을 선사한다. 방송과 대중문화가 이러한 어리석음을 증폭시켜 명품에 대한 탐욕의 폭탄을 여기저기 터트리기도 한다.

사실 명품은 최고의 장인이 만든 질 좋은 물건으로 오랫동안 편안하게 쓸 수 있는 물건이다. 생산에 필요한 재료의 단가가 높고 최고의 기술력이 응집되어 있기에 그 가격이 어느 정도 높게 책정될 수도 있다. 하지만 요즘은 명품 가격이 천정부지로 치솟았고, '비싸야 명품이다.'라는 황당한 주객전도 현상이 나타나고 있다.

극락세계에도 일종의 '디드로 효과'가 있다. 악질 범죄까지 저지른 악업 범부도 임종의 순간 극락왕생을 발원하는 마음으로 나무아미타불을 열 번 하면 마법처럼 극락에 태어나게 된다.

생전의 다양한 업력들이 우주은행에 저장되어 자신의 의식을 이루는데 이것을 '의식의 집'이라고 비유할 수 있다. 악업 범부는 의식의 집에 악취나고 추악한 가구들을 많이 들여놓고 살고 있는 것이다. 임종의 순간에 악업 범부 A는 선지식에게 십념왕생원이라는 선물을 받는다. 선물이 마음에 든 A는 십념왕생원을 실천하여 극락에 왕생하게 된다.

극락에 왕생한 A는 '나무아미타불'이라는 아름다운 가운에 걸맞도록 악취나고 추악한 악업의 가구들을 모두 버리고 찬란하게 빛나는 새로운 지혜의 가구들을 의식의 집에 들여놓는다. 나무아미타불 염불 하나가 A의 의식의 집에 있는 모든 가구를 바꾸었으니, 극락세계에도 좋은 의미의 '디드로 효과'가 있는 것 아니겠는가?

디트로 효과	탐욕의 가운 하나 → 서재의 모든 것을 바꿈
극락 디트로 효과	나무아미타불 선임 하나 → 모든 악업을 바꿈

자본주의와 탐욕

현대사회는 인류 역사상 탐욕이 가장 증폭되어 있는 시기라고 평가할 수 있다. 이는 많은 나라에서 경제체제로 채택하고 있는 자본주의의 영향이 아주 크다. 자본주의의 가장 큰 특징은 공급과잉 현상이다. 자본주의 이전의 사회에서는 물품을 필요로 하는 사람이 주문을 했을 때 생산을 하는 방식이었지만, 자본주의 사회에서는 대량생산을 한 후에 판매하는 방식으로 창고에 상품이 쌓여 있게 되었다. 창고에 쌓인 상품을 판매하기 위해 세 가지 탐욕스러운 방법이 나타났다.

첫째는 자본력을 바탕으로 가격경쟁에서 우위를 차지하는 행위이다. 예를 들어 책 한 권을 만드는 단가를 계산할 때 인건비, 장소 임대료, 인쇄비, 종이값 등의 항목이 책정될 것이다. 자본이 많은 사람은 장소를 임대할 필요가 없으니 임대료가 절감되고 인쇄소를 가지고 있다면 인쇄비를 절감해 가격경쟁력을 갖추게 된다. 반면 자본이 없는 사람은 공급가격을 낮출 수 있는 방법이 없기 때문에 시장경쟁력을 상실하는 경우가 발생한다. 이는 대형 마트가 동네 슈퍼마켓이

나 재래시장의 고객을 탐욕스럽게 집어삼키는 경우에 해당된다.

둘째는 군사력과 경제력을 바탕으로 타국을 지배하는 제국주의를 통해 수요량을 늘리는 방법이다. 2차 세계대전이 끝난 후 표면적인 군사적 제국주의는 사라졌지만 경제적 제국주의는 공공연히 세계를 뒤흔들고 있다. 경제력이 강한 나라는 경제협정에서 자국의 수출품을 보호하기 위해 상대국이 뜻대로 움직여주지 않으면 우회적인 경제재제를 가해 자국의 이익을 관철시키도록 한다. 이렇게 경제적으로 유리한 시장을 세계에서 확보하는 형태로 초과공급량을 해결하는 방법이다.

셋째는 광고라고 하는 매개체를 활용하여 소비자의 구매욕을 자극하는 방법으로 경제의 순환을 유지시킨다. TV에 나오는 광고를 보면 감탄사가 절로 나온다. 구매자의 마음을 움직이는 짧지만 강렬한 영상과 문구로 된 광고가 얼마나 효과적으로 탐욕을 불러일으키는지 혀를 내두르게 된다. TV를 켜도, 길을 걸어도, 스마트폰을 봐도, 신문을 펼쳐도, 버스를 타도 어디에나 광고판이 존재하고 우리 내면의 탐욕스러운 아귀 본성을 일깨운다.

이러한 자본주의의 탐욕의 흐름은 그 속에 포함된 사람들의 욕망을 극대화시켜 끌어내는 역할을 한다. 아무리 벗어나려고 노력해도 경제라는 이름으로 다가오는 다양한 제약에서 개인은 자유로울 수가 없다. 탐욕의 춤사위가 지금 우리 사회를 휘젓고 있는 것이다. 이 얼마나 효과적으로 우리를 고통으로 이끄는 세상인가!

극락세계에서는 물을 마셔도, 풀을 만져도, 바람을 느껴도, 빛을 봐도, 꽃향기를 맡아도! 감각을 통해 느끼는 모든 경험이 탐진치 삼독심을 제거하는 법희열로 느껴지는 것과 대조적이다. 삼계는 탐욕을 배우기 정말 쉬운 곳이고, 극락은 지혜를 배우기 정말 쉬운 곳이다.

불국토에 있는 모든 물건에 대하여 내 것이라는 욕심이 없으니 그것들에 집착하는 마음도 없다. 그래서 가고 오고 머무는 데에 조금도 마음에 걸림이 없고, 마음 내키는 대로 자재로우니라. 또한 친하여 스스럼 없고 너와 나의 차별심이 없어 서로 시샘하고 시비를 다투는 마음이 나지 않고 오히려 모든 중생을 사랑하는 큰 자비심만 가득하니, 매양 상냥하고 부드러워 분하고 한스러운 마음이 없느니라. 〈무량수경〉

청정한 보석으로 장엄된 극락

법장비구가 한 나라의 왕이었을 때 그 나라의 국민들도 현대의 자본주의 정도까지는 아니겠지만 탐욕에 물들어 있었을 것이다. 탐욕이라는 번뇌는 악업을 불러오고 악업은 고통을 만든다는 혹업고의 연기법칙에 따라 빈부의 격차와 행복감의 차이, 그리고 피할 수 없는 전쟁을 통한 다양한 고통이 존재했을 것이다.

이 번뇌와 악업의 흐름 속에서 아무리 노력해도 씻어줄 수 없었던 백성들의 수많은 고통을 해결하기 위해 왕은 출가를 선택한다. 일단 광적인 집단의 흐름에서 벗어나는 것이 우선이었기 때문이다. 하지만 이것은 혼자 잘 살기 위한 이기심에서 도망친 것이 아니라 흐름을 바꿀 수 있는 힘을 갖추어 모두를 살리기 위한 일보 후퇴 이보 전진의 이타적 전략이었던 것이다.

왕은 법장비구가 되어 번뇌의 흐름이 강렬하여 존재를 지옥의 낭떠러지로 밀어버리는 삼계의 예토(穢土 ; 중생이 사는, 번뇌로 가득 찬 고통의 바다인 현실세계)와 달리 청정한 지혜의 흐름으로 인해 존재를 행복하게 하는 210억 개의 정토(淨土)를 탐방했다. 그리고 이를 벤치마킹(Benchmarking ; 다른 기업의 제품이나 조직을 분석하여 전략을 세우는 것) 하여 무려 5겁 동안 수행하였다. 이 기간 동안 모든 정토의 장점을 취합하고 단점을 버린 48대원이라는 극락의 설계 원리를 세우게 된다. 이렇게 중생을 생사의 고해로부터 건지고 싶은 마음을 바탕으로 만들어진 법장비구의 48대원 중 하나를 살펴보도록 하자.

* 27대원 장엄무량원(莊嚴無量願)

내가 부처 될 적에 그 나라의 중생들이 가진 일체의 만물은 정결하고 찬란하게 빛나며, 모양이 빼어나고 지극히 미묘하여 능히 측량할 수 없을 것입니다. 만일 모든 중생이나 천안통을 얻은 이가 그 이름과 수효를 헤아릴 수 있으면 정각을 얻지 않겠습니다.

사랑하는 자신의 백성들이 반짝이는 보석을 좋아한다는 점을 기억하고 있던 법장비구가 대자비심으로 그들을 위해 아름다운 장엄을 설계한 것이다. 일단 극락의 모든 존재를 자체발광하는 빛으로 이루어지게 하여 반짝이게 하였고, 극락세계는 보는 이가 좋아하는 보석의 종류와 모양으로 변화하도록 만들었다. 금을 좋아하는 이에게는 금으로, 다이아몬드를 좋아하는 이에게는 다이아몬드로, 루비를 좋아하는 이에게는 루비로 극락세계가 보인다. 어떤 보석으로든 자유자재하게 변화하는 모습의 장엄이라니 이것이야말로 그 무엇과도 비교할 수 없는 최고의 명품이라고 할 수 있다.

타인의 핏물로 이루어져 끝없는 탐욕을 불러일으키는 삼계의 다이아몬드와는 달리 극락의 보석은 그 본성까지 청정해 보는 이와 만지는 이들의 마음속 삼독심을 제거하여 깨달음으로 나아가게 한다. 최고의 환희와 만족을 안겨주는 청정한 보석인 것이다.

아미타부처님은 중생의 취향에 알맞은 장엄을 준비하고 우리를 설득한다. '지옥의 낭떠러지로 향해 달리는 삼계의 광적인 흐름에서 벗어나 이 극락으로 오라!' 법장비구의 일보 후퇴가 만들어낸 극락세계가 이제 그 문을 활짝 열고 중생을 받아들이는 아미타부처님의 이보 전진으로 나타나고 있는 것이다.

극락세계의 모든 것들, 기세간을 포함하여 중생세간 즉, 극락의 중생들까지도 깨달음을 불러일으키는 청정한 보석의 성품으로 이루어졌다는 사실을 생각하면 아미타부처님의 큰 자비로움이 다시 한번 느껴진다.

여기서 잠깐!

과학을 어떻게 바라볼까?

18세기 최고의 철학서로 꼽히는 칸트의 〈순수이성비판〉에서는 인간의 이성이 가진 한계를 명확하게 비판한다. 그 내용을 간략히 요약하면 인간은 외계의 사물을 있는 그대로 보지 못한다는 것이다. 오직 자신의 해석을 통해서 세상을 바라볼 수밖에 없는데 이것은 인간이 가진 감각기관의 고유한 한계에 의한다는 것이다.

이러한 이성에 대한 비판은 이후의 철학, 과학, 예술 등 전 학문 분야에 큰 영향을 미치게 된다. 이성에 이러한 고유의 한계가 있다면 자연과 인간과 신을 관찰하는 주체에 오류가 있다는 것이다. 그동안 모든 것을 관찰해왔던 눈 자체에 문제가 있다니! 이것은 감각기관과 이성을 도구로 활용하여 쌓아왔던 그동안의 모든 학문과 경험들이 부정될 수 있는 비판인 것이다.

그로부터 100여 년 뒤 19세기 말부터 20세기 초까지 과학계에 큰 지각변동이 생긴다. 아인슈타인의 상대성이론에 이어 양자역학이 등장하면서 생긴 변동이다. 이전의 뉴턴식 물리학에서는 고정된 시간과 공간을 전제했지만 상대성이론은 시간과 공간의 가변성을 보여줌으로써 이전의 상식을 깨뜨렸다. 양자역학은 우리가 바라보는 만물의 기본입자인 미립자는 파동으로도 입자로도 존재할 수 있음을 보여주고 있다. 그동안 물질은 물질로만, 비물질은 비물질로만 존재한다는 고정적인 상식이 깨진 것이다. 이렇게 관찰 주체인 인간의 감각과 이성이 불완전하다는 사실, 그동안 관찰해왔던 외계가 고정적일 것이라는 결론의 부정확성이 서양사회에서는 현대에 들어 인정되기 시작했다. 그리고 사회가 이를 인정한다면 과학은 큰 딜레마에 빠지게 되는데 그동안 자신들이 발견한 이치가 부정확한 관찰 도구로 연구된 결과물이기에 오류가 있을 수 있음을 인정해야 되는 것이다. 만약 인정하지 않는다면? 하나를 부정함으로써 모든 것을 부정하게 되는 오류를 범하게 되어 그동안 자신들이 발견한 이치 모두 스스로도 인정하지 못하는 하찮은 것이 되어버린다. 과학은 지금 이런 딜레마를 해결해야 하는 상황에 놓여 있다.

부처님은 이미 2500여 년 전 전5식인 감각과 제6의식인 의식의 불완전성에 대해서 말씀하였다. 또한 시간과 공간의 가변성, 객관계 물질의 가변성에 대해서도 제행무상, 제법무아의 진리로써 이미 말씀하였다. 이러한 상황에서 불교는 과학을 어떻게 바라봐야 할까?

첫째, 과학이 근현대에 발견한 자연의 이치들은 불교의 진리를 다른 방식으로 증명해주고 있다는 점을 알아야 한다. 자연의 이치에 대한 탐구를 배제했던 타종교와는 달리 불교는 자연 역시 인간, 부처님과 상호연결된 존재로 파악하여 탐구를 이어왔고 만물을 관통하는 연기의 진리를 발견했다. 따라서 불교는 과학이 새롭게 발견하는 이치들을 환영해야 한다. 또한 성능 좋은 다양한 기기들이 세밀하게 관찰하여 얻은 과학실험의 결과들을 열린 마음으로 받아들여 교리에 반영할 필요가 있다.

둘째, 과학자들의 수행을 지도해줘야 한다. 과학은 인간의 6식이 가진 한계를 뛰어넘어 자연을 있는 그대로 관찰할 수 있도록 마음을 정화하는 수행론에 무지하다. 만약 진정한 과학자라면 관찰 주체인 주관의 한계가 점점 명확해지는 상황에서 주관의 오류를 해결하고 지혜를 갖춘 정확한 관찰을 해야 할 의무가 있다. 불교는 종교 리더로써 과학자들과의 교류와 교화를 통해 여실지(如實智 : 만물의 참다운 실상을 깨닫고 불법을 꿰뚫는 지혜)를 갖추는 수행을 지도해줄 필요가 있다.

셋째, 과학에 대한 최소한의 공부를 통해 불교와의 접점을 이해하고 있어야 한다. 과학을 두려움 없이 자신감을 가지고 받아들이기 위해서, 또 과학자들과 교류를 통해 그들의 수행을 지도하기 위해서는 반드시 전제되어야 하는 것이 바로 과학을 아는 것이다. 이것이 이루어지지 않는다면 종교 리더로써의 역할을 충실하게 이행하지 못할 뿐 아니라 모르는 것에 대한 두려움으로 과학을 배척할 가능성이 있기 때문이다.

불교의 연기설은 이 법계를 하나의 원인이 만들었다는 창조설과는 달리 지극히 논리적이고 과학적인 진리다. 그러니 과학을 두려워할 이유가 전혀 없다. 새로운 과학의 발견들을 접할 때마다 흐뭇한 마음으로 불법을 새롭게 증명해주는 고마운 일로 바라볼 필요가 있다.

그리고 오염된 인식을 정화하는 수행으로 과학자들을 이끌어준다면 시대를 이끌어가는 종교 리더로써의 역할에 충실해지지 않을까? 진리를 먼저 발견했고, 인식을 정화하는 수행론을 보유하고 있는 불교가 과학과의 만남에서 주도적인 위치에 있다는 사실을 반드시 기억해야 할 것이다.

4^부
극락수행

수행을 결심하는 무심이

무심이는 임사체험 후 세속적 쾌락은 허망한 것임을 알게 되고 가치 있는 삶을 위해 불법의 진리를 추구하고 싶은 마음이 생기면서 원심이가 보이기 시작했다. 원심이가 호법천신이라는 것을 알고 무심이는 1년 전에 돌아가신 아버지의 행방을 물었다. 아버지가 자신 때문에 지옥에 떨어졌다가 삼촌 스님과 원심이의 도움으로 다시 극락세계에 태어났다는 것을 알게 된 무심이는 아버지가 계신 극락세계가 도대체 어떤 곳인지 궁금해졌다.

궁금해하는 무심이를 위해 원심이는 극락에 대해 소개했다. 무심이가 극락에 대해 무지했기 때문에 이미 알고 있는 인간 세상과 극락을 비교하면서 극락의 좋은 점을 설명하는 방법을 활용했는데 그 내용을 간략히 복습하자면 다음과 같다.

첫째, 극락세계는 넓이가 무한하다.

둘째, 극락세계 중생들의 수명은 영원하다.

셋째, 삼계의 기세간과 중생세간은 오염된 번뇌가 모여서 만들어져 고통스러운 곳인 것에 반해 극락은 아미타부처님의 청정한 48대원과 수행력이 근본이 되어 만들어졌기에 지극히 행복한 곳이다.

넷째, 극락은 청정한 본성에 걸맞은 모습을 갖추고 있는데 무한히 넓은 모든 세계가 자체적으로 빛이 나고 여기에 더해 무량광불의 청정한 빛을 거울과 같이 서로 반사해 비추니 찬란하게 아름다운 빛의 향연과 같다.

다섯째, 빛으로만 이루어졌다면 허공과 같이 텅 빈 아름다움이겠지만 아미타부처님은 대자비심으로 이 빛들이 중생들이 좋아하는 최고의 물질인 보석의 성품으로 이루어지도록 장엄했기에 극락세계는 그 자체가 아름다운 보석이다.

극락의 소개까지 듣고 나자 무심이는 죽음에 대해, 윤회계의 험난함에 대해, 연기에 대해, 부처님의 가르침에 대해, 극락에 대해 어느 정도의 확신이 생기게 되었다. 이러한 확신을 바탕으로 무심이는 직접 극락에 가보고 싶은 마음이 간절해졌다! 극락을 체험하고 싶어졌다! 직접 보고 듣고 느끼고 싶어졌다! 그래서 무심이는 이제 극락수행을 시작하려고 한다. 원심이는 극락체험을 위해 필요한 공덕을 마련하기 위한 무심이의 100일 극락수행 계획을 준비해 주었다. 지금부터 제시되는 내용이 바로 그것이다!

* 무심이의 100일 극락수행
  ① 육시예불 – 하루 여섯 번 삼귀의, 극락발원, 극락염불 수행을 한다.
  ② 일상수행 – 일과 중에 극락 만 보 수행
  ③ 극락수행 – 수행시간 30분 동안 삼귀의, 극락발원, 극락염불 후 철오 스님 10종 신심을 읽고, 16관법의 첫 번째인 일몰을 바라보는 명상, 일상관을 한다.

앞으로 100일간 무심이의 일상은 극락으로 채워질 것이다. 하루 여섯 번, 육시예불을 통해 극락을 마음에 새기도록 연습할 것이고, 일과 중에 극락 만 보를 통해 극락세계로 다가갈 것이며, 하루 한 번의 수행 시간을 통해 극락수행을 이어나갈 것이다. 24시간 아미타부처님을 생각하며 공덕과 복덕을 만들어나가는 삶이 무심이를 극락으로 인도하는 것이다.

하루 여섯 번의 예불이라는 것은 하루의 시작인 잠에서 깨어나는 때, 세 끼 식사기도 시간, 그리고 잠에 들어갈 때와 일몰 30분 전부터 이어지는 극락수행 시간에 삼귀의, 극락발원, 극락염불 하는 것을 말한다.

삼귀의는 심호흡을 세 번 하고 '거룩한 부처님께 귀의합니다. 거룩한 가르침에 귀의합니다. 거룩한 스님들께 귀의합니다.'라고 아미타부처님께 다짐하는 것이다. 극락발원은 '부처님 저는 극락세계에 왕생하기를 간절한 마음으로 발원합니다.'라고 아미타부처님께 발원하는 것이며, 극락염불은 흩어진 마음을 하나로 모아 '나무아미타불'을 열 번 하는 것이다. 열 번의 염불 중 앞의 5번은 자신의 왕생을 위해 하고, 뒤의 5번은 중생의 행복을 위해 회향하는 마음으로 수행한다. 이후에 아미타부처님께 말하고 싶은 내용이 있으면 간단하게 기도한다. 예를 들어 잠에서 깰 때 '오늘 하루도 행복하게 살겠습니다!'라고 기도하고, 잠에 들기 전 '오늘 하루 모든 존재에게 감사했습니다.'라고 기도해도 좋다. 삼귀의, 극락발원, 극락염불은 1분 전후의 시간이 소요된다. 하루 여섯 번, 6분의 시간으로 삶 속에서 극락을 잊지 않을 수 있게 되는 것이다.

이렇게 육시예불을 하는 동안 이어지는 일상에서 무심이는 극락 만보를 한다. 극락 만 보란 한 걸음씩 걸을 때마다 나무아미타불 염불을 하는 것이다. 이렇게 걸으면서 극락염불을 하면 걸을수록 서방정토 극락세계에 가까워지고, 극락세계에 있는 자신의 연꽃이 점점 아름다워지게 된다.

무심이는 이렇게 육시예불과 극락 만 보를 통해 일상을 극락세계로 채워나가게 된다. 이와 더불어 하루 한 번의 극락수행을 통해 왕생을 위한 본격적인 공덕을 만든다. 무심이의 극락수행은 그 주제가 16관법 중 첫 번째인 일상관이기 때문에 일몰 30분 전 삼귀의, 극락발원, 극락염불을 한 후 철오스님의 10종 신심을 읽고, 서쪽을 향해 떨어지는 태양을 고요히 바라본다. 이렇게 밝게 빛나는 태양의 모습을 마음에 새기는 시간이 늘어나면 눈을 감고도 일몰을 바라볼 수 있게 되는데, 이렇게 될 때 무심이는 원심이의 도움을 받아 극락을 체험할 수 있는 최소한의 공덕이 준비되는 것이다. 원심이는 무심이를 위한 100일 극락수행 계획을 알려준 뒤 소리도 없이 사라졌다.

＊ 독자들을 위한 100일 수행 방법은 부록 참조.

습관의 힘 100일 수행

찰스 두히그는 〈습관의 힘〉에서 습관의 생성에 대한 뇌과학계의 최신 연구자료를 소개하고 있다. 우리가 무엇인가에 익숙해진다는 것, 익숙해지면 힘들이지 않고 할 수 있다는 것, 익숙한 일을 무의식적으로 처리하면서 다른 중요한 일을 동시에 할 수 있는 것은 바로 습관의 힘 때문이다.

얼마나 많은 사람들이 나쁜 습관을 벗어나지 못해 고생했고, 좋은 습관을 만들기 위해 고군분투했는가! 만약 습관에 대한 비밀이 풀리고 대중들에게 교육된다면 좋은 습관으로 자신의 삶을 바꾸는 기쁜 일들이 도처에서 일어나지 않을까? 기쁜 소식이 있다. 최근 습관에 대한 연구가 진행되면서 습관의 생성과 관리가 이루어지는 뇌의 부분이 기저핵이라는 것이 밝혀졌다. 삶을 바꾸고 싶다면 이곳에 습관의 힘의 비밀이 숨어 있다는 사실에 주목하자!

익숙하게 습관을 들이면
쉽게 되지 않는 일은 아무것도 없나니,
그러므로 작은 어려움을 참는 것에 익숙해지면
큰 어려움도 참을 수 있게 된다네. 〈입보살행론〉

습관의 관점에서 볼 때 세상에 어려운 일이라는 것은 존재하지 않는다. 오직 익숙하지 않은 일이 있을 뿐이다. 꼭 필요한 습관을 자신의 삶에 원하는 대로 들여놓을 수 있다면 삶은 얼마나 편안하고, 성공적일까?

과학자들이 뇌의 기저핵이 습관과 연관되어 있다는 사실을 발견하면서 습관 형성에 대한 다양한 의문들도 풀렸다. 습관을 형성하는 데에는 일정한 과정이 있는데 이를 습관 고리라고 한다. 습관 고리를 일정 기간 빼먹지 않고 연습하면 누구나 원하는 자신만의 좋은 습관을 삶에 이식할 수 있는 것이다. 습관 고리는 신호, 반복, 보상으로 이루어진다. 일정한 신호가 있을 때 만들고자 하는 습관을 반복하고 이 반복에 대한 보상이 자신에게 주어지도록 습관 고리를 형성하는 것이다.

예를 들어 아침에 잠에서 깨어나면 나무아미타불 극락염불하는 습관을 들이고 싶다고 생각해보자. 아침에 알람 소리를 듣는다면 그 소리를 신호로 삼아도 좋고, 눈을 뜬 후 조명 스위치를 누르는 것으로 신호를 해도 좋다. 아침에 일어날 때 이미 반복되는 행동 중 한 가지를 신호로 삼아 보라. 여기서는 알람 소리를 신호로 정하고 계속 생각해보자.

알람이라는 신호를 듣고 반복 연습할 새로운 습관을 정하라. 나무아미타불을 108번 하는 습관을 들이고 싶다면 알람 소리를 신호로 해서 염불을 시작하는 것이다. 이렇게 108번의 염불이 끝나면 자신에게 알맞은 보상이 주어져야 한다. 나무아미타불 염불을 통해 무량광불의 자비로운 빛이 나를 감싸 안는 상상을 해보는 것이다. 보상은 계속 행동을 반복할 수 있게 유도하는 동기가 될 만한 것이어야 효과적이다.

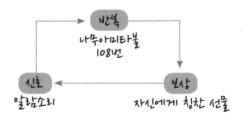

이렇게 습관 고리를 며칠이나 반복하면 습관이 형성될까? 습관 형성을 위한 반복 행동의 평균 소요 일수도 연구를 통해 밝혀졌다. 놀랍게도 습관이 형성되는데 최소한으로 필요한 시간이 오직 21일이라고 한다! 습관 고리를 21일 반복하면 습관의 고리가 생성되기 시작되는 것이다. 사찰에서 기도를 할 때 삼칠일 기도부터 시작하는 것이 이런 이유 때문이었을까? 또한 66일 반복하면 습관의 고리가 견고해지기 시작하고, 100일을 반복하면 습관의 고리가 완성된다고 한다.

이러한 소요 일수를 알지 못하여 우리는 단 21일을 투자하지 못해 매년 새해의 발심이 작심삼일로 끝났던 것이다. 무슨 일이든 21일만 하면 쉬워지고, 66일이 지나면 안정적이 되며, 100일이 지나면 습관처럼 할 수 있다는 사실을 진작 알았다면 아마 우리의 삶이 크게 바뀌었을 것이다.

무심이는 원심이에게 100일 극락수행 내용을 받았다. 그리고 간절한 신심으로 이 수행을 착실하게 해나갈 것이다. 그 과정에서 21일이 지나면 쉬워지기 시작할 것이고, 66일이 지나면 점차 안정될 것이며, 100일을 완성하면 범부의 삶속에 극락수행하는 습관이 뿌리내리게 될 것이다. 그리고 이렇게 뿌리내린 이고득락의 행복에 극락염불 수행이 더해져 아름다운 꽃과 달콤한 열매를 무심이에게 선물할 것이다. 극락같은 삶, 평화로운 죽음, 환희로운 왕생을 위한 무심이의 극락수행에 독자들도 기쁜 마음으로 참여해보는 것이 어떨까?

〈왕생게〉 수행체계인 5념문

세친보살은 〈왕생게〉를 5념문(五念門)이라는 수행체계로 구성했다. 5념문은 예배문(禮拜門), 찬탄문(讚歎門), 작원문(作願門), 관찰문(觀察門), 회향문(廻向門)이다. 5념문은 보편적인 수행의 절차로 생각할 수도 있지만 극락왕생을 위한 특수한 수행 방법으로 설명하겠다.

첫 번째, 예배문은 극락왕생을 원하는 삼계의 중생이 아미타부처님을 향해 몸으로 예배하는 것이다. 수행을 시작하기에 앞서 산란한 신업을 차분히 하여 아미타부처님을 향하게 하는데 목적이 있다.

두 번째, 찬탄문은 정토행자가 아미타부처님의 명호를 입으로 찬탄하는 것이다. 예배를 마친 후 나무아미타불을 간절히 외우는 극락염불이 이에 해당되는데, 잡다했던 구업을 쉬고 아미타부처님을 향하게 하는 것이다.

세 번째, 작원문은 간절한 마음으로 아미타부처님을 생각하며 왕생을 서원하는 것이다. 예배문과 찬탄문, 그리고 작원문을 통해 번뇌에 오염된 신구의 삼업을 아미타부처님을 향하게 하여 일심을 준비한다. 이 일심은 올바른 관찰을 위한 기반이 된다.

네 번째, 관찰문은 앞의 세 가지 문을 행하면서 하나로 모아진 마음으로 아미타부처님의 극락정토를 살펴보는 것이다. 만약 선정 삼매의 힘이 있어 천안통으로 극락세계를 직접 관찰할 수 있다면 더할 나위 없이 좋겠지만, 그렇지 못하더라도 극락의 장엄을 표현하고 있는 경전을 통해 극락세계를 상상하는 수행이라고 할 수 있다.

다섯 번째, 회향문은 앞의 네 가지 문을 통해 생긴 공덕을 일체 모든 중생의 극락왕생을 위해 회향하는 것이다.

예배문, 찬탄문, 작원문을 통해 흩어진 마음을 하나로 모아 아미타부처님에게 향하게 하여, 아미타부처님을 관찰하는 관찰문까지, 이 네 가지 문은 자리(自利)의 수행이고 오직 아미타부처님을 향해 모든 것을 집중하는 것이다. 이에 반해 회향문은 수행을 통해 생긴 공덕을 중생의 이고득락을 위해 회향하니 이것은 중생 안의 부처님을 향해 마음을 모으는 이타(利他)의 수행이다. 따라서 〈왕생게〉의 5념문은 자리이타의 대승 수행체계를 온전히 갖추고 있는 훌륭한 수행법이다.

생활 수행 5념문

태어남에 의해 귀하고 천함이 결정되는 것이 아니다.
지금 천한 말, 천한 행동, 천한 생각을 하면 그는 천한 사람이다.
지금 귀한 말, 귀한 행동, 귀한 생각을 하면 그는 귀한 사람이다.
-석가모니부처님-

왕족, 귀족 등 고귀한 가문의 사람들은 자신의 삼업을 끊임없이 갈고 닦는다. 만약 고귀한 삼업을 가지고 싶은 불자가 있다면 5념문이라는 훌륭한 수행법을 잘 활용해 보라고 권하고 싶다.

5념문 수행을 보편적으로 적용할 수 있는 방법을 예로 들어보겠다. 인간은 타인과의 관계 속에서 살아가는데 무엇인가를 부탁해야 하는 순간이 참 많다. 그때 가장 먼저 해야 하는 것이 예배다. 고개를 숙여 인사를 하든, 악수를 하든, 합장을 하든, 또는 오체투지로 예를 올리든 우리는 가장 먼저 상대의 격에 어울리는 예의를 갖추어야 한다. 만난 자리에서 진중한 자세로 마음을 다해 나에게 예배하는 그 사람이 싫을 이유가 있을까? 이 예배문은 고귀한 삼업을 가지기 위한 첫 번째 수행이다.

다음으로는 찬탄을 해야 하는데 그가 가진 장점과 칭찬받을 만한 점을 솔직하게, 진심으로 말해야 한다. 친구에게 어려운 부탁을 할 때 이렇게 예의를 갖추고 찬탄을 한다면 어떨까? 아마 들어줄 수 없는 부탁조차 해결해주고 싶어 애쓰지 않을까? 찬탄문은 고귀한 삼업을 가지기 위한 두 번째 수행이다.

예를 갖추고 찬탄을 했다면 이제 부탁을 할 차례다. 비굴하지 않으면서 당당하게, 하지만 겸손한 태도로 자신의 요구를 말하는 연습이 필요하다. 유복한 가정에서 자란 사람과 불우한 가정에서 자란 사람이 성인이 되었을 때 누가 더 성공할 가능성이 높을까? 유복한 가정에서 자란 사람이 성공하는 경우가 더 많다고 한다. 두 사람의 차이는 무엇인가? 물려받은 유산의 차이일까?

아니다! 유산보다 중요한 차이는 자신의 요구를 얼마나 표현할 수 있는지에 따라 달라진다고 한다. 어릴 적에 계속 거부를 당한 사람은 성인이 되어서도 자신의 요구를 당당하게 말할 수 없고, 이것이 성공을 가로막는 장애물이 된다고 한다. 자신의 요구를 표현하는 연습이 얼마나 중요한지 알 수 있다. 작원문은 고귀한 삼업을 가지기 위한 세 번째 수행이다.

예배하고 찬탄하고 작원했다면 그냥 가만히 기다리는 것이 아니라 이제는 관찰해야 한다. 세상에 공짜는 없기에 자신의 요구를 관철시키기 위한 노력을 수행해야 한다. 관찰을 통해 상황을 판단하고, 적절한 노력을 실천하는 단계가 관찰문인 것이다. 자녀가 부모에게 예를 갖추고 찬탄하며 당당하게 자신의 요구를 말한다. 그리고 그 요구에 합당해 보이는 대가를 관찰하여 바람직하게 노력한다면 부모는 당연히 자녀의 부탁을 들어줄 것이다. 이 관찰문은 고귀한 삼업을 가지기 위한 네 번째 수행이다.

이제 가장 강조하고 싶은 회향문이 남았다. '노블레스 오블리주(Noblesse oblige)'라는 말을 들어봤을 것이다. 사회지도층이 신분에 어울리는 도덕적 의무를 다하기 위해 솔선수범하여 공공봉사를 하는 등의 존경받을 만한 회향의 행위를 말한다. 이러한 회향이 이루어질 때 사회적으로는 균형이 맞아지고, 개인적으로는 더 큰 성공을 누릴 수 있는 공덕과 복덕이 된다. 이 회향문은 고귀한 삼업을 가지기 위한 다섯 번째 수행이다.

예배문과 찬탄문은 기본적으로 상대방을 존경하는 행위다. 상대방의 불성의 빛을 인정하는 무의식적인 행위이고 철저한 인간존중의 모습이다. 종교를 막론하고 자비로운 성인들은 이러한 고귀한 삼업을 가지고 있다는 점을 고려할 때 닮기 위해 노력해야 하는 모습이 아닐까?

작원문은 뚜렷하고 확실하게 자신의 길을 세상에 선포하는 행위다.

관찰문은 다이아몬드처럼 강렬한 집중력으로 세상의 진리를 관찰하는 마음의 능력이다. 가슴 뛰는 삶, 성공적인 삶, 세상을 바꾸는 삶, 세상을 초월하는 삶, 인간완성의 삶을 살아가는 이들은 공통적으로 강렬한 작원문의 수행과 예리한 관찰문의 수행을 했다는 점을 볼 때 역시 닮기 위해 노력해야 하는 모습이다.

회향문은 나와 남이 구분될 수 없다는 연기적 지혜를 바탕으로 한다. 나만 행복하면 그만이라는 식의 이기적인 마음이 아닌 모든 중생의 행복을 위해 치열하게 정진하는 거대한 대승의 마음이다. 대행 보현보살님, 대자대비 관세음보살님, 대원본존 지장보살님이 일으킨 고귀한 회향의 서원을 닮기 위해 노력해야 할 것이다.

불법 수행, 일상생활 그리고 자신의 일터에서도 이 5넘문을 바탕으로 행동한다면 고귀한 삼업을 실천하는 것이니 존경받아 마땅한 삶, 고귀한 인생, 사랑이 가득한 삶에 한 걸음 더 가까워질 것이다.

일심으로 명료하게 관찰하기

오프라 윈프리는 불우했던 시절을 성공적으로 역전시킨 인물이기에 많은 사람들의 롤모델로 손꼽힌다. 그녀는 부모에게 버림받은 흑인이었고, 빈민가 출신이었으며, 마약 중독자였고, 미혼모였다. 과연 누가 그녀에게 성공을 기대했을까? 대부분의 주변 사람들이 그녀를 지지해주지 않았지만 그녀는 방송 진행자라고 하는 자신의 꿈을 생생하게 관찰하며 꿈꾸었고, 마침내 이를 노력으로 극복한 인간승리의 모습을 세상에 보여줬다.

그녀가 진행하던 TV 방송 프로그램인 〈오프라 윈프리 쇼〉는 세계에서 가장 영향력 있는 방송 중 하나로 발전했다. 수많은 기록들을 남긴 이 쇼에는 〈오프라의 북클럽〉이라는 흥미로운 코너가 하나 있었다. 이 코너는 정기적으로 책을 선정하여 저자와 선별된 시청자가 토론을 하는 시간이었다. 이 코너를 통해 소개되는 책들이 얼마나 대중의 관심을 모았는지를 보면 그녀의 영향력이 얼마큼 컸는지 엿볼 수 있다. 수많은 책들이 코너에서 소개되는 순간 서점의 베스트셀러 목록에 이름을 올리는 기현상이 나타났는데 이러한 그녀의 영향력을 '오프라 효과'라고 불렀다고 한다.

론다 번의 〈시크릿〉 역시 '오프라 효과'를 통해 수많은 대중들에게 소개된 책이다. 평소 간절히 원하면 이루어지는 마음의 힘을 믿고 실천하던 오프라 윈프리의 성향이 잘 드러나는 이 책은 관찰의 힘을 '끌어당김의 법칙'이라는 이름으로 소개한다. '끌어당김의 법칙'은 우리가 마음에 두고 있는 대상이 자석처럼 끌려온다는 것이다. 두려움을 마음에 품고 있으면 두려운 일이 삶에서 일어나고, 감사함을 마음에 품으면 감사한 일들이 삶으로 끌려온다는 것이다. 일체유심조(一切唯心造 ; 모든 것은 오로지 마음이 지어낸다는 것)의 진리와 일맥상통하는 이 법칙은 전 세계 1%의 부자들만이 알고 있던 비밀이라고 하니 불자들은 모두 1%의 비밀을 이미 알고 있었던 것이다.

〈꿈꾸는 다락방〉의 저자 이지성은 성공한 사람들에 대해 조사하던 중 이들이 공통적으로 R=VD라는 법칙을 활용했다는 사실을 알게

된다. '생생하게(Vivid) 꿈꾸면(Dream) 이루어진다(Realization)'
는 뜻의 이 법칙은 자신의 목표에 대해서 얼마나 자주 명료하게 상
상하는지에 따라 성공 여부가 결정된다고 말한다.

5념문의 수행의 중심에 관찰문이 있지만 본격적인 관찰수행 전에
예배, 찬탄, 작원의 과정을 거치면서 마음을 일심으로 만든다. 이렇
게 집중된 마음으로 명료하게 극락을 관찰하면 마음의 아주 깊숙한
부분까지 극락관찰의 공덕이 강렬한 영향을 미치게 되는데 우주은행
인 아뢰야식 자체를 극락으로 바꾸는 수행이 되는 것이다.

〈꿈꾸는 다락방〉에서는 꿈을 명료하게 관찰하기 위해서 동영상으
로 자신의 꿈을 만들어 보기, 꿈과 관련된 장소에 직접 가서 상상하
기, 음성을 활용하여 상상하기 등 오감을 활용하여 생생하게 꿈꾸는
방법을 다양하게 제시하고 있다. 인간세계에서는 이렇게 스스로의
힘으로 오감을 활용할 수 있는 방법을 찾아서 실천해야 하지만 극락
중생은 이미 오감으로 장엄된 극락세계를 관찰하기만 해도 마음을
극락으로 바꿀 수 있는 길이 아미타부처님에 의해 제시되어 있는 것
이다.

꿈은 명료하게 관찰하면 이루어진다. 꿈을 명료하게 관찰하기 위
한 수많은 방법들이 있겠지만 가장 중요한 조건은 '일심(一心)'이다.
얼마나 마음을 한 곳에 집중할 수 있는지가 명료함의 질을 높여주는
핵심인 것이다.

2002년 한일 월드컵 경기장을 뒤덮으며 전 국민의 가슴을 설레게
했던 문구가 생각난다.

'꿈은 이루어진다.'

극락왕생을 꿈꾸는 정토행자들은 일심으로 실천하는 명료한 관찰 수행이 삶과 죽음을 극락으로 바꾸는 핵심이라는 것을 명료하게 기억해야 할 것이다.

염불수행 4종류

염불은 극락왕생을 위한 대표적인 수행 방법이다. 염불은 보통 불보살님의 명호를 부르는 칭명염불을 말하는데 이것은 좁은 의미의 염불이다. 칭명염불 중에서도 극락왕생을 발원하는 정토행자는 특히 나무아미타불 칭명염불에 매진하게 된다.

하지만 염불은 넓은 의미로 보면, 다양한 불교의 수행을 포섭하는 광대한 수행체계를 의미하기도 한다. 염불(念佛)의 한자를 살펴보면 부처님을 생각한다고 직역할 수 있다. 그런데 불교의 모든 내용 중에 부처님과 떨어져 있는 개념이 한 가지라도 있을까? 연기법, 수행, 경전, 기도, 불사! 불교의 모든 것은 바로 부처님을 생각하는 염불이 기본이 된다. 그래서 염불을 넓은 의미로 해석한다면 불교의 모든 것을 총칭하는 것으로 정의될 수 있다.

이러한 염불수행을 불교에서는 4종류로 나누어서 설명하기도 하는데, 칭명(稱名)염불, 관상(觀像)염불, 관상(觀想)염불, 실상(實相)염불이 그것이다.

칭명(稱名)염불은 정토행자의 나무아미타불 염불처럼 부처님의 공덕을 상징하는 명호를 찬탄하는 마음으로 외우는 것이다. 이것은 남녀노소 누구나 할 수 있는 가장 쉬운 수행이지만 그 수행의 공덕이 결코 작지 않다. 위험한 상황, 두려운 순간에 불안한 마음을 진정시키고 싶다면 나무아미타불을 외쳐보라. 어두운 방에 밝은 빛이 들어오듯 편안해지는 마음을 경험할 수 있을 것이다.

관상(觀像)염불은 부처님의 32상 80종호를 관찰하여 마음에 새기는 염불이다. 사찰에 모셔지는 불상은 대부분 32상 80종호를 잘 표현하고 있기 때문에 불상을 일심으로 바라보는 수행도 관상염불이 된다. 이 수행은 칭명염불보다 좀 더 전문적인 수행이다. 우리가 무엇인가를 좋아하면 몰두하게 되고 오랜 시간 생각하면 눈을 감아도 그 영상이 실재처럼 보인다. 이렇게 마음속에 부처님의 심상(心像)이 나타나면 비로소 진정한 관상염불이 시작되는 것이다. 눈을 뜨나 감으나 언제나 자신의 마음법당에 부처님을 모시고 있는 상태가 되는 것이다. 집중의 대상이 필요할 때마다 내 마음속 부처님을 우러러보며 마음을 일심으로 모아 안정시킬 수 있게 된다.

노스님께 수행 지도를 받고 있을 때, 염불수행에 대해서 가르쳐 주시면서 숙제를 내주신 적이 있다. 아미타부처님을 마음속에 모셔오라는 것이었다. 법당에 올라가 아미타부처님을 눈이 빠져라 오랫동안 바라봤지만 눈을 감으면 깜깜할 뿐이었다. 나에게는 너무나도 어려운 숙제였는데 이틀이 지난 후 노스님께서 갑자기 숙제검사를 시작하셨다.

"원빈스님, 눈 감으면 마음법당에 부처님이 보이나요?"

"안 보입니다, 스님. 어렵습니다!"

노스님은 법당에 모셔져 있는 부처님을 책상으로 내려서라도 마음법당에 모시려는 간절한 수행의 발원이 있어야 한다고 말씀하셨다. 관상염불이란 마음법당에 부처님을 조성해 365일 항상 부처님을 모시는 중요한 불사이기 때문이다.

관상(觀想)염불은 두 번째 관상(觀像)염불과 음은 같지만 뜻이 다르다. 이 관상염불은 부처님의 겉모양이 아니라 보이지 않는 부처님의 지혜와 공덕에 집중하는 수행이다. 극락왕생을 발원하는 정토행자에게 있어 아미타부처님의 지혜와 공덕에 집중하는 관상염불 방법으로 16관법이 제시되곤 한다.

실상(實相)염불은 모든 존재의 바탕이 되는 불성을 직관하는 염불이다. 앞에서 만물은 미립자로 이루어져 있고, 이 미립자는 만물의 정보를 모두 알고 있다고 말했다. 미립자는 무한하고 자유로운 변화의 가능성을 가지고 있다고 했는데 이것이 가능한 이유는 미립자 역시 불성으로 이루어져 있기 때문이다. 이렇게 무한한 잠재력을 가진 아미타부처님의 무량광을 직관하는 것이 바로 실상염불이고 앞의 칭명(稱名)염불, 관상(觀像)염불, 관상(觀想)염불이 극에 달했을 때 일어나는 수행의 체험이기도 하다. 또한 죽음의 순간 경험할 수 있는 불성의 밝은 빛을 명상하는 것도 이 실상염불에 해당된다고 말할 수 있다.

염불수행만큼 광대한 체계와 큰 공덕을 만드는 수행이 또 있을까? 남녀노소 누구나 자신의 능력에 알맞은 염불수행 방법을 선택하여 아미타부처님을 사랑한다면 모두 극락왕생하여 지옥, 아귀, 축생의 고통을 영원히 여의고, 반드시 성불할 수 있게 될 것이다. 따라서 본서에서는 이 모든 염불수행을 총칭해서 극락염불이라고 부른다. 이렇게 좋은 방법이 있는데 어떻게 혼자만 알고 있겠는가? 인연 되는 세상의 모든 도반들에게 찬탄하고 또 찬탄해야 할 수행 방법이 이 극락염불 수행인 것이다. 나무아미타불.

염불
- 칭명염불 – 나무아미타불
- 관상염불 – 32상 80종호
- 관상염불 – 16관법
- 실상염불 – 불성을 직관

수행의 체험 → 실상인 불성의 빛을 발견하게 됨

고통에서 벗어나는 16관법

16관법의 기원

16관법은 〈관무량수경〉에서 부처님이 위제희 부인에게 이고득락의 방법으로 제시한 수행법이다. 위제희 부인은 부처님과 인연이 깊었던 마가다국 빔비사라 왕의 부인이다. 당시 코살라국과 더불어 인도의 대국이었던 마가다국은 그 국력이 대단했다고 한다. 가장 독실한 재가불자의 모습을 보여줬던 빔비사라 왕은 말년에 큰 시련을 겪게 된다.

그의 아들 아사세 왕자가 빔비사라 왕의 정권을 찬탈한 것이다. 아버지를 감옥에 가두고 음식을 주지 않으며 굶어죽기를 기다리고 있었다. 아무리 권력이 탐나더라도 직접 아버지를 죽일 수는 없으니 스스로 자살하라고 하는 강요였다. 하지만 3주가 지나도록 부왕의 죽음 소식이 들려오지 않자 그는 이유를 알아보았다.

위제희 부인은 사랑하는 아들이 탐욕에 눈이 멀어 자신의 남편을 죽이려 하자 하늘이 무너지는 것 같은 고통을 느꼈다. 그녀는 빔비사라 왕을 살리기 위해 몰래 음식물을 감옥에 반입하였는데, 이 사실을 아사세 왕자가 알게 되었다. 아들 아사세 왕자는 어머니인 위제희 부인도 지하감옥에 가두어버렸다. 인간이 탐욕과 분노, 어리석음으로 눈이 멀면 무서운 패륜도 저지르게 된다는 것을 볼 수 있는 장면이다.

지하감옥에 갇힌 위제희 부인은 심장이 터질 듯 분노했고, 슬퍼했으며, 우울해했고, 절망했다. 고통스러운 일이 있을 때마다 항상 부처님을 찾아가 공양 올리며 설법을 들곤 했지만 삶의 가장 큰 고통이 찾아온 지금은 그럴 수가 없어 더욱 슬펐다. 그녀가 지금 할 수 있는 유일한 방법은 염불뿐이었기에 간절한 마음으로 부처님을 생각했고, 그 간절한 마음을 들으신 부처님은 신통력으로 지하 감옥에 찾아오셨다.

삶을 살면서 온갖 호사를 누리고 최고의 쾌락 속에서 살아왔던 그녀였지만 가장 사랑하는 남편과 아들의 권력 분쟁 속에서 끝없는 고통의 구덩이로 떨어져버렸다. 이런 상황을 만나면 삼계가 끔찍이 두렵고 싫은 마음이 드는 것은 당연한 일일 것이다. 이러한 상황의 위제희 부인을 위해 부처님은 극심한 고통 속에서 벗어나 지극한 행복의 세계인 극락세계에 태어날 수 있는 방법으로 16관법을 제시했다.

16관법 알아보기

16관법 수행은 열세 번째 관찰까지는 마음을 모아서 수행하는 정선(定善)이라고 하고 나머지 세 가지 관찰은 일상의 마음으로 수행하는 산선(散善)이라고 한다. 또한 16관법 수행은 마음의 상상을 활용하는 쉬운 수행과 마음의 삼매력을 활용하는 어려운 수행으로 분리될 수 있다. 여기에서는 마음의 상상을 활용하는 쉬운 16관법 수행에 대한 간단한 개요를 살펴보겠다.

16관법 수행의 첫 번째는 일상관(日想觀)으로 서쪽 하늘의 일몰을 바라보는 것에서부터 시작된다. 아미타부처님은 무한한 광명을 상징하기에 인간세계에서 그 모습을 가장 닮은 것은 바로 태양이다. 태양은 특히 일몰 시에 가장 편안한 빛깔을 보여주는데, 수행자는 일심으로 이 모습을 관찰하여 마음속에 태양의 모습을 담기 위해 정진한다.

두 번째 관찰은 수상관(水想觀)으로 물을 바라보는 수행이다. 처음에는 고요한 호수를 마음에 상상하다가 이 호수가 얼음으로 변화하는 모습을 상상한다. 다시 이 얼음이 투명한 유리로 변화하는데 이 유리가 극락세계를 받치고 있는 투명한 대지와 같다고 상상한다.

세 번째 관찰은 지상관(地想觀)으로 극락의 대지를 바라보는 수행이다. 황금빛 태양이 투명한 유리로 이루어진 극락의 대지를 비추면 아름다운 황금길 하나가 열리게 되는데 그 길을 기쁜 마음으로 따라간다. 가는 도중에 극락의 대지 밑을 바라보면 아름답게 장엄된 황금 기둥이 대지를 떠받치고 있고, 기둥 중간에서 수행자의 극락입장을 환영하는 기쁨의 음악이 울려 퍼진다.

네 번째 관찰은 보수관(寶樹觀)으로 극락세계의 보배 나무를 관찰하는 수행이다. 투명한 대지 위에 나타난 황금빛 길을 따라 극락세계로 들어서면 사방을 가득 채우고 있는 아름다운 보배 나무들을 볼 수 있다. 찬란한 빛을 내뿜으며 각각의 빛깔이 교차되는 아름다운 이 나무들을 만지면 아미타부처님의 광명을 만난 듯 온갖 번뇌가 사라지는 느낌을 상상한다.

다섯 번째 관찰은 보지관(寶池觀)으로 극락세계의 보배 연못을 바라보는 수행이다. 색색깔로 빛나는 꽃잎들이 연못을 덮고 있는데 바람이 불면 보석 꽃잎들이 흩날리면서 찬란한 불꽃놀이를 보여준다. 마음이 편안해지는 꽃향기가 가득한 이 연못에 몸을 담그기만 해도 부처님의 청정한 광명으로 온몸을 씻어내듯 모든 죄업이 사라지는 느낌을 상상한다.

여섯 번째 관찰은 보루관(寶樓觀)으로 극락세계의 집인 누각과 궁전을 바라보는 수행이다. 투명한 대지 위에 보배 나무들이 무한히 있는데 중간중간에 훌륭한 디자인의 누각과 궁전들이 자리 잡고 있다. 이 집들은 다양한 보석으로 만들어졌음에도 불구하고 완벽히 투명하여 극락세계의 지평선을 바라보는데 아무런 문제가 없다.

일곱 번째 관찰은 화좌관(華座觀)으로 아미타부처님이 앉아 계시는 연화좌를 바라보는 수행이다. 궁전과 누각, 보배 나무들 너머에 산처럼 거대한 연꽃이 있는데 이것이 아미타부처님의 연화좌다. 사방에 수많은 아름다운 연꽃들이 많이 있지만 이 연화좌의 크기는 모든 연꽃을 압도한다.

여덟 번째 관찰은 상상관(像想觀)으로 연화좌 위에 앉아 계신 아미타부처님의 형상을 바라보는 수행이다. 거대한 연화좌 위에 아미타부처님께서 앉아계시는데 그 형상은 32상 80종호를 온전히 갖추고 계시고 찬란하게 빛나는 모습이다. 또한 왼쪽에는 관세음보살님, 오른쪽에는 대세지보살님이 아미타부처님과 같이 아름다운 형상을 갖추고 계시는 모습을 상상한다.

아홉 번째 관찰은 진신관(眞身觀)으로 아미타부처님의 무한한 광명을 바라보는 수행이다. 아미타부처님의 형상에서 광명이 쏟아져 나오는데 그 광명에는 무수한 화신 부처님들이 있고, 이 화신 부처님들에게 또한 무한한 광명이 쏟아져 나온다. 이렇게 무한한 광명이 폭류처럼 온 법계를 뒤덮고 중생들을 감싸 안고 있다. 이 광명에 닿은 모든 중생들은 가진 모든 악업이 씻겨나가고 발보리심 한다.

열 번째 관찰은 관음관(觀音觀)으로 아미타부처님의 좌측에 계시는 관세음보살님의 자비로운 광명을 바라보는 수행이다. 관세음보살님의 형상에서 뿜어져 나오는 자비광명도 역시 온 법계에 도달하는데 이 광명에 닿은 중생들은 모든 두려움이 사라지고 모든 위험에서 벗어나며, 원하는 모든 소원을 이루게 됨을 상상한다.

열한 번째 관찰은 세지관(勢至觀)으로 아미타부처님의 우측에 계시는 대세지보살님의 광명을 관찰하는 것이다. 대세지보살님의 형상에서 나오는 위엄 있는 광명은 온 법계에 두루 퍼지는데 이 광명의 위엄을 느끼는 모든 마군들은 두려움에 떨게 된다. 또한 이 광명이 닿는 삼악도의 중생들은 그 고통을 쉬게 되고 청정한 지혜광명이 마음속에 나타남을 상상한다.

열두 번째 관찰은 보관(普觀)으로 극락세계에 왕생하는 순간을 생각하는 수행이다. 왕생하는 중생은 연꽃 속으로 들어가 아미타부처님의 청정한 지혜광명을 통해 번뇌를 녹이고 큰 환희심을 느낀다. 충분한 시간이 지나면 봉우리가 열리며 연꽃이 활짝 피게 되는데 이때 처음으로 아미타부처님과 관세음보살님, 대세지보살님을 친견하고 주위 허공을 가득 메우고 있는 무수한 보살님의 찬란한 광명에 눈이 부신 상황을 상상한다.

열세 번째 관찰은 잡상관(雜想觀)으로 극락세계의 불보살님들이 온 법계에 화신을 나투어 설법하시는 모습을 상상하는 수행이다. 아미타부처님과 극락의 모든 보살들은 그 진신은 극락세계에서 움직이지 않지만 무한한 광명이 닿는 어느 곳이든 화신의 모습으로 나타나고 또한 그곳의 모든 중생들을 교화하는 진리의 설법을 하고 계심을 상상한다.

열네 번째 관찰은 상배관(上輩觀)으로 상품왕생하는 중생들의 모습을 바라보는 수행이다. 대승 수행자는 생전에 보리심을 마음에 굳게 지니고 대승 수행에 정진한 중생들은 임종 시에 아미타부처님의 반야용선을 타고 극락세계에 왕생하게 됨을 관찰한다.

열다섯 번째 관찰은 중배관(中輩觀)으로 중품왕생하는 중생들의 모습을 바라보는 수행이다. 선업 범부는 생전에 부모에게 효도하고 착하게 살았으며 계율을 굳게 지녀 윤리적인 삶을 산 중생들이 극락에 왕생하기를 발원하면 임종 시 아미타부처님의 반야용선을 타고 극락에 왕생함을 관찰한다.

열여섯 번째 관찰은 하배관(下輩觀)으로 하품왕생하는 중생들의 모습을 바라보는 수행이다. 악업 범부는 생전에 비록 수행을 하지 않고 악업을 지으며 살아가던 범부였지만 임종 시에 선지식의 안내에 따라 대승경전의 이름을 듣거나 나무아미타불 극락염불을 통해 극락에 왕생하게 됨을 관찰한다.

16관법은 아미타부처님을 관상염불하는 수행의 순서까지 친절하게 제시하는 수행법이고, 이 순서에 따라 염불하면 극락세계를 점점 더 명료하게 관찰할 수 있게 된다. 또한 16관법은 칭명(稱名)염불, 관상(觀像)염불, 관상(觀想)염불, 실상(實相)염불 모두를 포함하는 종합적인 염불수행이기도 하다.

극락보험 CEO는 아미타부처님

부처님의 광대한 수행론은 철학과 과학에는 부재한 인류의 중요한 문화유산이다. 앞에서 이러한 수행을 난이도에 따라 두 가지로 나눴는데 첫째는 스스로의 힘에 의지하는 자력수행으로 이것은 어려운 길(난행도)이다. 둘째는 부처님의 공덕에 의지하는 타력수행으로 이것은 쉬운 길(이행도)이다. 나무아미타불 극락염불 수행이 쉽고 큰 혜택을 누린다는 점은 누누이 강조했기에 이제 충분히 이해를 할 것이다.

극락왕생을 위한 염불수행은 마치 보험과도 같다. 일명 극락보험으로 보험회사 사장님은 아미타부처님이고 보험설계사는 극락의 보살들과 정토행자들이며, 납입해야 하는 보험금은 임종 시 나무아미타불 열 번이고, 보험 혜택은 삼악도의 고통에서 완전히 벗어나 궁극의 행복인 성불을 이루게 되는 최고의 이고득락이다. 또한 부가적 혜택으로는 왕생하는 순간 법계 최고 수준의 시설을 갖춘 펜트하우스를 가지게 되고, 마법사와 같은 신통력을 갖추게 되며, 영원토록 죽지 않는 영생을 얻게 된다. 이러한 조건이라면 이 보험 회사는 이익을 추구하는 곳이 아닌 완벽한 복지를 제공하는 회사 아닌가!

최소 비용으로 최대의 혜택을 드리는 극락보험
극락염불 10번   성불

  불자라면 누구나 극락염불을 통해 이런 혜택을 누릴 수 있다. 죽음의 염라왕이 찾아올 때 아미타부처님에 대한 믿음으로 극락염불 열 번만 하면 이 모든 혜택을 누리는 행운을 거머쥘 수 있다. 만약 임종시 나무아미타불 열 번을 할 자신이 없다면 밤에 잠들기 전 열 번씩만 연습해보자.

  잠에 들어가는 순간과 죽음을 맞이하는 순간은 비슷한 경험이기에 이러한 연습은 죽음의 순간 극락염불하는 연습이 된다. 이렇게 연습하는 날짜가 많아질수록 습관이 굳게 자리 잡아서 의식의 끈이 끊어지기 전에는 항상 나무아미타불을 하고 있는 자신을 발견하게 될 것이다. 만약 나무아미타불 열 번을 못해서 불자가 지옥의 불구덩이에 떨어진다면 얼마나 창피한 일인가? 나무아미타불 여섯 글자를 외우지 못하는 것도 아니고, 하루 동안 사는 삶의 시간 중 단 10초를 투자하지 못해 영겁의 시간을 지옥에서 고통받는다면 이 얼마나 비효율적인 선택인가!

  자력수행과 타력수행을 모두 염불수행으로 선택한 정토행자는 큰 시너지 효과를 얻을 수 있고, 그 혜택은 네 가지가 있다.

  첫째, 수행을 하는 만큼 삶이 극락으로 변한다. 나무아미타불 염불수행은 그 자체가 불성의 빛을 활성화시키는 최고의 방법이다. 이 불성의 빛에 노출되는 중생은 자비로워지고, 현명해지며, 몸과 마음이 건강해지고, 인간관계가 좋아지는 등 삶이 전반적으로 극락과 같이 변화한다. 죽음의 염라왕이 언제 정토행자를 데리러 올지 모르지만 그전까지 편안한 마음으로 열심히 정진하며 자신의 주변을 극락화하면 된다.

둘째, 극락 같은 삶을 살다가 죽음을 맞이하는 순간이 올 때 평화롭게 극락으로 이사 갈 준비를 할 수 있다. 수행하는 삶은 이 죽음의 순간에 대한 준비이기도 하기에 남들은 죽음을 두려워하지만 정토행자에게는 죽음의 순간이 오히려 호기심이 가득한 순간이다. '부처님이 언제 오실까? 드디어 직접 만나 뵙는구나!'

셋째, 죽음의 과정에서 내호흡이 끝나는 순간 나타나는 불성의 청정한 빛과 하나 되는 경험을 할 가능성이 높다. 나무아미타불 염불수행은 그 자체가 완벽한 지관수행으로 마음의 집중력과 지혜를 증장시킨다. 이렇게 수행의 성과로 마음에 선정력까지 생긴다면 매 순간 불성의 빛을 찬탄하는 나무아미타불 소리에 집중하는 수행을 했던 정토행자에게 죽음의 순간 불성의 빛은 익숙함으로 다가와 완벽한 수행의 기회를 잡을 수 있을 것이다.

넷째, 불성의 빛을 놓치고 죽음을 맞이한다면 다시 의식이 돌아오는 순간, 행복한 마음으로 정토의 빛을 만나 극락에 상품상생 할 수 있다. 보리심을 가지고 대승수행인 염불을 평생 수행해온 만큼 정토행자는 상품상생할 것이니 눈 깜짝하는 사이에 극락에 태어나 뛰어난 신통력으로 만 중생을 구제할 수 있게 된다. 이 정도면 완벽한 상구보리 하화중생의 대승적 삶이라고 할 수 있다.

〈평화로운 죽음 기쁜 환생〉의 저자 툴쿠 퇸둡은 자신의 스승 푸쉬 라마의 죽음에 대한 목격담을 책에서 밝히고 있다. 스승이 열반에 들었다는 소식을 들은 저자는 서둘러 암자로 되돌아갔다. 그리고 이미 의학적 죽음을 맞이한 스승을 친견했다. 이미 호흡이 끊어진지 48시간이 지났지만 스승은 생전에 좌선하던 모습 그대로 평화로운 모습으로 앉아 있었고, 심장에는 온기가 남아 있었다. 이것은 스승이 죽음의 순간 나타나는 불성의 빛과 하나 되는 명상에 잠겨 있다는 증거였다.

이러한 상태는 24시간 정도 더 지속되었고, 심장에 온기가 사라진 것을 확인한 제자들은 스승의 다비식을 준비하기 시작했다. 그러던 중 스승이 남긴 쪽지 하나를 발견했는데 그 내용은 다음과 같다.

"나는 세상을 떠나자마자 극락정토에서 다시 태어날 것이다. 나는 지혜의 완성에 관한 문헌인 〈나이라트먀〉를 108번 암송했으며, 이 생에서 그 심오한 의미에 대해 명상했다. 그러므로 극락에서 나의 이름은 '세랍링포(지혜로운 가슴)보살'이 될 것이다. 나에게 헌신적으로 기도하는 사람은 살아가는 동안 어떤 위험을 만나더라도 나의 보호를 받을 것이고 그들이 죽으면 내가 그들을 극락정토로 인도할 것이다."

이 쪽지는 푸쉬라마가 임종 마지막 수행에 들어가기에 전에 적은 것으로, 이미 자신의 극락왕생이 결정되어 있다는 것과 그곳에서 상품상생하게 된다는 것, 그리고 극락에서의 새로운 이름까지 명확하게 알고 있었다는 사실을 보여준 것이다. 또한 생전의 제자들에 대한 자비심으로 극락에 왕생한 자신이 그들을 보호할 수 있는 기도문까지 알려주었는데 그 내용은 다음과 같다.

"극락정토에서 당신은 세랍링포입니다. 눈 덮인 땅에서 당신은 소남 탁파였습니다. 미래에 당신은 무량수불로 알려질 것입니다. 나의 뿌리이신 라마여, 내가 당신에게 기도합니다. 우리가 극락정토에서 환생하게 하소서."

생전에 한없이 겸손했던 것으로 유명했던 푸쉬라마의 이러한 쪽지는 제자들에게 수행을 통해 계발될 수 있는 인간의 큰 가능성에 대하여 확신을 주었다. 푸쉬라마의 삶은 극락염불 수행이 가진 잠재력을 우리에게 잘 보여준다. 그는 극락 같은 삶을 살았고, 평화로운 죽음을 맞이하였으며, 호흡이 끊어진 후 3일간 불성의 빛과 하나 되는 수행에 성공하였다. 그리고 극락왕생과 더불어 생전에 인연 있는 이들을 보호하고 구원할 수 있는 수행까지 미리 준비하여 중생들을 돕고자 했다.

누구도 피할 수 없는 죽음의 순간이 우리에게 다가오고 있음을 항상 기억하고, 불자가 누릴 수 있는 최고의 혜택인 극락왕생을 위한 염불을 간절한 마음으로 수행해야 할 것이다.

불성의 빛은 마음의 바탕이고 궁극의 평화와 그것에 대한 지혜이다. 죽을 때 불성의 빛이 그대로의 모습으로 나타날 때 우리는 그 빛을 알아볼 수 있도록 준비해야 한다. 우리가 그 상태를 계속 유지할 수 없더라도 단지 빛에 대한 기억만으로도 많은 고통과 혼란이 줄어들 것이다. -툴쿠 퇸둡-

무심이는 원심이가 눈앞에서 사라지자 또다시 혼자가 된 것 같아 불안해졌다. 눈에 보이지만 않을 뿐 자신을 지켜주고 있을 것이라고 생각을 해도 왠지 마음이 외로워진 무심이는 삼촌 스님의 절에 가서 지내기로 결정했다.

예전에는 부처님과 삼촌 스님이 미웠지만 원심이를 만나고 극락을 소개 받으면서 자신이 어리석어서 몰랐던 것일 뿐 부처님과 스님이 자비로우셨다는 것을 알게 되었다. 나를 지켜주는 호법천신을 보내주신 일, 아버지가 돌아가실 때 극락으로 인도해주시기 위해 염불을 지도해 주신 일, 부처님이 보내주신 호법천신 원심이가 아버지를 극락왕생 시켜준 일, 자신에게 극락을 소개해주고 그곳을 체험할 수 있는 수행까지 알려준 일 모두 기쁘고 감사한 일이었다.

무심이는 부산에 있는 삼촌 스님 절에서 고요히 지내며 극락체험을 위한 수행에 매진했다. 하루 여섯 번 아미타부처님께 예불을 하니 온종일 극락 생각뿐이고, 하루 만 보 이상 걸으면서 '나무아미타불' 염불을 하니 한걸음 한걸음 극락에 더 가까워지는 것 같았다. 극락수행 시간에 읽는 철오스님의 10종 신심은 무엇을 어떻게 생각하고 믿어야 하는지 점점 더 확신을 줬고, 떨어지는 태양을 바라보는 일상관 수행은 서방정토 극락세계에 대한 그리움을 날로 키워줬다.

그렇게 100일의 수행기간이 지나고 마지막 날이 되었다. 오늘은 왠지 원심이가 올 것 같은 느낌이었다. 전날과 똑같이 아미타부처님을 찬탄하며 하루를 지내고 태양이 지는 일몰이 시작되었다. 바닷속으로 빨려 들어가고 있는 태양을 바라보며 들이쉬고 내쉬는 호흡에 기쁨이 솟구쳤다. 태양이 바다에 가까워질수록 무심이의 세상에 대한 인식이 조금씩 변하기 시작했다. 바닷물이 유리처럼 투명해지기 시작하고 황금빛 태양이 만드는 금색 비단길이 뚜렷이 보이기 시작했다. 오늘은 왠지 이 길을 따라가면 극락세계에 갈 수 있을 것만 같다고 생각하고 있을 때 사라졌던 원심이가 나타났다.

원심이는 활짝 웃으며

"무심아, 그동안 정말 열심히 수행을 잘 했어! 이제 내가 신통력으로 조금만 널 도와주면 아미타부처님을 만나 뵈러 갈 수 있는 준비가 다 된 것 같아. 그럼, 우리 지금 가볼까?"

"응!"

"그래, 그럼 지금부터 나무아미타불 염불을 외워봐!"

무심이가 나무아미타불 염불을 외우기 시작하자 태양을 집어삼키고 있던 바다 저편에서 큰 배 한 척이 가까이 다가왔다. 그리고는 황금빛 가사를 입은 네 분의 스님들이 무심이 앞에 내려와 그를 배에 태워줬다. 무심이는 눈부시게 아름다운 황금빛 배를 바라보며 자신도 모르게 펄쩍 뛰며 외쳤다.

"나무아미타불!"

배는 엄청난 속도로 어딘가를 향해 날아가기 시작했다. 얼마나 빠른지 주변이 그저 빛처럼 보일 뿐이었다. 옆에 있는 원심이는 지극히 편안한 모습이었지만 무심이는 마치 몸이 여럿으로 분리되는 느낌을 받으며 겨우 배에 붙어 있었다. 이제 점차 배의 속도가 줄기 시작했다. 무심이가 주변을 둘러보니 빨간색, 초록색, 황금색, 은색, 파란색 등 색색깔의 빛들이 교차되어 매우 아름다우면서 눈이 부신 곳에 도착해 있었다. 배에서 내린 무심이는 원심이를 따라 투명한 대지를 걸어가기 시작했다. 눈부시게 아름다운 주변 풍광을 두리번거리며 5분쯤 걸었을까? 거대한 황금산 하나가 길을 가리고 있어 더 이상 나아가지 못하고 있었다. 거의 90도 경사로 깎은 듯이 치솟은 황금빛 산은 그 자체가 황금인 듯 흔한 돌멩이 하나 없이 매끈했다.

"원심아, 이제 이 산을 어떻게 넘어가지? 이 산은 너무 높고 너무 넓어. 우리 아미타부처님을 만나 뵙고 극락구경은 할 수 있는 거야?"

"무심아! 지금 여기가 바로 극락이야! 몰랐어? 그리고 지금 우리는 이미 아미타부처님 앞에 도착했잖아!"

"어? 여기가 극락이라고? 어쩐지 아름답더라! 근데 아미타부처님이 어디 계셔? 나는 황금빛 산 밖에 안 보이는데?"

"아~ 지금 네가 보고 있는 황금빛 산이 아미타부처님 발끝인데 너는 아직 못 보는구나? 어떻게 한담. 아! 지금 나무아미타불 염불을 하자!"

"뭐? 아미타부처님 발끝?!"

"무심아. 놀라지 말고 나무아미타불 염불하자! 그럼 아미타부처님을 뵐 수 있을 거야!"

"그래! 나무아미타불~"

무심이의 염불이 시작되자 부처님의 본원력으로 무심이의 몸이 점점 커지기 시작했다. 염불이 100번쯤 넘어가자 아미타부처님의 무릎이 보이기 시작했고, 1000번이 가까워질 때쯤 아미타부처님의 어깨 높이까지 무심이의 몸이 커졌다. 이제는 무량한 광명을 내뿜는 아미타부처님의 상호가 보이기 시작했다. 아미타부처님은 삼촌 스님 절의 무량수전에 모셔져 있던 부처님의 모습과 비슷했다. 다만 끝없이 뿜어져 나오는 찬란한 광명이 달랐는데 그 무한한 빛에 압도된 무심이는 자신도 모르게 엎드려 부처님의 발등에 예배드렸다.

"제가 그동안 어리석어 부처님을 싫어하는 마음을 일으켰어요. 저를 미워하거나 내쫓지 말아주세요."

참회의 눈물을 펑펑 흘리는 무심이를 바라보시던 아미타부처님께서 무심이의 정수리에 손을 대고 말씀하셨다.

"무심아, 일어나거라. 네가 힘들고 외로운 마음에 그런 생각을 했다는 것은 이미 알고 있단다. 만약 너를 미워했다면 지금 이 극락세계에 올 수 있었겠니? 너는 이미 마음을 바꿔 100일 수행을 마쳤으니 극락세계를 체험할 수 있는 자격이 충분하단다."

아미타부처님이 원심이를 향해 무엇인가 더 말씀하셨지만 무심이는 아미타부처님의 손끝에서 전달된 불성의 빛에 온 몸이 감전된 듯 충만한 환희로움을 느끼고 있었기에 아무것도 듣지 못했다. 그렇게 온몸이 정화되는 듯한 느낌이 지나간 후 무심이가 편안한 눈빛으로 원심이를 바라보자 원심이가 말했다.

"무심아. 부처님께서 너를 데리고 극락세계를 안내해 주라고 말씀하셨어. 중간에 너희 아버지도 만나게 될 거야. 이제 출발할까?"

"응!"

부록1

〈왕생게〉 전문 _5념문과 29장엄

1송　〔예배문, 찬탄문, 작원문〕
世尊我一心　歸命盡十方　無礙光如來　願生安樂國
세존이시여! 저는 모든 시방에 걸림이 없는 광명을 가진 여래에게 귀의하옵고 안락국에 태어나기를 일심으로 원합니다.

2송　我依修多羅　眞實功德相　說願偈總持　與佛敎相應
저는 〈무량수경〉에 의지하여 극락세계의 진실한 공덕상을 빠짐없이 지니는 원생게를 지어 부처님의 가르침과 상응하고자 합니다.

3송　〔관찰문〕
　1) 삼계를 뛰어넘는 수승한 극락세계
　　觀彼世界相　勝過三界道
　　극락세계의 모습을 관찰하니 삼계의 삿된 도道보다 훨씬 뛰어나고

2) 무한한 넓이의 극락세계

究竟如虛空　廣大無邊際

그 끝이 허공과 같아 광대함이 무한하네.

4송

3) 청정한 본성으로 이루어진 극락세계

正道大慈悲　出世善根生

올바른 도道 극락세계는 (아미타부처님의) 큰 자비심과
선근 공덕으로부터 생겨났기에

4) 모든 것이 자체발광하는 빛나는 극락세계

淨光明滿足　如鏡日月輪

(극락세계의 어느 곳이든) 해와 달을 거울에 비춘 듯 깨
끗한 광명이 가득하네.

5송

5) 아름다운 보석으로 이루어진 극락세계

備諸珍寶性　具足妙莊嚴

(극락세계의 모든 것은) 진귀하고 보배로운 성품으로
미묘하게 장엄되었고

6) 모든 번뇌를 태우는 청정한 극락세계

無垢光焰熾　明淨曜世間

때 없는 광명이 불꽃처럼 타올라 깨끗하고 밝게 세간을
비추네.

7) 뛰어난 촉감의 극락세계

寶性功德草　柔軟左右旋　觸者生勝樂　過迦旃鄰陀

보배로운 성질의 공덕을 갖춘 풀이 부드럽게 좌우로 흔들리는데 접촉하는 사람에겐 가전린다를 초월하는 수승한 즐거움이 생긴다네.

8-1) 훌륭하고 아름다운 연못을 가진 극락세계

寶華千萬種　彌覆池流泉　微風動華葉　交錯光亂轉

만 가지 종류의 보배로운 꽃들이 흐르는 연못 위를 가득히 덮고, 부드러운 바람이 불면 꽃잎들이 흩날리며 반사되는 광명이 눈부시게 찬란하네.

8-2) 아름답고 살기 좋은 누각을 가진 극락세계

宮殿諸樓閣　觀十方無礙　雜樹異光色　寶欄遍圍繞

모든 궁전과 누각은 시방을 관찰하는데 방해되지 않고 찬란하게 빛나는 다양한 나무들이 궁전과 누각 주위를 아름답게 둘러싸고 있네.

8-3) 허공에 진리를 설하는 보배 그물을 가지고 있는 극락세계

無量寶交絡　羅網遍虛空　種種鈴發響　宣吐妙法音
무량한 보배로 만들어진 그물이 하늘에 가득 펼쳐져 있고 (그물코에 있는) 수많은 보배 방울에서는 미묘한 진리의 소리가 널리 울려 퍼지네.

10송

9) 꽃비가 아름다운 옷으로 변하는 극락세계
雨華衣莊嚴　無量香普熏
꽃이 비처럼 내려 아름다운 옷이 되니 꽃향기는 한량없이 두루 퍼지네.

10) 모든 번뇌를 물리치는 지혜의 광명을 가진 극락세계
佛慧明淨日　除世癡闇冥
부처님의 청정한 지혜광명은 빛나는 태양처럼 세상의 어리석은 어둠을 제거하고

11송

11) 언제 어디서나 진리의 음악을 들을 수 있는 극락세계
梵聲語深遠　微妙聞十方
깊고 미묘한 진리의 소리는 미묘하게 어디서나 들려오네.

12) 훌륭한 국왕을 모시고 있는 극락세계
正覺阿彌陀　法王善住持
진리를 깨달은 아미타불이 법왕의 역할을 훌륭히 수행하시니

12송

13) 청정한 대중들이 있는 극락세계

如來淨華衆　正覺華化生

여래의 청정한 대중은 진리의 연꽃에서 화생하여

14) 먹을 것 걱정 없는 극락세계

愛樂佛法味　禪三昧爲食

부처님 진리의 맛을 좋아하여 선정 삼매로 밥을 삼으며

13송

15) 고통 없이 오직 즐거움만 있는 극락세계

永離身心惱　受樂常無間

영원히 몸과 마음의 괴로움을 떠나 항상 끊임없는 즐거움을 누린다네.

16) 대승의 근기를 가진 대중들이 있는 극락세계

大乘善根界　等無譏嫌名

대승의 선근을 갖춘 극락세계에서는 혐오스런 이름조차 들을 수 없고

14송

女人及根缺　二乘種不生

여인과 불구자 그리고 2승 종자는 태어나지 못한다네.

17) 소원이 모두 이루어지는 극락세계

衆生所願樂　一切能滿足

중생들이 원하는 지극한 즐거움 모두 만족시켜주니

15송

故我願往生　阿彌陀佛國

나는 아미타불의 극락세계에 왕생하기를 원한다네.

18) 아름다운 연화대 위의 아미타불

無量大寶王　微妙淨花臺

한량없이 거대한 최고의 보배로 만들어진 미묘하고 깨
끗한 연화대 위에 계신

16송

19) 훌륭한 육체를 가진 아미타불

相好光一尋　色像超群生

아미타부처님은 모든 중생을 뛰어넘는 아름다운 모습
과 찬란한 후광을 가지고 계시네.

20) 수승한 목소리를 가진 아미타불

如來微妙聲　梵響聞十方

여래의 미묘한 음성은 법계 어디에나 또렷하게 전달되며

21) 무분별의 지혜를 가진 아미타불

同地水火風　虛空無分別

흙, 물, 불, 바람, 허공의 5대가 화합한 존재를 분별없이 바라보는 지혜를 갖추셨네.

22) 청정한 대중과 함께 하는 아미타불

天人不動衆　淸淨智海生

불퇴전의 정토 대중들은 청정한 지혜의 바다로부터 태어나네.

23) 대중을 초월하는 아미타불

如須彌山王　勝妙無過者

법왕은 마치 수미산처럼 수승하고 미묘하여 초월할 자 없고

24) 대중의 존경을 받는 아미타불

天人丈夫衆　恭敬繞瞻仰

정토 대중들이 둘러앉아 우러러보며 공경하네.

25) 대중들이 효과적으로 이고득락하도록 돕는 아미타불

觀佛本願力　遇無空過者　能令速滿足　功德大寶海

부처님의 본원력을 관찰하니 인연된 이로 하여금 기회

를 헛되이 보내지 않도록 하고 능히 공덕의 큰 보배 바다가 빠르게 만족되도록 도우시네.

20송

26) 화신을 나투어 온 법계를 전법하는 극락보살
安樂國清淨　常轉無垢輪　化佛菩薩日　如須彌住持
극락세계는 때 없는 법륜으로 청정한 전법교화가 항상 이루어지는데 화현을 나투신 부처님과 보살님들은 태양이 세상에 비추듯 수미산처럼 움직임 없이 전법을 이루네.

21송

27) 한순간 온 법계를 비춰보는 지혜광명을 가진 극락보살
無垢莊嚴光　一念及一時　普照諸佛會　利益諸群生
때 없이 장엄된 광명이 한순간에 널리 모든 부처님 회상을 비추어 모든 중생들을 이익되게 하네.

22송

28) 분별없는 마음으로 모든 부처님들께 공양하는 극락보살
雨天樂花衣　妙香等供養　讚佛諸功德　無有分別心
하늘에서 음악과 꽃, 옷, 미묘한 향들이 비처럼 내리니 분별하는 마음 없이 모든 부처님 공덕을 찬탄하며 공양 올리네.

23송

29) 부처님처럼 전법교화하는 극락보살

何等世界無　佛法功德寶　我皆願往生　示佛法如佛

만약 공덕의 보물창고인 불법이 없는 세계가 있다면 나는 그 모든 곳에 왕생하여 부처님과 같이 불법을 보이겠습니다.

24송 〔회향문〕

我作論說偈　願見彌陀佛　普共諸衆生　往生安樂國

내가 논을 짓고 원생게를 설한 것은 아미타부처님을 친견하고 모든 중생과 함께 극락왕생 하기를 원하기 때문입니다.

독자를 위한 극락체험 100일 수행 방법 소개

1. 육시예 에서 깰 때, 세 끼 식사기도 때, 잠에 들 때, 극락수행 시작할 때) 삼귀의, 극락발원, 극락염불을 한다.

  1) 삼귀의
    심호흡 세 번 하고
    "거룩한 부처님께 귀의합니다. 거룩한 가르침에 귀의 합니다. 거룩한 스님들께 귀의합니다."

  2) 극락발원
    "부처님 저는 극락세계에 왕생하기를 간절한 마음으로 발원합니다."

  3) 극락염불
    나무아미타불 염불을 열 번 한다. 앞의 5번 염불은 자 신의 왕생을 위해서 하고, 뒤의 5번 염불은 중생들의 행복을 위해 회향한다.

2. 일상수행 | 일과 중에 극락염불 108번

수시로 이동 중에, 엘리베이터 앞에서, 청소할 때 등 생각이 날 때 마다 나무아미타불 염불을 한다.

3. 극락수행 | 하루 일과 정리 후 삼귀의, 극락발원, 극락염불 후 철오스님 10종 신심 읽기, 자신에게 알맞은 극락수행 선택해서 30분 정진하기

　*극락수행의 다양한 방법 예시
　　① 나무아미타불 염불
　　② 16관법 그림 명상 〈오직 즐거움뿐〉
　　③ 〈왕생게〉 사경
　　④ 극락장엄에 관한 명상
　　⑤ 〈왕생게〉 주제로 명상
　　⑥ 기타